汇堂文谋

总策划：郑逸文 季颖
主编：李念
成员：金梦 袁琭璐 平渊海 陆益峰 李洁 郑琼

朱嘉明 陶虎 沈阳 ——等著

对话 时代

铸造新质生产力的强国之路

图书在版编目（CIP）数据

对话时代：铸造新质生产力的强国之路/朱嘉明等著. --北京：北京大学出版社，2024.8. -- ISBN 978-7-301-35295-3

Ⅰ．F120.2

中国国家版本馆 CIP 数据核字第 20241CL384 号

书　　　名	对话时代：铸造新质生产力的强国之路 DUIHUA SHIDAI：ZHUZAO XINZHI SHENGCHANLI DE QIANGGUO ZHILU
著作责任者	朱嘉明　等著
责 任 编 辑	朱梅全
标 准 书 号	ISBN 978-7-301-35295-3
出 版 发 行	北京大学出版社
地　　　址	北京市海淀区成府路 205 号　100871
网　　　址	http://www.pup.cn　新浪微博：@北京大学出版社
电 子 邮 箱	zpup@pup.cn
电　　　话	邮购部 010-62752015　发行部 010-62750672 编辑部 021-62071998
印 刷 者	河北博文科技印务有限公司
经 销 者	新华书店
	730 毫米×1020 毫米　16 开本　22.75 印张　340 千字 2024 年 8 月第 1 版　2025 年 5 月第 3 次印刷
定　　　价	78.00 元

未经许可，不得以任何方式复制或抄袭本书之部分或全部内容。
版权所有，侵权必究
举报电话：010-62752024　电子邮箱：fd@pup.cn
图书如有印装质量问题，请与出版部联系，电话：010-62756370

目 录

人工智能发展的前沿、趋势与挑战（代序）　　i

第一篇
人工智能的"涌现"

策划之眼：狂飙与有序　　002

2024：开启数字与智能经济融合时代　　005
　　为何是在2024年，大模型将开启数智融合时代？　/朱嘉明　　006
　　对话 | 大模型撬动全民参与，新质生产力提升体验与生产率　　017
　　互动 | 中国大模型企业如何存活？中美差距如何缩短　　026
　　延伸阅读1 | 大模型爆火这一年——对ChatGPT在全球引发AI"狂飙"的观察与思考　/沈秋莎　　034
　　延伸阅读2 | Sora"超级涌现力"将把AI引向何方　/吴飞　　041

AIGC驱动生产力跃升与良好世界塑造　　047
　　AI迈入大模型时代，新十年如何潮涨不落？　/林咏华　　048
　　对话 | 作为工具或朋友的AI，如何长出善良？　　058

互动 | 大模型如何不"胡说八道"？怎样
　　　更聪明？ 067
延伸阅读 | 人早晚或成为大模型的工具人？
　　　／朱嘉明 074

人工智能下的人类世界 083
"深蓝"20 年后，人工智能冒出冰山
几何？　／危　辉 084
对话 | 有意识的 AI 要不要造？ 091

AI 的权利和义务，人类说了算？ 103
代码与法律双行，AI 社会呼唤制度创新
　／季卫东 104
对话 | AI 数据给人"贴标签"，利还是弊？ 113
互动 | 什么情境下，给机器人以"机器人格"？ 118

谁害怕人工智能？ 123
人工智能让我们害怕什么？　／冯　象 124
互动 | 理想的人机关系？AI 会创造自己的
　　　文明？ 133

第二篇
虚实世界的融合发展

策划之眼：冷热与理性 142

Web3：下一代互联网的生产力 145
Web3 世界中数据确权算法透明，生产力
大释放　／杨　光 146
互动 1 | Web3 能在多大程度上向善向好？ 155
互动 2 | 算法黑箱如何破解？AI 理财如何
　　　实现？ 163

区块链技术如何赋能全球公共卫生治理　169

区块链技术重构信任和共识,提升生产力
/蔡恒进　170

对话 | 区块链被妖魔化还是观念难转变?　178

互动 | 中国哪些城市、哪些行业,区块链
核心技术走在前列?　183

2022 年,元宇宙的奋进和渐进　189

虚拟人、机器人、真人三人行,元宇宙将
提升生产力　/沈　阳　190

互动 1 | 我的分身在元宇宙里犯错了怎么办?　199

互动 2 | 美国在元宇宙中处于什么位置?
资产在元宇宙中如何确立?　204

脑机接口:生命进化新高度 BTIT 时代
新角色　209

脑机接口:近可治渐冻人,远可憧憬
"人体冬眠"　/陶　虎　210

对话 | 硅基融入人体,意识、灵魂如何变?　219

互动 | 脑机接口的芯片为何难做?　226

第三篇
数智技术的基础设施

策划之眼:自主与坚持　234

数据:高质量发展的新生产要素　237

作为新生产要素,数据迎来万亿级市场
/卢　勇　238

对话 1 | 制度立法护航,从"数据二十条"
到国家数据局　248

对话 2 | 下一代算力出现前,"东数西算"
如何站好岗?　254

>　　互动 | 数据银行、数商,数据要素时代有
>　　　　新收入?　　　　　　　　　　　　　　260

卫星互联网:让天地一网来到身边　　　　265
>　　卫星互联网,中国与世界共同攻克制高点
>　　　　/林宝军　　　　　　　　　　　　　266
>　　对话 | 上天落地的 6G 通信随时随地随愿　274
>　　互动 | 轨道频段布满卫星会产生太空
>　　　　垃圾吗?　　　　　　　　　　　　　280

中国北斗走向国际舞台　　　　　　　　　285
>　　与强者共舞,中国北斗向国际舞台再迈进
>　　　　/王　莉　　　　　　　　　　　　　286
>　　互动 1 | 服务全球的北斗,如何成为中国
>　　　　科技创新的典范?　　　　　　　　　295
>　　互动 2 | 北斗是否会全面取代 GPS?　　　298

"墨子号"的成功与中国式的科技创新　　303
>　　科学原创+中国合作,"墨子号"领跑量子
>　　卫星　/王建宇　　　　　　　　　　　　304
>　　对话 | 隐形态传输、量子计算机将实现
>　　　　怎样威力　　　　　　　　　　　　　314

2020 年,5G 迎来怎样的风口　　　　　　319
>　　新基建下 5G 赋能实体经济,变身智能经济
>　　　　/贺仁龙　　　　　　　　　　　　　320
>　　华为 5G 持续投入,中国引领全球 5G 商用
>　　　　/胡　伟　　　　　　　　　　　　　326
>　　互动 | 5G 商用未来超乎想象　　　　　　332

人工智能发展的前沿、趋势与挑战

（代序）

这不是未来，这一切都正在发生。

——黄仁勋

人工智能是新质生产力的重要组成部分。人工智能是涉及思想、科技、经济和社会领域的综合性技术。人工智能技术不同于人类历史上的农业技术、工业技术和信息技术，它发源于自古希腊直至近现代知识精英的一种信仰、一种观念、一种精神，即智能并非仅仅为人类所有，人类所制造的机器也可能产生智能，因为智能最终是可以被计算的。1936年，图灵机的诞生，无疑是人工智能史上里程碑式的事件。80多年以来，对人类社会而言，人工智能已不仅仅意味着某种科学、技术，而且意味着思想、经济和社会的颠覆性变革。经过不断迭代、演化，人工智能已经并将继续证明长期主义和加速主义相互作用的历史意义。本文所讨论的是2022年以来全球人工智能发展的前沿、趋势与挑战。

2022—2024：不断加速推进的人工智能前沿

1. 大语言模型(或称大模型)

人工智能的发展历史可以分为不同的阶段。2022年11月，OpenAI发布ChatGPT，生成式人工智能(Generative Artificial Intelligence，GenAI)开始蓬勃发展。生成式人工智能是基于模仿人类的神经网络的机器学习技术，通过文本、图像、音乐、视频等形式创造全新内容。

GenAI 的集中代表就是大语言模型（Large Language Model，LLM）。所谓大语言模型，就是基于大量文本数据训练的深度学习模型，可以生成自然语言文本或理解语言文本的含义。也可以说，大语言模型是以深度学习为基础，通过模拟人脑处理信息的方式，使用多层神经网络来识别数据中的复杂模式。

在现阶段，人工智能的核心所在就是大语言模型。世界主要国家和主要公司主导了大语言模型的开发，呈现井喷式增长，形成不断膨胀的大语言模型集群。影响大语言模型性能的主要变量是训练数据、模型规模（即参数数量）、生成算法和优化技术。大语言模型的特点包括：（1）参数大。大语言模型的参数数量通常可以达到数十亿甚至数千亿。（2）具有图像识别和预测分析能力。（3）具有数据的理解和泛化能力。能够学习并执行多种复杂的任务，在自然语言处理（NLP）中，实现机器翻译、情感分析和智能问答的精准和高效。

ChatGPT 与谷歌的 Gopher、LaMDA，以及 Meta 的 Llama 是大语言模型的全球代表。其中，2023 年，OpenAI 发布的 GPT-4 是一个系列的模型总称，而不是一个单独的模型。2024 年 5 月，OpenAI 推出的 GPT-4o 模型在文本、语音和图像的理解方面，展现出处理数百种语言的卓越能力，且能进行实时语音对话，准确捕捉和表达人类情感。同年 6 月，Anthropic 公司正式推出的 Claude 3.5 Sonnet 模型，在编码能力、视觉能力和互动新方式方面超越了 Claude 3 Opus 和 GPT-4o。更令人兴奋的是，Claude 3.5 Sonnet 引入创新的"Artifacts"功能，允许用户在动态工作空间实时编辑和构建 AI 生成的内容，将对话式 AI 转变为一个协作伙伴，无缝集成到用户的项目和工作流程中。特别是 Claude 3.5 Sonnet 还以其两倍于前代的速度和 1/5 的成本，重新定义了智能模型的性价比。

同样在这个 6 月，大语言模型领域出现突破性进展：OpenAI 发布基于 GPT-4 模型的 CriticGPT，用于捕捉 ChatGPT 代码输出中的错误。也就是说，CriticGPT 就是一个通过 GPT-4 查找 GPT-4 错误的模型，不仅可以撰写使用者对 ChatGPT 响应结果的评论，而且可以帮助人类训练者更好地理解和满足人类的意图，发现和纠正基于人类反馈的强化学习（Reinforcement Learning with Human Feedback，RLHF）的错误，表明人工智能在评估高级 AI 系统输出的目标方面迈出关键一步。

2. AI 平台

伴随 AI 覆盖人类生产和生活的方方面面，构建 AI 平台成为大势所趋。AI 平台提供的是全球领先的语音、图像、NLP 等多项人工智能的多模态技术，以及开放对话式人工智能系统和生态。目前，全球有谷歌、TensorFlow、微软 Azure、OpenAI、英伟达、H2O. ai、亚马逊网络服务（Amazon Web Services，AWS）、DataRobot 和 Fotor 所提供的九大 AI 平台。其中，英伟达 Omniverse 是专为虚拟协作和实时逼真模拟打造的开放式平台，借助 GPU 和 CUDA-X AI 软件等强大的生态系统，提供业界领先的解决方案，包括机器学习、深度学习和数据分析。

AI 平台的发展趋势主要是垂直化和专业化。例如，AI 美术平台是通过人工智能技术进行图像处理和创作的平台，帮助艺术家和非专业人员以人工智能绘画形式快速生成有趣、具有美学价值的绘画作品，从中形成创作灵感和艺术体验，给艺术界带来更多的创新和可能性。Midjourney、Stable Diffusion 属于影响力不断扩展的 AI 美术平台。又如，Suno v3.5 作为 AI 音乐生成工具，生成的音乐长度由原来的 2 分钟变成了 4 分钟，音乐结构显著优化。AI 音乐生成平台对于很难用语言描述清楚的听觉艺术的内行程度，展现出具有超越人类的创作潜力。Suno 宣布还将推出一项全新的功能，允许用户用任何声音创作歌曲。这项新功能可以将日常生活中的各种声音转化为音乐，为音乐创作带来了新的可能性。

3. AI 堆栈

从硬件的角度看，AI 堆栈（AI stack）的基础是 GPU、CPU 和 TPU。生成式 AI 堆栈中最重要的是 GPU。但是，AI 堆栈还包括 AI 软件体系，最终构建的 AI 堆栈是一个系统和生态。

深入分析可知，AI 堆栈是一个结构化框架，包含了开发和部署 AI 系统所需的各种层次和组件。AI 堆栈的关键组件包括数据管理、计算资源、机器学习框架和机器学习运维（MLOps）平台。生成式 AI 的堆栈包含三个层级：顶层、中层和底层。顶层涉及特定领域的知识和专业知识，中层提供可用于构建 AI 模型的数据和基础设施，底层则是云计算资源和服务。在每个层级中取得进展对于推动 AI 的发展至关重要。AI 堆栈的基础支柱包括：数据、计算和模型。其中，生成式 AI 需要大量的计算资源和大型数据集，这些资源在高性能数据中心进行处理和存储生成式 AI 推动了全栈的重塑。

一般来说，基于 AI 堆栈，可以构建具有快捷搜索、快捷翻译、智能识别、智能操控等特征的人工智能应用程序。

4. 物理世界模拟器

对于当代人类而言，存在三个世界：现实的经验世界、虚拟世界与超越人类时空感知的物理世界。人工智能直接影响了人类与以上三个世界的关系。在现实的经验世界，人工智能和自然智能的平行和互动，改变了现实世界存在的方式；在虚拟世界，人工智能和现实虚拟技术可以引导人类进入非真实的沉浸式体验状态，元宇宙就是其中的一种方式；在超越人类时空感知的物理世界，人工智能可以帮助人类突破感官的局限性，认知以百亿光年为尺度的宇宙和以纳米为衡量单位的微观场景。在科学实验领域，人工智能技术不再仅仅是工具，而且是前提。

2024 年年初，Sora 出现的根本意义是：通过自身的物理世界模拟器（world simulator）功能，展现了一个人类可能没有感知的物理世界，一个很可能比人类眼睛看到的更真实的物理世界。人类一旦感知和融入因为 AI 物理引擎所创造的世界，将会体验更加多样的物理规则。

Sora 在进行视频生成任务时，基于感知、记忆、控制模块的支持，生成的视频一定程度上能够遵循现实世界的物理规律，这使得其模拟现实世界中的人物、动物、环境等，拥有了更广阔的想象空间，基本实现了空间一致性、时间一致性和因果一致性。Sora 是一个可读懂世界模型，其现阶段做得如何，并非问题的本质。Open-Sora 1.1 发布后，视频生成质量和时长大幅提升。优化后的 Causal Video VAE 架构极大地提升了 Sora 的性能和推理效率。

英伟达的重要贡献之一是完成了 Earth-2 数字孪生地球模型。

Earth-2结合了生成式AI模型CorrDiff,基于WRF数值模拟进行训练,能以12倍解析度(从25公里范围提高到2公里)精确预测天气信息。Earth-2的下一步是将预测精度从2公里提升到数十米。解析度更高,相比物理模拟的运行速度提高了1000倍,能源效率提高了3000倍,也就是说可以实时预测。

前景是非常清楚的:人类将构造作为感知/记忆/控制综合体、具有构建逼真和物理正确的"世界模型"。正是在这样的意义上,微软科学家塞巴斯蒂安·布贝克(Sébastien Bubeck)提出了"AI物理学"概念和研究方向。英伟达CEO黄仁勋也提出:AI的下一波浪潮将是物理AI。所以,英伟达的数字孪生目标不只是地球,还有整个物理世界。

5. 具身智能和智能机器人

人工智能的发展,必然导致人工智能生态的形成。而具身智能(Embodied Artificial Intelligence, EAI)或者智能机器人就成为人工智能生态中的主体。

具身智能是人工智能在物理世界的进一步延伸,是能够理解、推理并与物理世界互动的智能系统,具有人机交互与自然语言理解的能力,实现思考、感知、行动。进一步说,智能机器人会模拟人的思维路径去学习,作出人类期待的行为反馈,在多模态AI的驱动下,自我学习、感知世界、理解并执行人类指令,完成个性化任务和协作要求,持续进化。即在真实的物理环境下,执行可以被检验和测量的各种各样的任务。简言之,具身智能的特质就是能够以主人公的视角去自主感知物理世界。

至于各种不同形态的智能机器人,是具身智能的物理存在方式,其整体架构由感知层、交互层、运动层组成。特斯拉旗下人形机器人"擎天柱"从一代发展到二代、美国人形机器人初创公司Figure AI今年2月获得巨额投资,以及英伟达2024年全球技术大会(GTC)上展出25款人形机器人,都显示了人形机器人领域的快速发展。

2024年3月,英伟达推出了世界首款人形机器人通用基础模型——Project GR00T。该模型驱动的机器人能够理解自然语言,并通过观察人类行为来模仿动作,用户可以在此基础上教会其快速学习协调各种技能,以适应现实世界并与之互动。Project GR00T 的出现预示着真正的机器人时代可能要来了。这也是 AI 的最终极应用:让人工智能具象成为"人"。

具身智能的兴起,标志着机器人技术从传统的以控制为主,转向了学习、操作的新范式。大模型技术的爆发和硬件成本的降低,使得旨在开发出能与物理世界交互的智能机器人的具身智能企业如雨后春笋般涌现。

2024 年 5 月,作为机器人领域最具影响力的国际学术会议之一的国际机器人与自动化会议(IEEE ICRA)在日本横滨举行。今年的会议主题"CONNECT+",不仅展示了机器人技术的最新进展,而且是一场"具身智能"和"学习"的革命。从长远看,具身智能对人工智能产业发展意义重大,对通用人工智能(Artificial General Intelligence,AGI)具有不可忽视的价值。

6. 空间智能

现在存在两种空间智能(Spatial Intelligence):一种是自然进化形成的空间智能。大自然花费了数百万年时间,让人类进化出空间智能,眼睛捕捉光线,将 2D 图像投射到视网膜上,再由大脑将这些数据转换成 3D 信息。另一种是以人工智能技术为基础的空间智能,即机器模拟人类的复杂视觉推理和行动,在多种传感器辅助的情况下,通过视觉信息直接理解和操作 3D 世界。

比较自然进化形成的空间智能和以人工智能技术为基础的空间智能,差异是显著的:自然进化形成的空间智能在空间维度上是有限的,突破 3D 空间是困难的,甚至是不可能的。但是,以人工智能技术为基础的空间智能可以突破空间维度。这样的空间打破了地理界限,处于流动的、无边无际和自由开放状态。不仅如此,这样的空间不再受制于牛顿的时间限制,实现了及时性和时间优化。例如,谷歌研究人员开发出一种算法,只需要一组照片,就能将数据转化为 3D 形状或场景。

在这方面,李飞飞有过以下深刻的思考:"把视觉敏锐度和百科全书式的知识深度结合,可以带来一种全新的能力。这种新能力是什么尚不可知,但我相信,它绝不仅仅是机器版的人眼。它是一种全新的存在,是一种更深入、更精细的透视,能够从我们从未想象的角度揭示这个世界。"① 也就是说,建立在人工智能技术基础之上的空间智能将突破自然进化形成的空间智能,展现一个人类无法依赖大脑想象的空间状态。例如,量子力学所描述的量子空间指的是由一些离散的或者连续的态组成的、具有拓扑特征的空间。人类自然进化而来的空间智能没有可能感受和认知量子空间,人工智能技术支持的空间智能则是可能的。

总之,基于人工智能大模型的空间智能引导人类进入"一种全新的存在",而具身智能很可能是这里的"原住民"。

人工智能的产业化

1. AI 产业的软硬一体化基础设施

追溯过往,人工智能的发展始终伴随着硬件性能的突破。早期,AI 算法受限于通用处理器的计算能力,中央处理器(CPU)发挥关键性作用。之后,随着机器学习和深度学习的崛起,图形处理器(GPU)扮演越来越重要的角色。不论是 CPU 还是 GPU,其物理形态都是芯片。人工智能产业是对芯片具有依赖性的产业,而大语言模型更是高度依芯片。

20 世纪 90 年代初期,GPU 的功能集中在提高计算机图形性能方面。进入 21 世纪后,GPU 架构迭代频繁,从按照固定方式工作转变为可以编程的智能芯片,从专用图形处理器发展为高效的通用计算平台,向外扩展到人工智能、高性能计算等领域,适用于渲染图形和执行复杂的计算任务。GPU 的优势包括高数据吞吐量,因为它包含大量内核,可同时处理同一任务的不同部分;通过并行计算执行大量计算;适用于数据科学领域的分析程序,有助于生成深度学习算法时在机器学习中的应用。未来 GPU 可能的发展方向包括更高程度的并行化、更低功耗设计、更强大的 AI 计算能力等。目前,在全球范围内,英伟达是最大的 GPU

---

① 〔美〕李飞飞:《我看见的世界》,赵灿译,中信出版社 2024 年版,第 288 页。

生产厂商。近年来，大语言模型对于GPU无可遏制的巨大需求，推动GPU成为一个全新的产业。2024年GPU市场大爆发：AI将推动GPU产值破千亿美元，在这其中英伟达独占鳌头。英伟达的NVLink是世界上最先进的GPU互连技术，可以将不同的GPU连接在一起，从而能够让十万亿参数的大语言模型运行起来。

在定制化的AI芯片中，除了CPU和GPU，还有张量处理器（Tensor Processing Unit，TPU）、神经网络处理器（Neural Network Processing Unit，NPU）。TPU专注于高效执行张量计算，其中包括矩阵乘法、卷积等常见的神经网络操作。TPU通过特定的硬件结构和优化指令集，能够提供比传统CPU和GPU更高效的机器学习性能。2024年，谷歌将专为生成式人工智能模型推出第六代TPU芯片"Trillium"。Trillium高带宽内存（HBM）容量和带宽将增加一倍，以处理更大的模型，提升能效和内存吞吐量，从而改善大模型的训练时间和服务延迟。CPU、GPU和TPU的交互运行，预示着AI+硬件协同进化，有助于形成异构计算，使架构设计、计算性能、适应性、功耗和效能比、使用成本等更为合理。

在AI产业的软硬一体化基础设施中，AI网络和AI云是重要组成部分。亚马逊网络服务（AWS）、微软Azure和谷歌Cloud等云平台提供可扩展的资源和GPU，用于训练和部署生成式AI模型，推动智算时代向云网一体，实现通信行业智能化转型。

2. 多模态和AI多模态搜索

大语言模型的进化，不可避免地要与多模态基础模型融合。大语言模型加持的多模态大模型，最终形成多模态大语言模型（Multimodal Large Language Model，MLLM），从而推进大脑进行多模态研究。MLLM显现了不可低估的和持续不断的涌现能力。

在多模态大语言模型中，语言处理继续处于核心地位。它通过整合多种感知输入，在更广泛的上下文中锚定决策来增强推理，类似于人类大脑如何整合丰富的感官输入以形成更全面的知识基础。与此同时，它通过图像生成，以及视频、3D点云图等方式形成的视觉生成的功能，合成训练数据，帮助人们实现多模态内容理解和生成闭环。

多模态搜索是一种基于多模态大语言模型的搜索技术,允许用户通过多种类型的数据(模态)进行搜索查询,支持推理和复杂任务,提供更加丰富和准确的搜索结果,实现搜索生成的目标。目前,能将文本、图片、音频、脑图等多模态答案集成在一起,为用户提供图文并茂的搜索体验的厂商还是有限的。

多模态同样需要代理。所谓多模态代理,就是一种将不同的多模态专家与大语言模型联系起来解决复杂多模态理解问题的办法。从长程发展看,语言和文字是人类对世界理解和认知的符号,存在诸如信息过长、数据过大,以至于提炼过程会发生损失、冗余甚至错误等问题。或者说,很难避免出现基于自然语言的语义理解、逻辑推理、不确定性知识等问题,以及通用性和泛化性等局限性。所以,多模态打破自然语言作为核心媒介的格局,以最原始的视觉、声音、空间等方式直接连接世界和重塑世界。

在多模态 AI 浪潮中,OpenAI 的 GPT-4o 和 Meta 的"变色龙"(Chameleon)都属于多模态的代表性模型,它们的出现,产生了多模态模型发展的新范式。OpenAI 称,GPT-4o 是首个实现了"端到端"训练,跨越文本、视觉和音频的模型,所有的输入和输出都由单个神经网络处理。所以,GPT-4o 是"首个'原生'多模态"模型。"变色龙"与 GPT-4o 一样,也采用 Transformer 架构,使用文本、图像和代码混合模态完成训练。不论是 GPT-4o 还是"变色龙",都是新一代"原生"端到端的多模态基础模型早期探索。

3. AI 终端

过去两年,人工智能加速进步,兴起了人工智能技术终端化浪潮。AI 终端可以理解为:集成人工智能技术,执行复杂任务、提供智能化服务和交互体验的电子设备。按照设备类型,AI 终端可以分为智能手机、个人电脑、智能穿戴设备、智能家居设备、车载信息系统等。AI 终端产业生态图谱展现了该产业的三个核心层次:核心层、平台层和应用层,构成一个完整的生态系统。

目前,市场渗透率最快的 AI 终端包括:(1)AI 电脑。鉴于 AI 大模型当前所涵盖的应用领域与 PC 的使用场景高度契合,AI PC 被誉为"大模型的理想载体"。有机构预计,2024 年 AI 笔记本电脑出货量达到 1300 万台,2027 年 AI PC 的市场渗透率将逼近 80%。(2) AI 手机。AI 手机是通过端侧部署 AI 大模型(如 GPT),实现多模态人机交互,展现为非单一应用智能化的手机终端。与传统智能手机各个智能化功能分散在不同应用程序上的做法不同,AI 手机通过智能助手等统一入口,以 AI 代理的形态整合并联动各种功能应用,从而更高效地完成用户的目标。这种设计方式简化了操作,还为用户提供了更加自然、便捷的多模态人机交互体验。(3) 扩展现实和可穿戴设备。扩展现实和可穿戴设备由于具备多种视觉、听觉交互能力和手势、眼动追踪功能,也将是重要的 AI 终端。

2024 年 6 月,苹果确定和 OpenAI 达成合作,接入 ChatGPT,使用 GPT-4o 模型,加持 Siri,使 AI 深入所有应用程序,实现 iPhone 人机交互模式重构。"Apple Intelligence"成了 AI 的全新代名词。

总之,这些终端通过内置的 AI 算法和硬件支持,实现了语音识别、图像处理、自然语言理解、预测分析等功能,从而提升了用户体验和设备的性能,有望极大释放多模态 AI 的潜力,催生更多终端用户的流行应用。最终,AI 终端将与人工智能物联网(Artificial Intellligence of Things,AIoT)融合,完成 AIoT 的最后一公里。

4. AI 核心产品:token

在计算机科学中,代表执行某些操作权利的对象是"token"。"token"的中文可以翻译为"令牌"或者"代币"。在机器学习领域,token 被用于处理文本数据。在 Stable Diffusion 等模型中,token 指的是在处理文本时拆分成的最小单位,用于模型的输入和处理。自然语言处理(NLP)的 token,则专指文本中的最小语义单元。因为不是所有的语言都可以用空格来划分单词,需要使用更复杂的分词(tokenization)方法。GPT 系列模型都是基于子词(subword)来进行分词的。子词是指比单词更小的语言单位,可以根据语料库中的词频和共现频率来自动划分,保证语言覆盖度和计算效率之间达致平衡。

为了适应人工智能的发展，单词之外的其他一些符号，包括标点符号、数字、表情符号都可以被视为 token。这些符号也可以传达一些信息或者情感。进一步而言，图片、音频、视频，只要可以实现分词，也可以被视为 token。简言之，token 可以是一个单词、一个词组、一个标点符号、一个子词、一个字符、一个图像、一个视频。分词的最终目标是帮助模型理解和生成文本。

如何提高处理 token 的速度成为人工智能发展的一个挑战性的课题。最近，硅谷公司 Groq 公司的产品基于自研芯片可以做到在大模型推理时每秒处理将近 500 个 token。这相当于一句话的响应时间只需要不到 2 秒。而 AI 驱动的代码生成工具 Cursor 团队将 Llama3 进行微调并引入加速算法后，Llama3 70B 模型秒出 1000 个 token，不仅快，在代码重写任务上的表现甚至超越了 GPT-4o。

此外，token 的生产是可以用能源消耗进行衡量的。目前，GPT-4 生成一个单词，大概需要 3 个 token。每个 token 可以只使用 0.4 焦耳。也就是说，消耗少量能量可以产生相当数量的 token，因而 token 是具有价值的。目前很多大模型无论展示能力还是收费定价，都是以 token 为单位，如 OpenAI 的收费标准为：GPT-4o，100 万个 token 收费 5 美元。

值得注意的是，在加密数字货币领域，token 基于区块链的代币概念，代表着不同形式的数字资产。区块链是分布式数据存储、点对点传输、共识机制、加密算法等计算机技术的新型应用模式，本质上是一种分布式实时更新的账本。区块链好比是大家的手机，而作为区块链代币的 token，则是其中的一个 App。

19 世纪末，尼古拉·特斯拉（Nikola Tesla）发明了交流发电机（AC Generator），创造的是电。现在，数据中心成为"AI 工厂"，生成式 AI 的核心产品是 token。信息数据化，而数据 token 化。AI Generator，创造和输出的是 token。

人工智能和宏观经济

1. 核心生产要素和人工智能计算

从数字时代过渡到智能时代，数据不仅是生产要素，而且成为核心生产要素。数据增长模式的基本特征是指数增长。

在2024中关村论坛——数据安全治理与发展论坛上，新加坡资讯通信媒体发展局局长表示，预计2024年全球将产生147泽字节（ZettaByte，ZB）的数据。美国市场研究机构国际数据公司预测，到2025年，全世界将产生175ZB的数据。以中国为例，全国数据资源调查工作组发布的《全国数据资源调查报告（2023年）》显示，2023年，全国数据生产总量达到32.85ZB，同比增长22.44%；全国数据存储总量为1.73ZB，新增数据存储量为0.95ZB，生产总量中2.9%的数据被保存；全国2200多个算力中心的算力规模约为0.23十万亿亿次浮点运算/秒（ZFLOPS），同比增长约为30%；全国数据存储总空间为2.93ZB。在存储的数据中，一年未使用的数据占比约4成，数据加工能力不足导致大量数据价值被低估、难以挖掘复用。

数据生产的总量如此巨大，但是有效供给不足，所以需要AI算力和算法。衡量AI算力的标准是计算的数量级。算力的常用计量单位是每秒执行的浮点运算次数，即FLOPS。例如，P是一个数量级，代表10的15次方，1000P就是100亿亿，1000PFLOPS算力就意味着每秒有100亿亿次的浮点运算能力。一个由华为Atlas 800训练服务器组成的AI算力集群，以1000P算力为例，一个时钟周期可以进行100亿亿次计算。1000P算力有多强？1000P的算力相当于50万台电脑的算力之和。

2. 智能制造业

在机械工业时代，制造业是指综合利用物料、能源、设备、工具、资金、技术、信息和人力等资源，通过生产制造过程，转化为大型工具、其他生产性和消费性产品的行业。制造业是国民经济的核心组成部分。

在智能时代,智能制造业继续构成经济结构体系的核心部门。智能制造业包括两个部分:制造业的智能化和智能化的制造业。前者是指通过人工智能技术所改造的传统制造业,后者是指人工智能技术发展所形成的全新制造业。例如,无人汽车、无人飞机、无人舰艇就属于全新的智能化制造业。

人工智能与制造业的深度结合,特别是将各类大模型纳入制造业,实现生产过程的数字化、网络化和智能化,极大地提升了制造业的效率和质量,预示着智能制造,特别是机器和器械等的彻底革新。

在现阶段,世界工业发达国家都在关注和推动智能制造业。其中,德国以其"工业4.0"战略引领智能制造业的发展,注重智能工厂、智能物流和智能生产,通过标准化和创新驱动,使德国保持在全球制造业中的领先地位。欧盟通过发布《欧洲新工业战略》等政策文件,推动工业的数字化和智能化转型,强调绿色、数字化和智能化作为工业转型的关键驱动因素。美国强调了人工智能在制造过程中的作用,包括改进制造过程调度、增强制造过程的柔性、改进产品质量并降低成本。日本在机器人技术和自动化方面一直处于世界领先地位,其智能制造战略聚焦于机器人新战略和互联工业战略,推动工业互联网和物联网在制造业中的应用,实现协同制造。中国智能制造业得益于《中国制造2025》所提出的发展战略和政策体系,在维系产业规模全球领先前提下,正在努力解决智能制造标准、软件、网络安全等基础薄弱问题,改变高端装备依赖进口的状况,提高智能技术自主化水平,以实现制造业的高质量发展。

3. 人工智能的创新和产业扩散

工业时代的创新呈现周期性特征,创新有其明显的节奏。约瑟夫·熊彼特(Joseph Schumpeter)对工业时代的创新作了深刻的理论分析。他认为,创新就是建立一种新的生产函数,从来没有过生产要素和生产条件的"新组合"就是自变量,引发的创新就是因变量。熊彼特创新理论的前提是创新发生在原本存在的"生产体系"之中。但是,进入后工业时代,特别是进入信息、数字和智能的混合时代,创新的模式发生了一系列根本性改变。人工智能范畴的创新的特点是:(1) AI创新是从0到

1,是原本没有的"横空出世"。例如,GPU芯片就是典型的从0到1。今天所有的人工智能之所以能完成根本性的跳跃,往前追溯,是从2012年AlexNet团队利用英伟达GPU训练模型赢得ImageNet大规模视觉识别挑战赛开始的。(2)AI创新根源于观念。AI在国际象棋和围棋上的决定性胜利就是典型案例。(3)AI创新是不间断的,是涌现的,是叠加的和自我演进的。大语言模型一旦进入特定拐点,一发不可收拾。(4)AI创新存在短周期和中长周期交互作用。特别是,短周期的"溢出效应"会直接影响中长周期结构。(5)AI创新专利呈现增长加速趋势。从2021年到2022年,全球AI专利授权量大幅增长了62.7%。需要指出的是,2022年,世界上61.1%的人工智能专利来源于中国。

因为人工智能技术的涌现性作用,人工智能的产业扩散是发散的和非中性化的。人工智能全方位彻底颠覆和改造原来的产业体系和产业构造。在这个过程中,人工智能通过改造老产业和构造新产业的扩散模式,最终催生了从来没有过的产业形态和经济形态。

4. 人工智能成本和收益

人工智能成本主要包括技术研发成本、硬件设备成本、软件开发成本、人力成本,以及市场推广成本等。有研究机构估算,2024年企业将在数据中心的建设和装备上投入2940亿美元,高于2020年的1930亿美元。

根据美国斯坦福大学发布的《2024年人工智能指数报告》,2017年最初发布的Transformer模型、2019年推出的RoBERTa Large模型的训练成本分别为900美元和16万美元。因为大语言模型变得越来越大,AI模型训练的成本持续攀升。OpenAI的GPT-4等前沿模型系统的训练成本预估在7800万美元,谷歌的Gemini Ultra的计算成本花费预估为1.91亿美元。特别是,训练大语言模型,AI企业要依赖于可以高速处理大量数据的GPU。这些芯片不仅供应短缺,而且价格极其昂贵。英伟达的H100 GPU是训练AI模型的主要工具,售价约为3万美元。训练一个1.8万亿参数的AI大模型,大约需要2000个英伟达的Blackwell GPU。

未来AI技术发展将高度依赖于能源。2024年4月,芯片巨头Arm

公司CEO表示，包括ChatGPT在内的AI大模型需要大量算力。公开数据显示，目前ChatGPT每天需要处理超过2亿次请求，其电量消耗高达每天50万千瓦时。一年时间，ChatGPT光电费就要花2亿元人民币。预计到2030年，AI数据中心将消耗美国20%—25%的电力需求，相比今天的4%大幅增加。据荷兰国家银行数据专家亚历克斯·德弗里斯（Alex de Vries）预计，到2027年，AI行业每年将消耗850亿—1340亿千瓦时的电力，相当于瑞典或荷兰一个欧洲国家一年的总用电量。这些都预示着，AI很可能会引爆全球新一轮的"能源战争"。

在看到人工智能高成本现实的同时，我们还要看到问题的另一面：因为人工智能算力提高，不仅人工智能训练成本会显著下降，劳动生产率也会提高。例如，英伟达首创异构计算，让CPU和GPU并行运行，将过去的100个时间单位，加速到仅需要1个时间单位。也就是说，实现了100倍速率提升，功耗仅增加3倍，成本仅为原来的1.5倍。2024年3月，摩根士丹利在AI报告中表示，由于GPU技术的不断进步，生成式人工智能的算力成本正快速降低。数据中心模型显示，从Hopper GPU数据中心升级到Blackwell GPU数据中心，成本将从每teraFLOPS（每秒万亿次浮点运算）的14.26美元下降到7.48美元，下降约50%。此外还要看到，因为使用更多光伏和储能产品，能源成本本身也会下降，对人工智能生产的能源成本具有正面作用。

高盛经济学家约瑟夫·布里格斯（Joseph Briggs）和德韦什·科地纳尼（Devesh Kodnani）在一份报告中指出：生成式AI具有巨大的经济潜力，预计在未来十年内广泛应用后，每年可提高全球劳动生产率超过1个百分点以上。OpenAI CEO山姆·奥特曼（Sam Altman）甚至坚信：AI智能的成本即将变得非常低廉，高质量AI智能的成本终将趋近于零。

5. 人工智能市场的特征和规模

在过去十年，全球人工智能市场形成了一系列特征：（1）人工智能市场是当代市场体系中规模膨胀最快的市场。可以预见，未来人工智能市场将继续保持快速增长的态势。（2）人工智能市场是科学技术驱动的市场，呈现出快速增长的趋势。人工智能市场的快速膨胀与指数级速度增长、积累、开发和利用存在强烈的相关性。（3）人工智能广泛应用于各个领域，导致人工智能市场高度多样化。例如，人工智能已经与金融、医疗、教育、智能制造融合，有效地改造了传统市场结构。（4）人工智能市场呈现日趋激烈竞争的态势。特别是，全球性的人工智能市场竞争和垄断的博弈不断升级，呈现国际合作和竞争并存的趋势。（5）人工智能市场需要跨界、跨行业、跨领域和跨国的多方面合作。单一企业或国家很难独立完成人工智能技术的发展和应用。（6）人工智能市场结构复杂。生成式人工智能行业可以说是目前同比增长最快的市场。此外，人工智能系统基础设施软件、硬件和服务增长贡献显著。（7）人工智能市场对企业转型形成压力和动力。世界级科技企业和初创企业都在加大人工智能研发和应用力度。人工智能研发的领域包括芯片、机器学习、大模型、多模态、数据分析等。（8）人工智能市场涉及伦理和风险。（9）人工智能市场包括军用和民用市场要素。某些人工智能技术关乎军事和国家安全。（10）人工智能市场属于政府通过战略规划、政策法规等方式不断加大干预强度的大市场。人工智能市场不太可能成为所谓纯粹的自由市场。

AI作为新兴产业，正处于成长期，增长速度呈现加速态势。关于全球人工智能市场规模的评估，资料繁多。宏景研究（Grand View Research）发布的分析报告显示，2023年全球人工智能市场规模估计为1966.3亿美元，2024—2030年的复合年增长率预计会达到36.6%。这凸显出人工智能领域的强劲发展势头和巨大潜力。另外，有机构估算，2023年全球生成式人工智能市场价值为137.1亿美元。到2025年，生成式人工智能市场估值预计将达到221.2亿美元。该市场预计将以27.02%的复合年增长率（CAGR）增长。2022年，大规模生成式人工智能采用率为23%。预计到2025年，采用率将达到46%。

中国的人工智能产业规模不断壮大。2023年，中国人工智能核心产业规模已超5000亿元，企业数量超4500家。相关研究机构预测，2035年中国人工智能产业规模有望达1.73万亿元人民币，全球占比达30.6%。

随着人工智能技术的不断进步和突破，近中期人工智能市场显然还处于继续扩张时期。

6. 人工智能的区域分布

进入21世纪以来,全球人工智能高速发展主要集中在三个区域:以美国、加拿大为代表的北美洲地区,以德国、英国和法国为代表的欧洲地区,以中国、日本和韩国为代表的亚洲地区。2023年7月,AMiner联合智谱研究发布的全球人工智能创新城市500强分析报告显示,如果从全球人工智能发展的城市分布看,人工智能创新500强的城市分布在57个国家,城市数量在4个及以上的国家有27个。其中,美国有143个城市入围500强的榜单,占城市量的28.6%。同时,根据2023年全球人工智能最具创新力城市榜单,美国旧金山湾区在全球人工智能最具创新力城市评选中排名第一。全球人工智能创新力城市前100的榜单中,美国入围的城市有33个,中国的城市有19个。

总的来说,美国在人工智能领域的发展起步较早,保持在人工智能技术、产业化和商业化的全球领先地位。中国政府高度重视人工智能技术的发展,将其纳入国家发展战略,并出台了一系列支持政策,在人工智能领域的发展速度非常迅猛。

在全球人工智能布局中,北欧国家正逐渐成为新的中心区域,形成了群雄逐鹿局面。2024年5月,谷歌宣布将扩建其在芬兰的数据中心。6月,微软宣布计划在瑞典投资32亿美元,用于人工智能与云服务设施的建设。预计微软将在瑞典现有的3个数据中心新增2万个GPU,以支撑日益增长的数据处理和机器学习需求,确保其在全球云计算市场的领先地位。

总之,影响人工智能区域布局的因素比较复杂。其中,比较重要的因素包括:(1)经济发展水平和工业化基础;(2)人工智能科技的历史发展积累,包括思想、学术和科研成果的积累;(3)研究机构、大学和人才的质量和数量;(4)人工智能的资金支持到位;(5)政府的战略眼光和政策扶持;(6)人工智能技术的应用场景;(7)国际合作的环境。

7. 人工智能"资本"

自18世纪至20世纪，全球发生过以机器生产取代手工劳动、电力的广泛应用和电气化，以及自动化、计算机和互联网等信息技术的发展和应用为标志的三次工业革命。每一次工业革命都产生了巨大的资本需求并刺激新产业资本的扩张，导致形成垄断性行业和部门，以及前所未有的超额利润。例如，石油的发现和开发刺激了石油资本的膨胀，石油资本一度造就了具有自然垄断的石油产业。

过去20年间的人工智能革命，在吸纳资本的数量和对经济体系的影响程度方面，都远远超越了前三次工业革命。这是因为，人工智能技术是改造现存一切产业形态和商业模式的技术，并且是创新引发创新的技术，特别是创造与人类并存的智能机器人的技术。一方面，人工智能存在对资本需求的持续增长；另一方面，资本会因人工智能发生倾向性的结构性调整，更多的资本会积聚于人工智能产业，出现人工智能技术、产业和资本的互动局面。现在人工智能领域的投资规模已经超过20世纪"曼哈顿计划""阿波罗计划"和"星球大战计划"的投入占当时美国GDP的比重。高盛预测，到2025年，全球生成式人工智能投资规模或将达到2000亿美元左右。人工智能相关投资正从相对较低的起点开始攀升，未来几年将会对全球经济产生重大影响。

值得注意的是，人工智能资本已经和继续流入少数具有自然垄断的人工智能头部企业。所谓具有自然垄断的人工智能企业，也就是处于人工智能技术前沿，引导人工智能发展方向的企业。这样的企业在吸纳巨大资本资源的同时，还会产生比较稳定的超额利润。例如，OpenAI就是拥有自然垄断和超额利润的典型企业。所以，2024年6月，美国联邦政府的两家监管机构已达成协议，将针对微软、OpenAI和英伟达在人工智能领域的主导地位展开反垄断调查。几乎同时，欧盟委员会执行副主席兼竞争事务主管玛格丽特·维斯塔格（Margrethe Vestager）表示，微软与OpenAI的合作伙伴关系可能面临欧盟反垄断调查。

在人工智能技术和资本的一体化背后是人才问题。人工智能资本的投入方向，与其说是基于项目，不如说是基于人才和人才组合的团队。

最近，美国硅谷人工智能的工程技术人才和管理人才的市场价格一再出现了飙升。

基于人工智能和资本的这种关联性，世界上绝大多数贫穷国家，特别是众多的中小企业，都将会被长期排斥于人工智能革命浪潮之外。

8. 人工智能和经济周期

工业时代存在着明显的经济和商业周期。经济周期一般分为短周期、中周期与长周期。短周期又称小循环或基钦周期，每个周期的平均长度为3—5年；中周期又称大循环或朱格拉周期，每个周期的平均长度为8年；长周期又称长波循环或康德拉季耶夫周期，每个周期的平均长度为50—60年。其中，对经济运行影响较大且较为明显的是中周期，其循环周期一般与周期性的设备更新换代有直接关系，带动了固定资产投资的周期性变化。

在工业经济社会向信息经济社会和智能经济社会的转型时期，不仅短周期会模糊化，而且中周期也会发生紊乱。2008年世界金融危机之后，人工智能技术进入高速发展期，科技因素影响和改变了工业时代的周期规律。人工智能创新的持续性，或者人工智能的"长创新"特质，使得经济周期呈现出至少不会少于10年的长期化趋势。或者说，经济周期越来越决定于人工智能技术革命的结构性、系统性和集群性创新。自金融危机以来，美国经济增长和繁荣已经维系了15年之久。

改革开放以来的中国经济高速增长，始终伴随着持续的三至四年的周期。从最早的门户网站到之后的电子商务，再到后来的移动互联网、新消费、短视频和直播，基本如此。但是，世界性周期改变正在波及中国。进入2020年代中期之后，中国经济很可能进入以人工智能作为引擎的中长混合周期时代。

简言之，进入2020年代的世界，很可能需要依赖人工智能创新实现繁荣的长周期。

9. 人工智能"工厂"和人工智能公司

支持人工智能产业成长的首先是各类物理形态的人工智能"工厂"，

包括人工智能和工业4.0结合的工厂、生产人工智能全新产品的生产基地。有人工智能"工厂",就有人工智能生产线、人工智能的产业链和供应链。在人工智能"工厂",除了传统的生产工人和工程师之外,机器人正在加速对传统人类资源的替代。

与人工智能"工厂"并存的是人工智能公司。过去10年,在全球范围内,"出生率"最高的公司莫过于人工智能公司。根据毕马威联合中关村产业研究院2023年年末所发布的《人工智能全域变革图景展望:跃迁点来临(2023)》报告,截至2023年6月底,全球人工智能企业共计3.6万家,中美英企业数量名列前茅。根据中国信息通信研究院2024年7月发布的《2024全球数字经济白皮书》,截至2024年第一季度,全球人工智能企业近3万家,美国占全球的34%,中国占全球的15%。

目前,虽然全球人工智能企业呈现出一种多元化和高度活跃的状态,但是世界级的人工智能超级公司具有绝对的垄断地位。这是因为,这些公司拥有技术、资本、人才和市场资源的深厚积累和控制能力。例如,谷歌的TensorFlow框架在全球AI框架市场、英伟达在GPU设计和生产方面,都处于主导地位。此外,人工智能技术的发展和应用是一个长期的过程,需要源源不断的创新动力,包括资本和科研体系所支持的创新。

目前,全球公认的人工智能超级公司有微软、英伟达、Alphabet(谷歌)、OpenAI、亚马逊、Meta(Facebook)、IBM、苹果等。

人工智能的深层演变

1. 人工智能和摩尔定律、标度律

人工智能正处在深层演变的历史时刻。摩尔定律(Moore's Law)、标度律(Scaling Law)逐渐发挥着越来越重大的作用。

摩尔定律是英特尔创始人之一戈登·摩尔(Gordon Moore)基于经验所总结的一个规律,即集成电路上可以容纳的晶体管数目在大约每经过18个月到24个月便会增加一倍。换言之,处理器的性能大约每两年翻

一倍。问题是当芯片进入 28 纳米 (nm) 时,发生了摩尔定律危机。当芯片进入 1 纳米制程芯片时,意味着到达摩尔定律极限。现在人工智能以芯片为核心的整个硬件基础正面临摩尔定律危机或者摩尔定律极限。2024 年 6 月,在 2024 台北国际电脑展(Computex 2024)上,英伟达 CEO 黄仁勋宣布,其 GPU 架构的更新频率将从两年一次更新加速到一年一次,但算力增长并未停滞,其 AI 芯片的算力在过去的 8 年间实现了惊人的 1000 倍增长,这说明存在突破摩尔定律危机和摩尔定律极限的技术可能性。

标度律主要涉及临界现象的研究,其核心思想是:随着模型参数量大小、数据集大小和用于训练的浮点数计算量的增加,模型的性能会提高。为了获得最佳性能,上述三个因素必须同时放大。当不受其他两个因素的制约时,模型性能与每个单独的因素都有幂律关系。

具体到人工智能领域,GPT-4 在具体问题上的性能预测,可以通过比 GPT-4 小 1000 倍的模型预测得来。也就是说,GPT-4 还没开始训练,它在这个问题上的性能就已经知道了。所以,标度律对于大模型的训练而言很重要。可以说,标度律是人工智能深层演变的又一个潜在规律。

不久之前,比尔·盖茨(Bill Gates)在一期 The Next Big Idea 播客中就标度律发表了比较深刻的看法:"标度律肯定还会接着有效。但与此同时,从今天我们所拥有的简单算法到更像人类的元认知的各种行动将会改变,这是一个更大的前沿。"因为意识可能与元认知相关,而元认知并不是一个可以测量的现象。或者说,元认知导致标度律失效。

2. 人工智能和量子科技融合

人工智能和量子科技融合,形成量子人工智能。量子人工智能的特点表现在以下几个方面:(1)利用量子比特的叠加和纠缠的特性进行计算,具有极高的计算速度和处理能力。(2)量子算法能够解决优化问题,如车辆路径规划、资源调度等,通过量子计算可以找到最优解,提高人工智能系统的效率和准确性。(3)量子计算可被用于加速机器学习算法的训练过程,如通过量子支持向量机(Quantum Support Vector Machine)更快速地完成分类任务,提高机器学习的效果。(4)量子算法可以高效地在大规模数据集中搜索、分析和发掘数据,为人工智能系统提供更准确的数据支持。(5)推动现实经验世界发展,模拟物理世界和虚拟世界的相互作用,依据物理定律,最终实现构建精准世界模型的目标。

3. 人工智能和生物科学的融合

人工智能和生物科学的融合,形成智能生物学。2024年5月,瑞士领先的生物计算初创公司 FinalSpark 推出了世界上第一个基于体外生物神经元的在线生物计算平台"Neuroplatform",研究人员可以远程访问16个人脑类器官。Neuroplatform 的运行依赖于一种可归类为湿件的架构,其主要创新之处在于使用四个多电极阵列(MEA)容纳活体组织——类器官,即脑组织的三维细胞团。与传统的处理器相比,Neuroplatform 使用的是人体神经元,而不是硅芯片。Neuroplatform 的耗电量仅为传统数字处理器的百万分之一。这意味着,如果有一天生物处理器可行,它可以大幅减少能源消耗,减少计算对环境的影响。因此,生物处理器也被称为"下一代数字处理器"。而 Neuroplatform 的推出,很可能意味着人类正站在下一代数字处理器的门槛上。

根据相关科学的进展,智能生物学还可能有另一个发展方向:开发和创建强大的细胞计算机(cellular computer)。生物系统具有自我维持和自我修复,能处理来自自然界的信号,能源效率更高的优势。通过细胞和分子工程工具利用理论计算机科学和合成生物学之间的协同效应,可以构建超越图灵计算的生物计算机。如今,发展细胞计算机不再是一种想法,它已经进入到实验和初步应用阶段。

所以,不仅硅基机器是实现计算的一种载体,而且其他物质形态,比如生命物质形态,具体如基于实验室培养类器官的"湿件计算"也可以成为计算的物质载体,构成活神经元网络,改变人们处理信息的传统方式。现在,正在兴起的智能生物学将丰富人工智能的深层演变。

人工智能的近中期趋势和立场选择

1. 智能大爆发时代

站在2024年的时点上,可以大体看清楚人工智能的近中期趋势:

(1)狭义人工智能(Artificial Narrow Intelligence,ANI)阶段即将结束。在这个阶段,人工智能是能执行特定任务的AI系统,如图像识别或语音识别。这个阶段的高峰是支持生成式人工智能的大模型的出现,以及智能机器走向普及。

(2)通用人工智能阶段正在加速到来。通用人工智能阶段的核心特征是,人工智能可以和人类智能比肩,所以能够处理任何智能性工作;可以适应新的环境和情况,学习新的知识和技能;可以理解语言、符号和抽象概念,并能够将它们关联起来;可以进行逻辑推理,并能够基于已知的事实得出新的结论,最终可以创造新概念和新观念,并彻底改造人类的知识图谱、教育模式,以及经济和社会形态。

(3)超级人工智能(Artificial Super Intelligence,ASI)的"曙光"已经出现在地平线上。超级人工智能具有超越"人类心智",赶上并迅速超越全人类的集体智慧,比人类智能还要强大的人工智能系统。

2. 三个基本立场

面对人工智能近中期的发展趋势,在全球范围内,普遍存在三个基本立场:

(1)危机主义者或者危机主义立场。危机主义者认为,人工智能按照它的内在规律,已经对人类构成威胁,人类社会进入从来没有遇到过的一种困境和危机。大部分政治家持有这样的立场,他们主张要对人工智能采取国际联合行动,甚至要停止一定时间的人工智能技术开发和推进。一些科学家也持有这一立场。

(2)对齐主义立场。对齐主义立场认为,要通过某种技术的、政治的和法律的方法,让人工智能的发展符合人类社会的发展要求,符合现在地缘政治、社会结构的变化和经济发展水平。

（3）有效加速主义立场。有效加速主义的理念很简单，即人工智能产生的问题必须由更快的人工智能发展来解决。奥特曼持有这个立场。该立场认为，所有的科学技术在发展过程中都会产生正面和负面的溢出效应，负面的问题只有更高层次的科技发展水平来加以解决，至少人类近现代科技史证明了这一点。

3. 选择

在电影《头号玩家》(Ready Player One)中有这样一句台词："这是'绿洲'世界，在这里唯一限制你的是你自己的想象力。"人工智能已经处于每天刷新人们想象力的历史时期。在这个时期，迄今为止的世界主体和参照系会发生改变，知识体系会被重构，人类智能和人工智能开始进入"共智"(Co-Intelligence)状态，传统经济组织、国家体制和法律体系也会发生变化，未来人类文明甚至会被重组。为此，我们要有一种使命感。正如《黑客帝国》(The Matrix)中所言："没有使命，人类就不会存在，是使命创造了我们，但使命联系着我们、牵连着我们、指引着我们、推动着我们、约束了我们。"

朱嘉明

2024 年 7 月 6 日

第一篇

人工智能的"涌现"

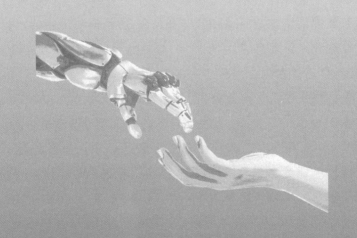

策划之眼:狂飙与有序

朝辞白帝彩云间,千里江陵一日还。
两岸猿声啼不住,轻舟已过万重山。

2024年1月8日做完"文汇讲堂"第163期"数字强国"系列六讲最后一期时,重新翻看以往所关注的前沿科技话题,我忽然有种李白浪漫主义的穿梭感。假如我们不是每一期都敏锐地捕捉到当时的变化,此后又持续地带着听众跟学者一起学习,恐怕就会有种卡夫卡在《变形记》开头里所描述的惊悚之感:"一天早晨,格里高尔·萨姆沙从不安的睡梦中醒来,发现自己躺在床上变成了一只巨大的甲虫。"

由此我和本书责编朱梅全商议,我们要收入之前做过的有关前沿科技主题的讲座内容。一方面,以"热点话题学术解读"为定位的每一期"文汇讲堂",都忠实记录了新科技背后国家对于自主创新的推动、职能部门对法规的建设和科技体制的求变求善,可谓"罗马非一日建成"。这本书收入的讲座时间跨度为2017—2024年,尽管以2023—2024年的"数字强国"系列和2020年的"新基建"系列为主体,但是很多内容最初形态在2017年就已涉及。所以,在某种程度上,它也是党的十九大后中国前沿科技发展的一个缩影。另一方面,当时嘉宾们的思考,虽然目前在技术层面有所突破,但其原理并没有改变,而社会对其接受度在理性上也不断向前迈进。因此,我们决定用"策划之眼"来代替传统的后记,在每一篇之首,由采访来汇总每个领域的最新发展,以展示中国式现代化道路上国人留下的前沿科技探索轨迹。

第一篇聚焦人工智能的"涌现"。2022年11月30日,OpenAI发布聊天机器人ChatGPT，掀开了自达特茅斯会议后人工智能发展六十多年来的狂飙运动。本篇收入的五期讲座，两期是这个分水岭之后的变化，三期则是对2017年、2019年、2020年不同时点的关注。其中又可以分成两条相互交织的主线——狂飙与有序，两者之间既有浪漫的依存式相恋，也有博弈状态的紧张制衡。于是，我们看到了AI领域"发展与治理"的双轮驱动，尤其是2024年7月举行的2024年世界人工智能大会首次开辟了人工智能全球治理高级别会议。因为朱嘉明先生已经写了长篇的序，详尽描述了2022年至今AI领域技术的发展及其带来的影响，因此，这里侧重于未曾涉及的领域。

态势之一，新。如序中所言，AI大模型的变化处在每周更新状态，"乱花渐欲迷人眼"，尤其是今年2月底，OpenAI推出震撼的文生视频模型Sora。作为行业风向标之一的本次世界人工智能大会上特地开辟了"大模型专场"，也是呼应了日新月异的大模型变化。同时，在应用领域，在本次世界人工智能大会上，上海四家公司获得了上海市发放的首批无驾驶人智能网联汽车示范应用许可，即"完全无人载人车牌照"，无人驾驶出租车的免费体验，激发了民众对AI技术更多的直观认知。

态势之二，治。本篇收入的讲座中，对于人工智能的法律规范讨论占据了40%的篇幅，冯象、季卫东等法学家有深入的思考和切磋，他们的分析和建议至今仍然很有价值，如何正视人机共存、共进、共融的世界，也是2017年讲座"人工智能下的人类世界"的主题，江晓原、于海两位人文学者与林龙年、危辉两位科学工作者的激辩内容，在2024年世界人工智能大会上成为全球治理的话题。本次世界人工智能大会的主题是"以共商促共享，以善治促善智"，它是大会举行六次以来在主题上首次明确提出"治"的概念，是"科学向善"的全球升级版，大会发布的《人工智能全球治理上海宣言》也体现了大会的共识与中国的担当。

态势之三，变。未雨绸缪是捕捉机遇的最好途径，高校已行动。2024年上半年，清华大学、哈尔滨工业大学、华东师范大学等高校集中成立了人工智能研究院，致力于前沿创新研究及人才培养。同时，南京大学等高校一方面开设人工智能通识课程，另一方面又开出各种形式的"AI+"复合课程，其中以复旦大学2024年秋季开始推出的"AI-BEST"课程体系最具特色。该课程体系覆盖学生学习成长的各种需求，分为 AI 通识基础课程 AI-B、AI 专业核心课程 AI-E、AI 学科进阶课程 AI-S、AI 垂域应用课程 AI-T 等四大类，目前至少 100 门课程已经酝酿成熟。

由于 AI 技术是诸多数字技术或前沿技术的基础，因此，AI 的"涌现"，也带动了诸多核心技术的突飞猛进。就在 2023—2024 年文汇报社与上海树图区块链有限公司联合举办的"数字强国"系列讲座中，近二十位嘉宾参与了前沿科技的讨论，一边是技术的突破，一边是人文的治理与社会的护佑。"涌现"是发展的井喷式展现，可视为一种狂飙；而治理是狂野而难免无序的矫正器，它的目标是使之有序，迟疑、惊恐或者空白等极端反应都将归于治理的有序——科技向善、科技是高质量发展的引擎、新技术形成的新质生产力将成为中国式现代化发展的主力军。

变化已成时代的必然，但在变化的不确定性中，治理成为有序和趋向确定性的钥匙。

非常欣慰的是，"文汇讲堂"的第八本书《对话时代》，在举世瞩目的党的二十届三中全会胜利闭幕之际交付印刷。7 月 18 日，全会通过了《中共中央关于进一步全面深化改革、推进中国式现代化的决定》，其中两条直接与本书内容息息相关：一是健全因地制宜发展新质生产力体制机制；二是健全促进实体经济和数字经济深度融合制度。该决定中的"加强关键共性技术、前沿引领技术、现代工程技术、颠覆性技术创新"等说法鼓舞人心，而本书关注的新一代信息技术、人工智能、航空航天、生物医药、量子科技等战略性产业发展政策和治理体系，也在决定要完善推动的清单之中。可以说，发展与有序遵循的逻辑清晰而有力。

李念（文汇讲堂工作室主任）

2024：
开启数字与智能经济融合时代

>>>>>>>>>>>>>>>>>>>>>>>>>>>>>>>>

主讲：
朱嘉明
经济学家、横琴数链
数字金融研究院学术与技术委员会主席

对谈：
盛雪锋
上海智慧城市发展研究院院长

许劲华
上海人工智能实验室大模型生态总监

刘志毅
东方财富人工智能研究院首席科学家

（本部分内容根据2024年1月8日第163-6期"文汇讲堂"现场演讲整理，该期讲座由文汇报社和上海树图区块链研究院联合主办）

为何是在2024年，大模型将开启数智融合时代？

朱嘉明

2024年已经开始，人们关注新一年的特征和趋势。我认为，2024年最重要特征和趋势是将开启数字和智能经济的融合时代。我主张"未来决定现在"，但是，这不意味着否定历史与现在和未来的高度关联。现在，既是过去的延伸，又被未来所决定。

今天的主题集中在探讨何为数字时代与智能时代的历史演进，两者如何在今天的历史背景下彼此碰撞，进而探讨当下应该怎么办。这个话题和国家、社会、企业及个人都具有相当紧密的关系。

八十年前四条数字平行线，此刻加速交汇

今天谈到的数字时代、智能时代，应当追溯到八十年前，也就是第二次世界大战结束之前的1944年前后。那一年，发生了诸多大事：诺曼底登陆、产生联合国方案、布雷顿森林会议召开。

但是，真正对历史产生深层次和持久影响的是四位科学家和他们的思想，他们分别是约翰·冯·诺伊曼（John von Neumann, 1903—1957）、乔治·罗伯特·斯蒂比茨（George Robert Stibitz, 1904—1995）、艾伦·麦席森·图灵（Alan Mathison Turing, 1912—1954）和克劳德·艾尔伍德·香农（Claude Elwood Shannon, 1916—2001）。没有他们在那个历史节点的贡献，很可能数字时代和智能时代就无从谈起。

他们的贡献是什么？为什么发生在距今八十年前后？这些贡献如何构成和奠定了历史的根本方向？

八十年前，有科学家敏锐地意识到：伴随量子科技，特别是原子结构认知的突破，经典的物质状态世界已经开始向信息世界和信息时代转型。世界是由物质、能量和信息构成的。那么，什么是信息？至今难以定义，但有一点可以肯定，信息不是物质，无法用物理形态表现出来。它涉及众多理论、模式、方法和工具。香农创建了信息论，包括信息结构、尺度、单位、标准和应用的技术路线。特别是信息和熵的关系，信息最终的体现是数字和数据。

那么，人类如何处理数字和数据？唯一选择是计算机。于是，冯·诺伊曼提出了"冯·诺伊曼构架"（Von Neumann Architecture），解决现代计算机的三个原则：第一，计算机引入二进制；第二，实现数据存储和执行；第三，计算机体系包括输出、输入、储存、运算和中心控制。美国的第一台离散变量自动电子计算机（EDVAC）就是基于冯·诺伊曼构架发明的。可以肯定，没有冯·诺伊曼架构，就没有计算机，或者说人类要在计算机发展进程中走漫长的道路。

如何将处于物理独立状态的计算机连接起来，不仅是最自然的思路，而且是最早期的互联网思想。对此，斯蒂比茨做出了巨大贡献，他将电路开关技术应用于计算机，解决了0、1语言的运行和电磁式计算机的遥控问题。他的贡献为计算机通信和互联网的发展提供了基本技术前提。

随后，图灵提出了更加严肃的问题：计算机是否会学习？是否会思考？这就是人工智能的基本思路，他进而提出了著名的"图灵测试"。由此，图灵被誉为"人工智能之父"。

总之，从1944年到1950年前后，所谓最重要的科学前沿机制主要聚集在信息论、计算机科学、计算机互联网、计算机思考这四个方面。这四个方面的交换作用，就是所谓的信息和通信技术革命（ICT Revolution），或者说是数字革命（Digital Revolution）。

在过去的八十年间，人类一直被这四条平行线所左右。只是在过去的十年左右的时间,人们突然发现这四条平行线发生了交汇。而现在,这样的交汇突然加速了。

数字生态的形成与演变

在人类历史上,农业经济和工业经济都是存在于农业生态和工业生态体系之中的。数字经济也不是单纯的经济,其背后是一个数字生态时代。这里简单回顾一下数字生态是如何形成与发展、变化的。

1. 数字经济、数字技术的基础理论问题,1950年代已完成

数字时代是以计算机为基础,以互联网为网络而构成的一种全新的社会经济模式或社会运行体系。互联网保守估计有八十年的发展史,可以简单分成几个阶段:

- 1940年代,奠定数字生态关键思想和技术的时期
- 1950年代,计算机和半导体发生根本性的技术突破
- 1960年代,实现从互联网思想到阿帕网(ARPANET)的投入和使用
- 1970年代,制定互联网规则(TCP/IP)
- 1980年代,个人电脑普及
- 1990年代,万维网诞生和基于互联网经济的全面崛起
- 2000年以后,二十多年间数字经济全面崛起

在这个过程中,还有三个人非常重要。第一位是诺伯特·维纳(Norbert Wiener,1894—1964),提出了控制论;第二位是万尼瓦尔·布什(Vannevar Bush,1890—1974),奠定了美国前沿科技管理体系,是构建科学家、政治家和企业家联盟的关键人物,也是美国曼哈顿计划的组织者和参与者;第三位是约瑟夫·利克莱德(J. C. R. Licklider,1915—1990),在1960年代设计了互联网的初期架构——以宽带通信线路连接的电脑网络。

需要知道的历史事实是:在1950年代,数字经济、数字技术的关键问题,包括今天讨论的半导体和芯片问题,都在基础理论和关键技术层

面得以完成。1965年,著名的"摩尔定律"被提出来了。

2. 计算机和互联网自身的发展形成数字生态双轮驱动

在数字经济和数字生态的发展过程中,最重要的推动力是两个轮子:一是计算机硬件和软件的发展;二是互联网硬件和软件的发展。同时,互联网历史有四个里程碑:一是创立了局域网或者阿帕网;二是建立了相关规则;三是发明和应用了日趋完备的技术体系,包括电子邮件、编程、远程登录、网上交流;四是建立了万维网。需要特别强调的是,蒂姆·伯纳斯-李(Timothy Berners-Lee)的贡献巨大,因为他,互联网实现了全球化,并全方位进入民众生活。

在互联网的发展过程中,逐渐形成完整的数字生态,生态中的基本元素是数据。在数字生态中,数字经济至关重要。因为数字技术的商业溢出效应,产生了具有创新特征的代表性公司,并形成彼此的分工。例如,台积电(台湾积体电路制造股份有限公司,TSMC)主要解决芯片问题;社交平台有Twitter(现已更名为"X");元宇宙有Meta(前身是Facebook);搜索引擎有谷歌;还有从事软件开发的微软等。

3. 数字生态时代陷入危机:数据、算法、摩尔定律

在上述背景下,形成了算力为动力、算法为工具、平台为纽带的全新的数字经济形态。在数字生态中,平台经济起到核心作用。平台经济用户、商家和生产者之间构成了全新的三角形关系。其间,形成了系统数字生态理念。在这方面,美国圣塔菲研究所、麻省理工学院和惠普公司对数字生态理念、目标、愿景进行了宏大阐述和力所能及的实验。

当人们对数字技术、数字经济、数字生态充满极大的热情,推动数字化转型之时,也要看到数字生态所面临的困境和潜在危机。主要是:人类大脑无法解决非线性问题和指数计算问题。即在传统数字技术的框架中,无法解决非线性的和以加速成长为特征的大数据的爆炸。现在数据大到难以想象的程度,据互联网数据中心(IDC)预测,2025年,全球数

据量将达到175ZB。人类距离YB时代近在咫尺（1PB = 1024TB，1EB = 1024PB，1ZB = 1024EB，1YB = 1024ZB，1BB = 1024YB）。除了算力不足，算法也存在滞后问题。大模型的本质是解决概率问题，这个世界是由或然率决定的，人类过去的算法工具已不可行。此外，还有数据确权问题、安全问题和治理问题。在过去五年时间里，数字技术支持的硬技术方面，挑战也是严峻的。例如，摩尔定律已是极限，于是出现了如何理解和面对后摩尔定律时代的问题。

总而言之，不要认为数字经济靠它本身或者数字技术可以无限发展下去，这是错觉。

智能生态由边缘向中心跃迁

所谓人工智能（AI），简单来说就是怎么处理输入输出，完成自我学习，优化升级，实现像人一样的思考，乃至可能超越人类。

1. 74年后AI走出沼泽地成为主导性科技力量，并可泛化成工具

人工智能是可以不断定义、不断动态发展的概念。在人工智能的演变历史中，最重要的问题是如何通过机器学习和将自然语言纳入大模型（LLM），与神经系统结合，实现可持续的深度学习。

完成这一历史跃迁花了七十多年。从1950年图灵提出图灵测试至今已有74年。如果从1956年夏天在美国达特茅斯召开的为期两个月的人工智能大会算起，也有68年了。此次会议的发起人都是当时的年轻人，几乎探讨了人工智能的所有问题。这次会议形成了符号主义、连接主义和行为主义三条路线。最后，连接主义路线被证明是唯一能够走出人工智能沼泽地的路线。

在这漫长的七十多年里，人工智能的发展有起有落。

2009年之后，人工智能急速发展。也就在这一年，"智能汽车"进入人们视野。

2015年，成立了非营利性人工智能研发组织OpenAI。

2017年，诞生了第一代有语言和智能意识的机器人索菲亚

（Sophia）；同年，论文《注意力就是你所需的一切》（Attention Is All You Need）发表，提出了今天人工智能发展的完整框架和核心技术，即Transformer模型/架构，实现了机器学习模型的突破。2017年之后，人工智能进入了所谓的发展"快车道"。

从2017年到2022年11月30日，人工智能产生了根本性的突破。

2022年11月30日，ChatGPT的发布，彻底改变了人工智能生态，实现了人工智能从"边缘"到"中心"的跃迁。人工智能迅速变成一个主导性的科技力量和发展模式，并成为可以泛化的一种工具。

2. 当下人工智能是由大模型的集群构成，高度竞争且快速进化

业内通常将大模型分为通用型和行业型。一种错误观点认为，大模型是人工智能的突破性进展，是人工智能的工具。这样的认识是很不够的。今天讲人工智能，就是要讲大模型，没有大模型的人工智能是不成立的。也就是说，人工智能已"大模型"化，人工智能和大模型实现了前所未有的高度重合。现在，人工智能由大模型的集群构成。目前正处于高度的大模型竞争和进化的历史时期，一方面还会有新的大模型产生；另一方面，绝大多数大模型会自生自灭。

2023年，与大模型有关企业的盈利速度显著，人工智能成为影响资本市场的核心变量。这也是对美国股市这一年不俗表现的解读。在微观层面，人工智能一方面催生了全新的智能企业，另一方面也在大面积地推动企业的智能化转型。例如，2022年11月之后，优步（Uber）的大模型使用规模是位居前列的。

2024年：数字与智能经济"一体化"融合

当下，可以概括为数字技术和数字经济会迅速被智能化技术和智能化经济所改造和替代的时期。所谓数字化转型，在尚未完成的情况下，又叠加了智能化转型。

1. 大模型的竞争在于 GPU,并已从芯片扩大到"芯粒"

智能化需要大数据的支持和培育,数字经济和数字技术的进展会对智能化技术、智能化经济产生非常积极和正面的作用。当前中国面临巨大挑战,就是要重构包括数字经济和智能技术在内的新的基础设施,即物理形态所支撑的新的基础结构。现在产生了两个新概念——人工智能硬件与人工智能软件。支持人工智能大模型的硬科技正在快速进入"后摩尔时代",除了 GPU(图形处理器)之外,还有 DPU(数据处理器),以及谷歌开发的 TPU(为机器学习定制的专用芯片)。而 CPU(中央处理器)只是数字时代的基础结构的支撑。现在比较大模型,不仅看其思路、构架是否更完美,更要看 GPU、DPU,因为它们直接关系到实际性能。目前,英伟达是 GPU 领域的"王者",已有 V100、A100,而 H100(第九代数据中心 GPU)相较于上一代实现了数量级的性能飞跃。与此同时,谷歌、微软、英特尔、AMD 也都在加速开发自己的 GPU。

特别值得关注的是,具有多功能的"芯粒"(Chiplet),即预先制造好、具有特定功能、可组合集成的晶片(Die),开始成为人工智能基础设施的新赛道。

2. 从数字资本、AI 资本并存,到 AI 资本压倒数字资本

在麻省理工学院的一次演讲中,英特尔 CEO 帕特·基辛格(Pat Gelsinger)表示英伟达在人工智能领域取得成功是"非常幸运"的。英伟达对此反应激烈,称英伟达是凭借对人工智能发展过程清晰的判断和认知才获得成功的。我认同英伟达的观点,在整个硅谷或者当时广义的 IT 产业中,只有英伟达的创始人黄仁勋在 1999 年重新认识和解决了两个问题:一是 GPU 和图形的问题,二是平行计算问题。人类大脑虽然可以同时思考很多问题,但无法同时运行若干个平行计算。平行计算超出了过去传统或经典计算机的思路,在模型和芯片上加以支持。英伟达实现了了不起的突破。

今天在数字企业、数字技术和智能技术混合企业的成长过程中,绝大多数微观企业必须完成定制化的人工智能的转型,与此同时在资本市场,会从数字资本和 AI 资本并存,转变为 AI 资本压倒数字资本。过去软件开发靠人,现在靠人工智能,人工智能可以节省 55% 的资源。

按照区域分析,人工智能领域的投资差异十分明显,美国第一,欧盟第二,然后是英国,之后是中国和世界其他国家。这就说明,在农耕时代,所有国家都是参与者。在工业时代有一批参与者和引导者,其他国家勉强能跟上,只是发展速度不同。但在数字时代,已经有一半国家出局。到人工智能时代,只有极少数国家有能力、有资格参与竞争和游戏。

3. 人工智能代理时代来临,知识图谱、思维方式将被迫改变

目前已形成许多人工智能领域的新企业集群,除了大型公司还有许多小公司,从事绘画、唱歌、写小说、PPT 制作等。

下一步,在大模型的基础上,具身智能机器人将在经济和社会的各个领域发挥全方位的作用。什么叫具身智能机器人?它与过去的机器人不同,过去的机器人主要是在生产线上辅助人类、替代人类体力劳动的机器人,我们把它理解成蓝领机器人,对人类威胁并不大。今天产生的是超白领机器人,它最大的特点是具有学习、推理、判断、决策、创造等能力。2024 年,马斯克展示的特斯拉第二代人形机器人"擎天柱"(Optimus),会实现感知、运动、交互完美地结合,成为彻底改变人工智能的新一代,预计未来的产量至少有 100 亿台,超过地球现在 80 多亿的总人口。

在这个数字和智能融合的时代,一切人类的行为都可以通过人工智能得以实现。用人工智能的话说,这是一个可以多模态生成的时代,人工智能可以满足人类所有想象的愿望并加以实现。其中,最震撼的是人工智能代理时代扑面而来。

很快,在不同领域中,所有人将会面对或处于三种不同的场景:其一,传统的由人主导、人工智能辅助的场景;其二,人和人工智能平分秋

色的场景;其三,人工智能占主导的场景。未来大趋势是,人们会发现,在大模型与人之间也需要有中介,所有事情都需要通过人工智能代理(AI Agents)加以实现。

最严肃的问题是,人工智能改变知识图谱和思维方式,会强制人类接受不断改进的思维树,接受新的决策模式。人工智能会改变基于人类反馈的强化学习(RLHF)模式。同时,人工智能也会彻底改变云计算、区块链、互联网,重新构造元宇宙。

4. 新挑战:开源?AI宪章?大模型有无替代?如何控能?

2023年,全球最有影响的开源软件开发平台GitHub对于人工智能技术开发贡献甚大。基于这个平台的人工智能相关项目达到三亿多。在亚太地区,印度、日本、新加坡都是这个平台的受益者。这也意味着,充分利用GitHub是实现人工智能技术开源的重要途径。

现在,可以考虑提出一个人工智能宪法(AI Constitution),推动人工智能和去中心化自治组织(DAO)相结合,也推动人工智能的法规体系与监督的完善。

总之,人工智能刚刚从边缘进入人类经济活动的中心位置,就已经开始面临诸多的严肃问题和一系列挑战,包括:大模型是否有极限?视觉、图像数据是否有天花板?以Transformer为核心的支持大模型框架,是否有替代方案?如何改善人工智能大模型成本结构?如何降低人工智能能源消耗?如何构建人工智能与Web3的融合模式?……所有这些问题,在2024年都需要有解决方案和技术性突破。

上海的优势与潜能

首先,制度优势。人工智能发展到今天,任何一个项目的开发动辄十亿、百亿甚至上千亿美元,它对资本的需求得进行资源整合。对于中小企业来说,直接开发或者创新人工智能的技术难以实现。所以,需要集结力量。举国体制正在成为关键选择。在这方面,中国特别是上海地区是有优势的。

其次,区域创新体系。上海已经建立包含政府、科研机构、企业紧密结合的区域创新系统,具有相当成熟和互动的经验,现在应当思考如何将这些经验和资源投入基于人工智能的创新。

再次,制造业基础。从数字经济到智能经济,最终还是与工业制造结合,需要有相当的工业制造能力支撑这样的智能体系。在这方面,中国有优势,上海的优势更加明显。

最后,先发优势。上海具备先发优势的基本条件,有条件组织 AI 联盟。

未来:AI 发展进入博弈状态,世界需要全新解决之道

2023 年 3 月 29 日,美国生命未来研究所公布了一封由杰弗里·辛顿(Geoffrey Hinton)、加里·马库斯(Gary Marcus)和埃隆·马斯克(Elon Musk)发起,共 1079 人联署的公开信,呼吁人工智能停止六个月开发,在此期间加快开发强大的 AI 治理系统。但是,该愿望并未实现,因为人工智能的所有方面都已进入博弈状态,所有参与者处于"纳什均衡"状态。

最后,引用最近几个人的话作为结尾。微软首席执行官萨提亚·纳德拉(Satya Nadella)说,"人工智能的黄金时代已然来临"。2023 年 12 月,比尔·盖茨(Bill Gates)预测说,在美国这样的高收入国家,离普通民众大量使用人工智能还有 18—24 个月的时间。斯坦福大学教授吴恩达(Andrew Yan-Tak Ng)提出一个观点,今天的大模型往前发展就是世界大模型。Meta 首席人工智能科学家杨立昆(Yann LeCun)说,AI 将接管世界,但不会征服人类。

经济学家威廉·阿瑟·刘易斯(William Arthur Lewis)曾经提出农业经济和工业经济二元结构理论。几十年过去了,在世界范围内,传统的二元结构问题并没解决,现在又出现了工业经济和数字经济的二元结

构，以及数字经济和人工智能经济的二元结构，导致进入几个二元结构的差距(gap)的叠加时代，最终引发世界非均衡发展的加剧，甚至断裂。人类必须寻求全新的解决之道。对此，中国要有新的历史贡献。

简言之，2024年，将是人工智能彻底改变传统经济形态、传统社会形态和传统全球化的关键一年。未来愿景是，人工智能将以2023年为拐点，在2024年全方位向所有行业和社会领域蔓延。

对话 | 大模型撬动全民参与，新质生产力提升体验与生产率

刘志毅： 刚才朱老师介绍了人工智能发展的底层逻辑、发展趋势以及可能面临的挑战，据此我们讨论一下人工智能时代的根本问题。

大模型

首先聚焦大模型。朱老师下了一个定论，没有大模型的人工智能就不是真正的人工智能。勐华老师在上海人工智能实验室负责大模型生态相关的工作，您怎么看？

1. 大模型是当下通向 AGI 最有希望的路径

许勐华： 我第一次在公开场合听到这样的结论，那个瞬间有点震惊，随后就不由自主地点了点头，内心非常认同。

我曾有十年研究在大数据方向，后进入 AI 领域。此前，大数据在企业内部多用于分析和决策，应用领域有很多局限性，AI 的发展给大数据带来了新活力；2022 年年底大模型问世后，它的技术突破同样给 AI 带来了新的方向。原来许多 AI 是专有模型，一个模型解决一个问题，比如 2014 年 DeepID 解决人脸识别问题，2016 年 AlphaGo 在围棋上超越了人类，2022 年 AlphaFold 预测了蛋白质结构，这些都是针对特定任务。大模型出现后，能够一个模型应对多种任务和多种模态，并且还有一些出乎预料的智能涌现。因此，某种程度上我非常认同这句话——大模型是现在人工智能迈向通用智能最有希望的一条路径。

2. 中国推进智能工厂建设，产业界参与数智融合很主动

刘志毅： 盛院长所领导的团队刚发布《浦东新区智能工厂白皮书（2023年）》，您怎么观察人工智能发展与大模型相关的产业落地？

盛雪锋： 从来没有人这么斩钉截铁地说现在人工智能就约等于大模型，一般只是从合理性上认为大模型肯定是人工智能的方向。非分散发展而聚焦式推进大模型，对国家科技进步，对区域新的竞争力提升，包括新质生产力的塑造是件好事。

我们一直在跟进的斯坦福大学年度人工智能指数报告，在2021年、2022年都很明确地预测了大模型之后会进入爆发式发展。而国内在这方面真正实现爆发还是在2023年上半年。其实，很多不可思议的新技术都有之前不断积累、不断突破的过程。所以，AI也不能游离于此前80年的发展过程之外。

整个上海市甚至全国2023年都在推进一项非常重要的工作，即智能工厂建设。原因是大家认识到，中国世界工厂的地位在未来智能化时代可能不保，体现在规模、利润、竞争力上。智能工厂建设到数字化再到未来智能化还有很多路要走，从《浦东新区智能工厂白皮书（2023年）》里会发现在浦东新区六大"硬核"产业里，除了偏"软"的软件类外，其他五个都是硬制造。比如生物医药，它的智能化程度是最高的，已经开始运用多种大模型做新药开发和蛋白质筛选。其他领域，比如以智能网联汽车、新能源汽车为代表的"未来车"，是整个上海较为重要的产业，为了让智能车上路，上海特别制定了相关法律。在从数字化向智能化融合的过程中，产业界反馈极为积极，我们认为这是整个上海未来产业竞争力提升很好的趋势。

3. 大模型激发了民众参与，使人类智能与AI形成互动和依赖

刘志毅： 盛院长从国际人工智能发展和国内尤其是浦东新区产业实践讨论了大模型。我前段时间写了《智能的启蒙》一书，朱老师在序言里比较了人工智能与自然智能，在大模型和人工智能的关系上，您有何思考？

朱嘉明：序言题目是"自然智能 VS 人工智能"，核心意思是：时至今日，人类大脑，再天才也无办法同时做矩阵计算，不可能完成指数计算，所以要借助计算机。但是，传统的或者经典的计算机已逼近极限，下一步是量子计算机。大模型本质就是包括"Input"（输入）、"Output"（输出），具有自身学习能力的计算体系。大模型最大的优势就是可以接受发散的、没有规则的语料和信息，并使之收敛，产生结构性的和有价值的东西。

今天特别补充一点：现在大模型与普通民众息息相关，每个人对人工智能都能有所贡献，丰富大模型参数，最后再影响民众的生活。这就是人工智能智慧和人类自然智慧的依存和互动关系。

刘志毅：很有启发。原来讨论人机交互更多是人和机器彼此单体和单体的关系，现在利用数据信息在知识层面达成了人和机器这个系统的交互。

朱嘉明：我今天特别强调大模型在这方面的先发优势，你做得越好百姓用得越多，百姓用得越多它就越好。因此，人工智能竞争变成模型竞争，模型竞争变成民众使用规模的竞争。

新质生产力

刘志毅：人工智能技术的发展从 AlphaGo 问世之后受到极大关注，很重要的原因是，它非常深入地渗入我们社会和经济系统当中。刚才盛院长提到新质生产力，这是围绕科技创新的概念讨论人工智能技术对社会发展的逻辑。人工智能技术到底在哪些层面上可以对我们国家，包括全球经济发展带来根本性变化？

1. 新质生产力体现在"新"和"质"，生产率提高是重要标志

盛雪锋：近期，"新质生产力"这个词非常热火。今天谈新质生产力，要关注"新"和"质"。"新"意味着更多新结构、新技术、新模式，"质"的变化是新的生产力应用于生产经营时发现它产生的作用不同以往。比如，许多新领域运用人工智能、区块链、互联网新技术或其他智能化设

施。毫无疑问,数字经济或数字技术是新质生产力为新的生产力带来驱动的重要方向。

未来,新质生产力如何更好地推动产业?

第一,对于新质生产力,要更多关注产业界的理解和实践。一旦持续不断用新科技改变既有的传统生产经营方式,它所产生的更高的效用一定会形成新质生产力。比如,汽车行业的零配件制造是传统中的传统,上海某家企业把整个汽车零配件的研发分散在全球各地,通过数字化与智能化协同,变成24小时不间断地研发,极大提升了研发效率,这就是一种新质生产力的典型代替。又如,原来需要一批质检员检查零配件的磨损程度,现在可以将其嵌入生产过程中间的自动化环节,产品制造后立即通过摄像头比对,通过大模型判断它是不是废品,整个生产效率得到快速提升。

前不久我参观华为做 WiFi 6 AP 的盒子,60米的生产线,自动完成了原料进入、装配、质检、打包等全部流程。这就是新质生产力。

第二,对生产经营、产业界,无论是上海还是其他城市,无论海内外,要更多聚焦在垂直应用领域内的大模型的发展。现状是,人工智能约等于大模型,在交通、气象、金融领域都已有大模型,各领域都要朝这个趋势和方向发展。

2. 开源可促进新一轮技术发展,场景驱动等是重要推动力

刘志毅:科技创新引导产业发展,劭华老师怎么看科技创新推动人工智能技术在各个领域的应用?

许劭华:首先,开源开放是推动技术发展的重要力量。在开源过程中,开发者可以在开源社区中共享自己的技术成果和经验,开发者和使用者可以参与测试和优化从而促进技术创新和进步。目前在大模型领域,开源呼声越来越高。OpenAI 创始人山姆·奥特曼(Sam Altman)之前在社交网络上征集圣诞愿望,回复中点赞最多的就是开源,他也在回复中列出了开源。

其次,这一轮大模型的技术发展中,参与度相当高。近几年,arXiv 网站上在标题和摘要的关键词中包含大模型的论文在持续增长,特别是

ChatGPT 发布后迅速成为最热门的方向。

最后,工业产业中的数据驱动和场景驱动也是技术前行非常重要的支撑。当下,直接深入到产业界的速度远快于上一轮的 AI 技术落地。在企业内,除了研发团队,管理团队也积极参与交流大模型的应用,这将加快技术落地速度,形成反馈的高效响应,拉通内部不同团队,这点非常关键。

大模型本身的技术迭代速度很快。对新技术的期待及社区的共同参与是推动技术发展和落地的重要动力。

3. 经济学是工业化的产物,进入 AI 时代需要重新定义

刘志毅: 这个时间点上,从经济和数字技术关系来看有无新的变化和特征?如从经济学视角来看,是否有新的范式变化或者新的理念可供大家学习和参考?

朱嘉明: 迄今为止的经济学都发生在工业革命以后,它所适应的是工业时代的市场、交易、分工逻辑。今天看,传统经济学已经无法适应信息时代、数字时代和智能时代。

例如,亚当·斯密(Adam Smith)的《国富论》是从分工谈起的,他所理解的分工是工业生产过程的分工。信息时代、数字时代和智能时代的分工完全不同。仅仅几年前,游戏编程工作还需要进行专业训练,编程人员收入较高。现在编程则可以由人工智能代理完成。过去认为拍电影需要导演,但在小视频时代,人工智能代理就能制作视频。也就是说,原来认为需要通过学习、教育和实践所形成的分工体系,正在瓦解,甚至崩溃。

从宏观角度看,垄断和竞争也变了。在人工智能时代,垄断优势和垄断时间在急速变短。此外,人工智能必然会增加属于公共资源和公共资产的比重,同时会导致知识产权复杂化。现在人工智能美术的知识产权纠纷就是案例。

简单地说,进入数字和人工智能时代坐标系变了,原来经济学的基本概念,需要审视并重新定义,这是非常大的事情。

具身智能和 AI for Science

刘志毅：具身智能、AI for Science 方向是朝前走的两个重要分支。盛院长，具身智能对其他产业的发展，包括整个经济生态的发展有什么影响和变化，能否举些产业的例子？

1. 具身机器人智能化被强化，将大量出现于社会生活中

盛雪锋：我们正在帮助上海某一区域做具身智能的规划和研究。一般把机器人分为工业机器人、服务机器人，现在多了具身机器人。有什么不一样？它依托于许多领域的融合性的发展而得以有新的进步。比如，大模型发展使得具身机器人的智能化程度远胜传统服务机器人。它可以解决生活中、制造业领域传统流水线智能化等所无法解决的问题。

比如上海某汽车制造厂商的工厂里，需要经过高低不等的空间搬运箱子，除了依靠人力，还可以让具身机器人跨过障碍，放到指定位置。又如，医疗和康复领域有许多瘫痪病患，可运用具身机器人辅助行走。在未来社会生活中可以看到许多具身机器人的应用前景。

2. 大模型作为方法，在基础科研中的作用依然举足轻重

刘志毅：勐华老师，您可否分享实验室里 AI for Science 的创新案例？

许勐华：上海人工智能实验室 AI for Earth 联合团队研发出了全球中期天气预报大模型"风乌"，"风乌"提供了一个强大有效的全球中期天气预报的 AI 框架，其领先性体现在预报精度、预报时效和资源效率三方面。AI 气象大模型可与传统的物理模型形成互补，为生产生活提供更准确、更实用的天气预报信息，助力天气预报数字化。

AI for Science 成果也会应用到产业界，在产业中产生价值。比如，气象大模型可以应用于产业级的气象预报，服务于农林牧渔、航空航海、能源等领域。

3. 以文明视角思考：大模型将带来硅基生命形成后人类社会

刘志毅：具身智能是创造一种实体来辅助经济社会的发展，AI for Science 是提供一种观念和方法推动 AI 发展，这两个方向特别有意思。朱老师，您觉得可以从哪些领域进入 AI，使它从观念到实用带来新的变化和发展？

朱嘉明：现在需要一个方法或标准定义何为 AI 应用领域。在基础科学中，究竟如何划分 AI 和基础科学、AI 和技术的边界？这尤其需要我们从哲学和大历史观点探讨人工智能潜在的真正历史含义，或者利益价值。例如，谁去火星？谁去开发外星球？碳基人难以胜任，只能考虑以硅基形态存在的生命。未来的人工智能，需要通过大模型和硅基物种成为人类的朋友，相当于电影《银翼杀手 2049》里的场景。人类需要接受大模型和硅基新物种，并与之互动，这就是所谓后人类社会。

因此，对大模型或人工智能的理解，取决于视野的大小。大模型对日常生活的贡献，对传统产业的贡献，甚至对科学基础研究的贡献，到了呈现爆发性增长的历史时刻。我们需要更广阔的视野看待人工智能未来发展的方向。可以这样概括：人工智能发展空间是巨大的，它将成为当代人类不能完成任务的选择。

人工智能伦理和治理

刘志毅：朱老师提醒我们，更要关注人工智能在改变人类文明进程上不可替代的作用。关于人工智能，您一直强调要再观察再看看，在演讲尾声也提到那封公开信，都提醒我们要关注人工智能伦理和治理。我们在做关联学术研究时，也看到全球科研工作者都在做相关工作。盛院长，企业在推动人工智能技术发展中如何控制相关的伦理与治理的风险？

1. 要善于勇于将困难转化为有效场景，提升体验和效率

盛雪锋：人工智能或者泛智能化的技术让整个社会快速发展、生活

更加便利之外，还面临三方面挑战。第一，如何让智能技术更快更有效地进入实际生产、经营、生活中，带来实实在在的体验感提升和生产效率提升。当前 ChatGPT 之所以这么火爆，一方面是因为加了更多参数之后能力涌现了，另一方面是因为它和 C 端互动了，放到每个人均可参与的场景中，比如帮助绘画实现理想。因此，无论在生活领域还是生产领域，我们要善于并且勇于把现有的困难或者传统模式进行智能化改造，形成有效的场景，才有可能进一步形成智能化数字融合的时代。

第二，一定要关注特殊群体所面临的"数字鸿沟"问题，海内外都在倡导以人为本、以人为中心的发展模式，上海更是在践行"人民城市"重要理念。如何帮助老年人使用智能技术、智能化的服务，从而也得到较高质量的生活环境？在大力促进人工智能新技术正面效应不断激发的同时，一定要处理好新技术带来的社会挑战。

第三，要重新审视人才培养，多关注青少年和数字时代如何结合。

2. 需动态看待 AI 的动态发展，各类人才共同完善评测技术

刘志毅：劲华老师，上海人工智能实验室也正是以人为本，尤其在教育、相关领域关注 AI 的发展，您怎么看待人工智能伦理和治理？

许劲华：这个问题特别重要。在人工智能特别是大模型的发展中，时刻伴随着安全伦理上的压力。我的观察是，大模型的应用范围是动态变化的，需要动态看待。例如，2023 年上半年，一位美国律师使用 ChatGPT 写诉状，因为引用了后者提供的"根本不存在"的案例，不仅败诉，还影响到他的律师执业活动。但半年后的 2023 年 12 月，英国允许法官使用 ChatGPT 撰写法律裁决书。这个转变如此之快，还是在颇为谨慎的英国。可以说，人工智能伦理和治理不仅需要安全治理相关专业人士的全面参与，同样需要技术持续发展及公众了解使用方法和范围。

在大模型发展过程中，我个人非常推荐用评测来推动。大模型是智能体，它本身会涌现生成内容，我们要有一套综合的、体系化的框架体系来评测它是否符合现在人类定义的规范，无论是法律法规还是公序良俗，都要有动态的监管方法。这个过程不仅需要大模型技术人才，同样需要经济专家、法律专家、心理专家等全科人才合作，共同完善评测体系

并动态地适配到整个大模型的技术发展中。

3. 冲击波仍在持续,同时涉及B端、C端和G端,但共识尚未形成

刘志毅:关于人工智能伦理和治理,联合国在2022年也给出了一些共识性的内容。朱老师,您认为在伦理和治理上目前国际社会是否达成了共识?这个共识能否帮助我们更好地利用技术推动社会的进步和发展?

朱嘉明:在人工智能时代,人们处于这样的场景之中:一方面,以大模型代表的人工智能在急剧地推进;另一方面,人工智能的新技术不断突破,一天一小变,一周一大变,一月一巨变。现在,关于如何认知人工智能的现状和趋势,人们并没有形成共识,大家的判断并不一样,期许也不一样,关于潜在的真正的深层目标也不一样。所以,现在各国对人工智能采取的政策也有很大差别,分为比较自由化、比较宽容宽松和偏于严格监管的不同选择。

为什么我们要强调2024年的重要性?因为2023年许多问题在快速集聚、成熟,2024年会显现出来。现在人工智能研究向C(Consumer)端、B(Business)端、G(Government)端同时进行。因为人工智能变化太快,我相信三个月以后,我们对这个问题的认知会和此时此刻大有不同。

互动 | 中国大模型企业如何存活？中美差距如何缩短

垂直大模型成本在降低，逐步优化或是生存更优选择

上海联通公司职员刘嵘：中国涌现出大量的大模型企业，大多在 C 端应用。在 B 端应用上，存在训练成本高、推理成本高以及私域数据难管理、存储私密性的门槛，中国的大模型企业该如何存活？

盛雪锋：你说得很对，大家都在做大模型，很多企业号称在做通用大模型，其实并不通用。

第一，对一般企业来说，它们的机遇在垂直类大模型，比较坚定地推进本行业甚至本企业垂直领域的模型构建，应该是对未来较好的投资。

第二，据我们监测和观察，投资成本正在快速降低，以至于能力较弱的企业也能承受投资成本。比如，上海某知名的人工智能企业开发布会时表示，由它们基础底座大模型训练新的垂直领域的模型，成本约为 10 万元人民币。所以，稍微有点规模的企业都能承担这点成本。

第三，是数据。很多大模型本身训练得很好，并不像大模型刚兴起时需要海量训练体量。有些学校把科研成果拿出来也能训练出自己适用的大模型，逐步优化完善会是更好的选择，而不是一次性找到大量数据求一蹴而就。

朱嘉明：目前大模型并没有分类，所以比较杂乱。因此，现在要加快对大模型的分类，无论是通用型、偏通用型，还是偏垂直领域，都需要有一套衡量体系，确定参数内涵。

在制定标准过程中，要注意如何衡量大模型效益的发展潜力、大模型的硬件体系，以及大模型之间的接口。现在，大模型似乎处于"群众运

动"阶段,很多模型都会自生自灭,浪费很多资源。在上海这样的发达地区,当务之急是建立区域级大模型的实验室,形成对所有大模型和 B 端、C 端或 G 端结合的评估模式。

AI 已位于新基建的核心位置,大模型需求呈"乐高化"

上海市外国投资促进中心杨峥臻:在人工智能发展如此受到世界关注的今天,上海若希望在 AI 产业获得更好的发展,从投资促进的角度看,可以做些什么样的工作,营造什么样的生态环境?

朱嘉明:过去几年,加密数字货币、token、NFT、DeFi、区块链、元宇宙、Web3、DAO 等,从不同方面在强化数字时代创新。但是,所有这些技术,最后还是被算力和算法所控制或掣肘。例如,与元宇宙不可分割的数字孪生、虚拟人的设想,理论上没有障碍,但实际做不到,技术上不足以支撑。今天,因为人工智能,这些过去做不到的事有实现的可能了。

另外,因为人工智能,过去的创新进入到收敛过程,它们也通过人工智能联结在一起。因此,现在要强化数字和人工智能创新的基建结构。过去谈新基建结构时,并未把人工智能放在核心位置,今天人工智能已处在核心位置。

大模型就是复杂和多维的矩阵。可以这样想象:未来的大模型会"乐高化",即不同的大模型之间有分工,加上垂直模型,构成"乐高"排列,每个企业或政府不可能依赖于一个模型,而是需要通过若干个模型支持目标和前景的实现。

让大模型辅助基础科研不能一蹴而就,短期不高估、长期不低估

华东理工大学工科博士生侯志伟:技术的本质是技术的组合,技术的基底是"现象",让 AI 走进实验室去识别新的现象(图像识别)并辅之 AI 的分析能力,这是否意味着 AI 会具有人的创新能力?AI 参与实验积累之后接入现有知识数据库,是否可产生新知识或新技术?

许劲华：用 AI 识别科研领域的多种数据元素，可属于 AI for Science 的研究范畴，它显示出几个典型特征：一是它涉及的元素都非常复杂，从标注到解读的门槛都很高；二是领域中可用于训练的数据较少，因为自然科学中没有那么多数据，也无法简单地生成。

技术新生事物往往遵循这样的规律，不要过高估它短期的成效，但也不要低估它长期的成效。初期，需要投入很多专业人员给予数据准确的标注，并不断调整优化算法。一旦有合适的场景、合适的数据驱动，它会具备很强的归纳能力和推理能力，能带来科研方向上明显的加速。

这里要强调的是，它不是一蹴而就的，即便找到了足够多的数据，研发了适合的算法，也无法完全代替传统的科研，它需要基础科研人员与 AI 的研究人员共同合作。可以想见的是，AI 未来会为科学研究带来更多可能。

中文在大模型语料中占比较少，亟须全社会共同思考解决方案

退休教师方洛克：您今天的演讲中提出很多耳目一新的前瞻性关键词，包括生态、或然率、硅基人类和"乐高化"等。我前不久参加亚马逊 AI 生态训练，训练中使用中文很难通过，必须要用英文。请问如何从竞业上构建生态？

朱嘉明：目前，在大模型的训练中，占第一位的语料和真正直接相关的自然语言是英文，中文的比重与我们在全球人口中的比重并不一致。

从长远来看，自然语言在大模型中的差距会变得更加严峻。因为训练自然语言的数据越多，发展越快，失衡也愈加严重。现在人工智能最大的困难是，大量新概念已经来不及或没有能力翻译成中文，大量缩写无法表达。这是亟须正视和解决的挑战之一，全社会不仅要关注，而且要寻求较好的解决方案。

大模型不断迭代使得边际成本与规模无关，多元成本都在上升

东方财富职员郑烨婕：大模型的边际效益大于边际成本的"恒纪

元"(即《三体》中提出的一种时代,意味着大地复苏、生命成长)什么时候来临?

朱嘉明: 有两个思路,工业时代边际成本只要形成规模,边际成本一定会下降。例如,制鞋制造到一定规模边际成本会下降。进入到人工智能时代,人工智能的每一个技术都是动态的,与规模无关,边际成本未必一定下降。

如果假定大模型比较稳定,其构造、参数、技术体系不变,只是重复使用,边际成本是下降的。事实上,大模型需要不断迭代。例如,ChatGPT-5已在路上,不久之后就会公布,它的技术会超过第4代。大模型更新后,它的边际成本会上升,大模型竞争的残忍性体现在其硬技术成本也要上升。芯片进入到10纳米以下时,成本会急速上升。到了3纳米和2纳米,成本和价格会超出人们的想象。

从严格意义上说,当前科技发展的边际成本是在上升的,它使得科技竞争变得尤其激烈。在高科技时代,成本不仅仅是指资本成本,还有人的智商成本、教育成本、团队成本。

既要承认与美国有十年差距,也要对未来超越持有信心

华东理工大学附中高三学生吴毅凡: 在智能领域,中国企业进步极快,但某些核心技术还受制于人,尤其在算法、算力和芯片上。您觉得我们还需要多久可以突破核心技术?

刘志毅: 关于核心技术的中美差异,过去近十年时间,AI创新源头仍然来自美国,虽然国内总体论文数量有所增加,但源头性的论文不论是在数量还是质量上说有80%来自于海外,这个层面的差距仍然较大。

如何追赶和何时追上?

第一,AI在应用上已经产生了分化,同样的源头,通过开源扩散到中国以后,因为芯片的策略和数据的关系,应用的场景产生了两个世界的分化:美国互联网与中国互联网、美国产业与中国产业。

第二,对于我们能否追赶和超越,我仍然持有非常大的信心。2000年时,美国国家航空航天局(NASA)发布政策,阻止所有与中国有关的研

究者进入其中参观并学习;但2023年,NASA局长说中国人不允许美国参加中国项目是很保守的行为。这种前后态度的反差,以及中国在相应技术上的突破,都存在一个过程。这个时代很像3G时代电信运营商所做的工作——那时中国制定标准,做TD-SCDMA但做得不好,后来华为研发了5G,并参与和引领5G全球标准的制定,5G标准必要专利全球排名第一,有了极大的改变。

我们既要承认现实中中美之间有十年左右的差距,也要看到未必二十年后我们就不能定义下一代通用人工智能(AGI)的标准。中国研究者并不缺乏原创性精神,当下亟须我们做的一件很重要的事情是,与数学家、与不同领域的技术科研工作者一起合作,二十年后必然能看到新的革新和变化。

上海具备人才、技术优势,要善用新政策创新业态

华东理工大学商学院副教授蒋士成:什么样的经济制度更适合智能时代的发展?上海应该发挥哪些制度优势来发展人工智能产业和经济?

朱嘉明:人工智能,包括今天反复讨论的大模型,确实是非常前沿的技术突破。从历史的角度看,它是过去许多原来比较成熟的技术的组合。组合不一定先进,但先进一定来自组合。在今天,上海需要持续创新和创造,核心是不断完成技术突破和前沿科技的组合。这是个巨大挑战。

每个时代都会发生两种情况,一方面是因为有新技术、新思路,或者有新观念,改变和改组原来的经济形态;另一方面,基于这种新技术来创造全新的企业。上海足够大,人才相对比较丰富,可以实现双向优势,既拥有对传统产业行业和企业的改造能力,也具备创造全新产业的可能性。

上海面临的挑战是,如何凭借这样的基础产生新的企业。目前为止,在AI垂直领域中,到底爆发了哪些新企业?第一类行业是AI写作工具,如Jasper AI等已成为新兴行业,许多从未听过的代表企业横空出世,融资数亿美金。第二类行业是AI思维导图工具行业,包括PPT、模

板、扣图等，这些行业开始只有数十人，但发展极快。现在绘画、舞蹈、音乐都有世界级企业。

上海在这方面极具潜力。问题是由谁组织、推动，有怎样的政策支持，让这些新型企业像雨后春笋一样产生。现在技术已很成熟，资本并非短缺，关键还是要有人和团队。

在任何历史阶段，实体经济都很重要，但不要把未来发展局限于实体经济的范围之内。实体经济需要人工智能化，现在要产生全新的与人工智能相关的新型企业和新兴行业，已刻不容缓。

上海智慧城市建设三维度：整体性、全方位赋能以及革命性

上海政法学院教师张洁瑶：伟大一定来自整合，请问上海智慧城市建设过程中的整合路径规划是怎样的？

盛雪锋：上海一直走在智慧城市路径上，而且经历不同的阶段，每个阶段有不同的思路和具体推进策略。从目前来看，上海在城市数字化、智能化发展上，也有一些比较好的切入点，这里主要介绍三个方面。

第一，进一步强化整体性。过去往往是碎片化发展，以医疗为例，过去是挂号智能化，但是看片不智能化，支付也不智能化，现在是整体进行数字化创新了。我们现在希望智能化能够整体性地推进、融入大场景，而非单独一个点上实现智能化的突破。

第二，应用更多新技术进行全方位赋能，并尽快使用到城市更新、城市建设、市民服务、政府治理等各个过程。目前已发布一些行业报告，如政府应用人工智能做人机交互、材料检阅等，已进入规模化落地的阶段，在很大程度上体现了上海对新技术的应用非常迫切。2023年上海市有一个区块链建设重点工程，这是非常核心、非常基础的内容。

第三，革命性重塑。希望通过数字化、智能化的方式引入之后，颠覆市民服务、城市治理、经济生产的形式，使原有线性生产流程变成柔性过程，更加体现消费者的需求，我们能够把原有散布在基层做大量重复性劳动的工作人员解放出来，做数据基础工作，使更多人从事服务性对接。

未来智慧城市或者城市数字化、智能化一定是从整体性转变、全方

位赋能以及革命性重塑三个维度切入。

城市更新案例：上海路边电话亭智能升级，可一键智能求助

律师王勇：《上海市城市更新条例》出台后，相伴而兴的是人工智能的发展，2024年人工智能对城市更新的关系和影响有哪些？

盛雪锋：城市和人工智能的结合已经深度开展，无论在城市更新小的范围，还是更新大的领域，比如规划领域涉及许多旧城改造或新片区改造，已有许多学者和专家，包括设计院开始从事这方面的工作。他们的依据是什么？同济大学吴志强院士在许多年前就开始依靠人工智能进行区域化设计，会考虑综合绿化、医院、教育等公共事业以及商业配套，而不是靠经验。这就是很好的城市更新中的案例。

城市更新中，也需要进一步考虑市民生活便捷度。上海老龄化程度较高，老年人如何在新的城市里依托新的基础设施，获得更好的生活体验？可以通过人工智能设备，或者将人工智能加载到已有的城市设施中实现。

2023年，上海电信想了一个很不错的点子并落地实施：将路边老旧电话亭逐步改造成"数字公话亭"，目前处于1.0阶段。未来这样的"数字公话亭"虽然是物理公话亭，但是里面加载了大量的数字化和智能化的内容，比如老年人可"一键打车"，残疾人、聋哑人可一键求助手语志愿者并获得帮助。这些都是在城市更新里与智能化结合的内容。

大模型出现，"劳动"本身变成消费、贡献和生活方式

复旦大学马克思主义学院博士生汤瑭：AI大模型能否替代人类的情感劳动？如不能替代，AI大模型如何与之进行有效互动，从而既有利于自身的升级进步，又做到劳动者合理的价值分配？

朱嘉明：事实上，在进入工业化社会后，"劳动"这一概念已被反复更新和改变。到了数字时代中后期以及智能时代，"劳动"进一步蜕变，劳动本身就变成了消费、贡献和生活方式。在智能时代，劳动会从形式到

内容都发生实质性的变化,更多人因为大模型卷入到人工智能特定劳动状态。例如,网红每天制作小视频的过程也是劳动,只是这个劳动会与消费结合。

普通人可借助 AI 完成数字化一生,并加强各类学习实践

时尚业主管徐元君:在制度层面、法律层面、哲学层面,我们是否来得及做好迎接数字智能时代带来的巨大挑战?普通人该如何在个人有限的领域内做一些准备?

刘志毅:这一轮大模型最早围绕 AIGC 而展开,从这个角度说,个人所有数字内容、数字记忆是否能沿着 AI 的路径赋予其完整的记忆?在《流浪地球 2》里,科学家图恒宇"复活"去世的女儿,要以"数字生命"的形式"给她完整的一生"。换句话说,作为实体人的记忆信息是否能给到 AI 助理,让它完成数字化的一生?之前我们也做过旅游方向的探索,如与旅游网站合作,主要是在景点方面展开合作,做数字化导览。在下个时代,虚拟景点和实体景点将结合,形成更深的交互。在单个旅游场景内人们可以体会到不同的文化,以前就有公司和故宫、冬奥会进行过相应的合作。基于场景的 AI 技术,还是要看它的设计出发点以及所在的产业。

朱嘉明:就每个个体而言,不考虑年龄差异,当务之急是开始人工智能"扫盲",通过学习实践,将数字智能融合到个人生活中。

延伸阅读 1

大模型爆火这一年
——对 ChatGPT 在全球引发 AI"狂飙"的观察与思考

沈秋莎 | 文汇报记者

刊于 2023 年 11 月 29 日《文汇报》"科技文摘"版

"太忙了。"这是清华大学人工智能国际治理研究院副院长梁正面对记者脱口而出的一句话。

2022 年 11 月 30 日,非营利性研究机构 OpenAI 推出 AI 聊天机器人 ChatGPT,它所展现出的智能涌现能力在全球范围内引发了一场 AI"狂飙",也在业界点燃了一场百模大战。在记者询问过的每一个和大模型相关的人中,"忙"是出现频率最高的词。

忙碌的景象不仅在国内,那些大洋彼岸原本早已习惯了"慢慢"打磨产品的 AI 专家们也进入了"满负荷"状态。"在谷歌、微软或 OpenAI 的办公室里,你能感受到他们的工作节奏至少比之前快了两倍。"梁正说。

这一切都是因为以 ChatGPT 为代表的大语言模型向世人展露出了前所未有的能力,一条通往通用人工智能的道路被打通,谁也不希望落于人后。

这一年,人工智能领域发生的事件比前十年加起来还要多。据不完全统计,目前国内的 AI 大模型已超过 100 个。除了百度、阿里等互联网大厂,创新工场 CEO 李开复、美团创始人王兴、搜狗创始人王小川等"科技老兵"纷纷重披战甲进军大模型领域。

这一年,大模型改变了公众的关注点。据柯林斯词典统计,2023 年人们提及"AI"的次数是 2022 年的 4 倍。而有关 AI 是否会取代人类的担忧,也比以往任何时候都紧迫而强烈。

前所未有的变革

"这是倾盆大雨前的一场雨,是一个分水岭。"OpenAI 首席科学家伊利亚·苏茨克维(Ilya Sutskever)这样形容 ChatGPT 的诞生。

2022 年 11 月 30 日,ChatGPT 上线,短短 5 天,用户数突破百万。由于太过火爆,OpenAI 不得不暂时关闭了用户的测试入口。两个月后,ChatGPT 月活跃用户破亿,刷新了 App 应用用户过亿的最快纪录。2023 年 11 月,OpenAI 暂停 ChatGPT Plus 的新用户注册,原因是 11 月 6 日的开发者大会后,用户量激增。

一年来,ChatGPT 从一个只能处理文字信息的网页端应用,变成了一个可以同时处理文字、语音、图像信息的超级应用,每周吸引上亿人使用。OpenAI 也从一个非营利性研究机构变成了估值 900 亿美元的超级"独角兽",聚拢了 200 万开发者。在最新演示中,ChatGPT 的表现甚至超越了"神笔马良"——当有人想要做一个创业助手时,只要把概念说给 GPT-4 Turbo 听,两三分钟后便可生成一个应用。

ChatGPT 几乎以一己之力改变了 AI 研究生态。在它爆火之前,谷歌是该领域当之无愧的翘楚,不仅论文发表数量最多,其对思维链路提示、大模型涌现现象的研究也走在前列。那时,自然语言处理、计算机视觉等还是众人追捧的 AI 前沿领域;现在,几乎所有人都涌向 OpenAI 引领的生成式 AI 方向。2023 年 2 月,研究自然语言处理的复旦大学计算机科学技术学院邱锡鹏教授团队发布国内首个类 ChatGPT 模型"MOSS",也曾一度因用户的大量涌入而"宕机"。

与谷歌技术路线相比,OpenAI 是"力大砖飞"的代表。"我们的算法非常简单。"伊利亚·苏茨克维直言不讳。他们把从海量数据中获取的标注信息导入模型,不断重复这个过程,最终得到一个超复杂的"黑箱",即使是 OpenAI 首席科学家自己也不知道模型中正在发生什么。

ChatGPT 上线后,全球大科技公司几乎都发布了自己的大语言模型,比如谷歌的 PaLM2、Meta 的 Llama2、百度的文心一言、华为的盘古等,但只要使用过这些模型,你就会发现,GPT 模型是"独一档的存在"。对此,梁正解释说:"这种差距可能无关芯片、算法、数据,纯粹是 OpenAI 比较幸运。"

幸运是指什么？不妨从凯文·凯利(Kevin Kelly)的畅销书《失控》中寻找答案。他在书中预测生命的智慧来自涌现,而科技也是一种生命。伊利亚同样认为,数据在大模型"黑箱"中发生的就是演化,尽管世界上有很多这样的"黑箱",但发生在 GPT 身上的涌现与众不同,如同 300 多万年前开始直立行走的"人类祖母"露西(Lucy)。

借助于世界上最大的算力和最强的 GPU 芯片,这一年,GPT 正以人类难以想象的速度继续进化。事实上,在基于 GPT-3.5 模型的 ChatGPT 上线时,OpenAI 已经完成了 GPT-4 的训练。而据微软研究院估算,GPT-4 已经是一个早期的、仍不完整的 AGI 系统。

业界认为,800 亿参数是大模型得以涌现的"门槛",这意味着全球有多个大模型可能涌现智能。对于大模型的未来,梁正借用菲尔兹奖得主陶哲轩的说法表达自己的预见:如果使用得当,到 2026 年,AI 将成为数学研究和许多其他领域值得信赖的合著者。而数学,一直是象征人类智力巅峰的学科领域。

前所未有的繁荣

在人工智能投资领域,美国与中国是全球投入最多的两个国家。随着 ChatGPT 的横空出世,各国对 AI 的投资继续加码,中美之间的 AI 投资差距正在缩小。

早在 ChatGPT 发布之初,中国计算机学会术语工委副主任、同济大学特聘研究员王昊奋就意识到,这是一个改变人与计算机交互模式的"接口"。这也解释了为何整个科技界对它如此兴奋,以至于任何可能"搭边"的人都动了起来。

浙江大学上海高等研究院常务副院长、人工智能研究所所长吴飞对大模型的态度有过一次明显改变。"今年 3 月前,我对它还是旁观待变的态度,现在我已经深刻感受到它的'通用之力'。"

大模型是比互联网门槛更低的"接口"。吴飞解释说，互联网的能力是赋能特定领域、特定任务。比如用互联网赋能餐饮，可以让程序员做一个美食推荐应用，而要赋能体育，则可以做一个体育新闻推送应用。因此，现在我们每个人的手机里都装有各种不同功能的应用。大模型则不同，基础大模型可以解答我们提出的任何问题，但如果想要在专业上更进一步，则需要垂直领域大模型。

过去一年，吴飞团队打造了多个垂直领域大模型。只用45TB（万亿字节）法律方面的专业数据，他们就训练出了"智海—录问"，一个为法律从业者提供法律问答、知识检索增强问答、案情分析、意图识别等多项法律辅助服务的工具。过去一年，该模型已应用于浙江省高级人民法院，大大加快了法官审案流程。

2023年，科大讯飞一口气发布了12款行业大模型，涉及金融、汽车、运营商、工业、住建、法律等多个领域。科大讯飞总裁刘庆峰援引知名咨询机构Gartner的数据表示，目前全球已有5%的企业在使用大模型，到2026年，这一数字将达到80%。

在邱锡鹏看来，大模型在应用端的发力速度会比预计的更快，覆盖面也会更广。因为大部分软硬件服务公司都开始接入大模型，在感叹效率提高的同时，用户可能不知道自己其实已经在使用大模型了。

梁正用30年前的互联网"诞生时刻"来类比当下，且相较前者，大模型能够覆盖的行业更多，更加避无可避。他甚至认为，30年的互联网繁荣似乎就是为大模型准备的，因为驱动大模型涌现的主要数据来自互联网。

这一年，大模型已经在教育、医疗等诸多领域展现出过人本领。之前，ChatGPT根据病情描述和检查报告，帮助一位母亲为她的孩子找到了病因——新生儿发病率最高只有0.025%的脊髓栓系综合征。此前，这位母亲已经带着孩子求医3年，求助了17位医生，都没有诊断出原因。

前所未有的分裂

如果说 ChatGPT 的问世让全球科技界沉浸在大模型的狂欢之中，那么关于 AI 伦理之争则是新技术"狂飙"之下的灵魂拷问。

从 2023 年 3 月底的千人联名信到 5 月底的 AI 风险声明，在要不要继续推动大模型发展、如何防范 AI 风险上，即使是 AI 阵营内部也呈现出了前所未有的分裂。5 月初，有"AI 教父"之称的计算机科学家杰弗里·辛顿离开谷歌，加深了人们对 AI 是否已经失控的担忧。他坦言，之所以离开谷歌，就是为了完全自由地说出 AI 潜在的风险，向世人提出警示。

最具戏剧性的事件是 2023 年 11 月发生在 OpenAI 内部的"宫斗"：首席执行官山姆·奥特曼被董事会开除，几天后，他又宣布重返 OpenAI。业内普遍推测，如何规制 AI 发展是公司内部矛盾爆发的导火索。作为掌握最"聪明"大模型的公司，OpenAI 的态度很大程度上代表了 AI 发展的最真实状态，而据其判断，AGI 有很大概率会在 10 年内到来。

人类已经致力于发展 AI 超过 60 年，为什么这一次如此警铃大作？伊利亚·苏茨克维表示，AGI 与迄今为止人类创造的任何东西都不同，它是有自己目标的完全自主的生物。如果这一天到来，人与 AGI 的关系相当于人与动物，只不过这一次站在动物位置上的是人类。

奥特曼则表示，AGI 只是发展 AI 道路上的一个小节点，他们的远景目标是创造出远超人类智能的超级 AI。不过即便如此，他仍向美国国会表达了希望加强对 OpenAI 监管的愿望。2023 年 7 月，OpenAI 首次提出"超级对齐"概念，宣布将投入 20% 的计算资源、花费 4 年时间全力打造一个超级对齐系统。

如何保证 AI 向善？梁正说，目前业界观点主要分成了两派：一派认为应该先在 AI 中普及人类的道德规范再允许其发展；另一派则认为 AI 在发展中会形成自己的道德规范，就像人类在群体行为中产生了道德一样，但前提是 AI 需要拥有和人类一样的外形。

一方面，人们对可能到来的 AGI 争论不休；而另一方面，充分的竞争则会加速 AGI 的到来。上海交通大学教授江晓原对人类能否对一路"狂飙"的 AI 适时"踩刹车"表示悲观。他说，企业是推动 AI"狂飙"的决定性力量，它无法依靠自己的道德慢下来，因为如果你不做，别人就会赶超你。

仍有许多科学家坚信 AI 只是人类发明的一件好用的工具，即便如此，它仍然有毁灭人类的风险。北京瑞莱智慧科技有限公司 AI 治理研究院院长张伟强提出了这样一个假设：人类总是在不断试错的过程中走向成功，而大模型提供了前往正确答案的直通车，人类将由此减少很多试错成本。正如刘慈欣在科幻作品《镜子》中描写的一种人类"结局"，人类因为从不犯错而走向灭亡。

还有更多问题

"与上半年的烈火烹油相比，下半年大家对大模型的态度务实了许多，它还有很多问题没有解决，比如模型复杂度、多模态融合、模型评测等，我们都在全力解决。"邱锡鹏说。

吴飞也表示，继续通过某些任务对大模型进行特定训练，以期在某个指标上超过 ChatGPT，意义可能并不大，中国在大模型上的机会与当年的互联网一样，即以实际应用倒逼模型迭代。

许多专家都表示，国内大模型的挑战主要来自两方面——算力和数据。大模型与其他软件应用不同，不仅训练起来费钱，运行起来更烧钱。想要处理用户输入的问题，基本上每个字都要在大模型上跑一遍，参数上千亿的大模型，每跑一遍都要调用多个 A100 GPU，每个价值一万美元，十分"烧钱"。

国内使用大模型的用户画像也和国外有所区别。简单来说，国外有更多高端用户倾向于使用 GPT，这些相对高质量的海量数据使 GPT 的迭代比国内大模型要快。

如何破局？当务之急是提高算力。据浪潮信息、国际数据公司（IDC）和清华大学联合发布的《2021—2022 年全球计算力指数评估报告》,15个重点国家的计算力指数平均每提高1个点,国家的数字经济和GDP将分别增长3.5‰和1.8‰,预计该趋势在2021—2025年将继续保持。吴飞认为,随着"算力网"的落地,国内大模型会在未来几年不断带来好消息。

大模型是AI发展唯一正确的路吗?Meta首席AI科学家杨乐昆对此并不认同。在他看来,大模型是"一条下坡路",远离了通往更强大的AI的道路。他在《经济学人》上撰文说:"大型语言模型能有多聪明、能有多准确,都是有限度的,因为它们没有现实世界的经验。"

邱锡鹏表示,在使用工程性的方法确保自己"不掉队"的前提下,还要想办法研究下一代大模型,即在算力不够的现有条件下,有无新途径去实现生成式AI。"前者我们只能跟随,后者则有概率超越。"他透露,MOSS正朝着这一目标努力。这一年来,它在架构上有所创新,规避了现有系统的一些缺陷;在"对齐"上采用了更人性化、更多维度的幻觉数据集,使内容生成更安全;在学习能力上也更加主动。

面对大模型高昂的成本和耗能,整个行业也在寻找解决办法。一些科技巨头亲自下场研发芯片,比如谷歌、亚马逊、微软,甚至OpenAI都在考虑针对AI运算自研芯片,或是让消费者购买更适合大模型计算的手机和电脑,分担算力成本。

"开源会让创新速度更快。"上海对外经贸大学人工智能与变革管理研究院副院长、上海开源信息技术协会秘书长张国锋说,目前国内大模型的开源方式都以企业为主导,并且只开源了整个大模型生态的一小部分,从而出现了算力分散、算力资源浪费等问题。他建议整合政府、高校、企业等优质的大模型生产要素数据、算法和算力,采用开源项目的协作模式和治理方式降低成本,建立大模型时代的"Linux"生态位。

延伸阅读 2

Sora"超级涌现力"将把 AI 引向何方

吴　飞　| 浙江大学上海高等研究院常务副院长
　　　　　浙江大学人工智能研究所所长

刊于 2024 年 2 月 24 日《文汇报》"科技文摘"版

编者按：2024 年 2 月 16 日，OpenAI 发布文生视频大模型 Sora。堪比大片水准的 Sora 视频演示引发业界极大震撼，其所展现出来的能力几乎可用"碾压"来形容。人们不禁要问：从 ChatGPT 到 Sora，人工智能（AI）大模型是如何实现迭代进化的？

美国人工智能研究公司 OpenAI 最新发布的文生视频模型 Sora，能够在接收人类输入的文本提示词后，生成一段长达 60 秒的视频，实现了内容合成从文本到图像再到视频的领域跨越。

这一次次带来震撼的技术背后，都遵循着同一个原理：对合成内容中的最小单元进行有意义的关联组合。比如，在保持连贯的上下文语境中，对若干个单词进行有意义的组合，从而连缀成一个会意句子；在保持合理的空间布局下，对众多图像小块进行有意义的组合，拼合为一幅精彩图像；在保持一致的连续时空内，对一系列时空子块进行有意义的组合，从而拼接成一段动感视频。

现实生活中，我们每个人都在通过有价值的内容组合来进行交流、设计和创作。唐代诗人卢延让对"吟安一个字，捻断数茎须"的感叹，讲的就是诗人从百千个候选字词中反复对比、精心挑选出一个合适的单词，从而写就一篇传世之作。南宋诗人陆游所说的"文章本天成，妙手偶得之"，惊叹的就是让词汇恰如其分地出现在其应该出现的位置，形成语意连贯、文气贯通的天然佳作。

那么,从 ChatGPT 到 Sora,人工智能(AI)大模型何以合成出有意义、有价值的内容?Sora 所呈现出的"超级涌现力"将把 AI 引向何方?

共生即关联:从文本构建意义的网络

2017 年,谷歌公司发表了一篇题为《注意力就是你所需的一切》的论文,提出了一种以自注意力机制为核心的神经网络架构 Transformer。

只要给定足够多的句子,Transformer 就可学习句子中单词与单词之间的共生关联关系。比如,"项庄舞剑,意在沛公"这样的句子在若干篇文章中出现,那么 Transformer 就会认为"项庄""舞剑""沛公"等单词之间存在共生关系,于是就在它们之间建立关联,这种关系被称为"注意力"。

可以想象,在对海量语料数据库进行学习的基础上,人工智能算法就可以建立起一个巨大无比的单词共生关联网络图。此后,每当人们指定一个单词,算法就可按照要求,从单词共生关联网络图中找到下一个与之关联关系最密切的单词,作为指定单词的后续单词——就这样一个个接缀合成出句子,最终达到自然语言合成的目的。因此,OpenAI 公司首席执行官山姆·奥特曼曾说:"预测下一个单词是通用人工智能能力的关键。"

那么,Transformer 模型是如何被训练的?一般采用的是"完形填空"的方法,即如果模型所填单词与被移除单词不一致,说明模型尚未形成填空能力,于是可根据其产生的错误来不断调整模型参数,直至模型完美完成填空任务。在人工智能领域,这种"填空训练"的过程被称为"自监督学习",即模型算法自己准备用来训练模型参数的"数据燃料",自行按照预定目标进行学习。

为了让 Transformer 从预测下一个单词到具备"说人话、做人事"的能力,研究者提出了一种被称为"提示学习"的方法。在提示学习中,人类设计所谓的"提示样例",来教人工智能模型学习如何更好地说话。

比如,"我很喜欢这部电影,因为电影呈现的剧情很精彩""猫比大象要小,因此大象比猫更大"就是典型的提示样例。一旦设计好提示样例,算法将样例中后半句某个关键单词"移除",然后让模型去预测被移除的单词。如此不断学习,模型就得以知晓在给出前半句后,如何更自然地合成后半句话。

为了进一步提高模型合成语言的性能,Transformer 还引入基于人类反馈的强化学习的技术,将在交流中人类对模型合成内容的反馈作为一种监督信息输入给模型,对模型参数进行微调,以提高语言模型回答的真实性和流畅性。

在"数据是燃料、模型是引擎、算力是加速器"的深度学习框架下,以 Transformer 为核心打造的 ChatGPT 涌现出统计关联能力,洞悉海量数据中单词—单词、句子—句子等之间的关联性,体现了语言合成能力。

在大数据、大模型和大算力的工程性结合下,ChatGPT 的训练使用了 45TB 的数据、近万亿个单词,约相当于 1351 万本牛津词典所包含的单词数量。经折算,训练 ChatGPT 所耗费的算力,大概相当于用每秒运算千万亿次的算力对模型训练 3640 天。

GPT 的出现为探索 AGI 的实现提供了一种方式,被誉为"AI 的 iPhone 时刻"。英国《自然》杂志列出的 2023 年度十大人物中,首次将 ChatGPT 这位"非人类"列入榜单。

重建物理世界:并非简单"鹦鹉学舌"

人工智能程序一旦捕获了单词与单词之间的共生关联,就可利用这种关联来合成句子。那么,如果将图像切分为空间子块,或者将视频切分为时空子块,人工智能模型去学习这些子块在空间维度中的布局分布、在时间维度上的连续变化等信息,同时学习子块之间的运动、颜色、光照、遮挡等复杂视觉特征,就可能重建、合成新的视频序列。

目前,合成视频需要先提供文本提示词,然后通过文本单词和时空子块之间的关联来合成新的视频。但因文本单词与视觉信息分属于不同类型,故而存在异构鸿沟困难,这是首先需要解决的难题。另外,还要克服由视频图像分辨率过大而带来的维度灾难,以及其所引发的操作上的挑战。

为应对这些挑战，Sora 先将文本单词和视觉子块映射到同构低维隐性空间，在这一低维隐性空间中引入扩散模型，对视觉信息反复迭代，千锤百炼地挖掘文本单词、空间子块和时空子块之间的关联关系。

这种方式好比先通过"车同轨、书同文"，将文本、视觉等异构信息投影到同构空间，然后再通过"先破坏（添加噪声）""再重建（去除噪声）"的迭代手段，来洞悉视频中各种不同单元在时间和空间中的关联关系，从而甄别和学习纹理、运动、光照、遮挡、交互等复杂视觉物理规律。

这就好比鲁班学艺，不断将大桥拆散再拼装，从这个反复过程中知晓它们的跨结构、支座系统以及桥墩和桥台之间的组合关系，从而练就重建大桥的能力。因此，Sora 合成视频的过程并非是简单随机的"鹦鹉学舌"，而是对物理世界的重建。

由此可见，尽管 Sora 并未使用与过往不同的新技术，几乎所有技术都是已经公开的，但其所用的视频生成方式对算力要求极高，而这种对算力和资金消耗极大的方式，大幅提升了同行跟进的门槛。同时，Sora 利用 GPT 系统对提示词进行了润色与丰富，从而拉开了与之前文本生成视频模型之间的差距，形成了对手短期内难以跟进的优势。

Sora 涌现力：自然世界"昨日重现"

Sora 这次带来了多重惊喜：其一是具备合成 1 分钟超长视频能力。此前的文本生成视频大模型无法真正突破合成 10 秒自然连贯视频的瓶颈。其二是 Sora 视频是对自然世界中不同对象行为方式的"昨日重现"，比如能有效模拟人物、动物或物品被遮挡或离开/回到视线的场景，因此有媒体认为 Sora 是数据驱动下对物理世界进行模拟的引擎。

Sora 对长时间视频合成的能力，来自 Transformer 能够处理长时间信息中最小单元之间的自注意力机制。例如，同样是基于 Transformer 的 GPT-4 允许处理 3 万多个 tokens（机器模型输入的基本单位），而谷歌最近发布的多模态通用模型 Gemini 1.5 Pro 就把稳定处理上下文的上限扩大至 100 万个 tokens。

Sora 之所以能对物理世界规律进行模拟，一个可能的原因在于大数据驱动下，人工智能模型体现出一种学习能力，即 Sora 通过观察和学习海量视频数据后，洞察了视频中时空子块单元之间所应保持的物理规律。

其实，人类也是基于对自然界斗转星移、节气变迁和昼夜交替，以及微观物质世界物质合成与生命演化的观测，推导出各种物理规律。虽然 Sora 很难像人类一样，将物理世界中诸如牛顿定律、湍流方程和量子力学定理等，以数学方程罗列于人工模型中，但 Sora 能记住时空子块单元之间应遵守的模式，进而利用这些模式约束时空子块的组合。

理查德·费曼（Richard Feynman）在《物理学讲义》中曾提及，在生物学、人类学或经济学等复杂系统中，很少有一种简洁的数学理论能与数学、物理学理论中的数值精确度相媲美，其原因在于"其过于复杂，而我们的思维有限"，这被称为"费曼极限"。

数据驱动的机器学习由于其函数逼近能力，擅长从微观上发掘复杂系统的模式，以统计方法拟合高维复杂系统，被誉为神经网络模型的"涌现能力"。涌现性是一种结构效应，是组成成分按照系统结构方式相互作用、相互补充、相互制约而激发出的特征。

机器学习模型展现出的涌现能力具有重要的科学意义。因为，如果涌现能力是永无尽头的，那么只要模型足够大，类人人工智能的出现就是必然。当然，神经网络的涌现性目前仍然是一个开放的问题。

Sora 的涌现力或许可以这样认为：在亿万个非线性映射函数组合之下，人工智能模型对最小时空子块单元进行各种意想不到的组合，合成出先前从未有过的内容。而这正是这一轮人工智能在数据、模型、算力"三驾马车"推动下飞速发展的必然结果。

AIGC驱动
生产力跃升与良好世界塑造

>>>>>>>>>>>>>>>>>>>>>>>>>>

主讲：

林咏华

北京智源人工智能研究院副院长兼总工程师

对谈：

贺　樑

华东师范大学计算机科学与技术学院副院长，教授、博导

郦全民

华东师范大学哲学系教授、博导

付长珍

华东师范大学哲学系教授、博导

潘　斌

华东师范大学哲学系教授、博导

刘梁剑

华东师范大学哲学系教授、博导

（本部分内容根据2023年6月20日第163-1期"文汇讲堂"现场演讲整理，该期讲座由文汇报社、上海树图区块链研究院、华东师范大学中国现代思想与文化研究所、华东师范大学哲学系伦理与智慧研究中心联合主办）

AI 迈入大模型时代，新十年如何潮涨不落？

林咏华

从小模型走到大模型，从科研成果落地到产业。在过去几十年，人工智能起起落落。2022 年 6 月之前，整个人工智能处在前一波浪潮往下落的一个区间。2022 年下半年，出现了两个现象级的应用：一是文生图；二是以 ChatGPT 为代表的大模型技术的涌现和爆发。这两个事件把整个人工智能从一个拐点引向下一个起点，而这个新起点是由大模型引领未来人工智能发展的十年。

思考一：大模型带来 AI 研发范式的改变

为什么研发范式很重要？因为当科研界将一个技术做到突破和创新后，它们如何广泛地落地到各行各业，与其研发范式、研发产品的代价息息相关。

1. 第一阶段范式：从头开始训练领域模型

至今，AI 研发范式经历了三个阶段的变化。

第一个阶段是从头开始训练领域模型。最初深度学习与人工智能出现时，大家考虑的都是如何利用手上海量的数据，通过诸多计算资源，把模型从头到尾训练出来，然后再将它部署到各行各业。因为需要大量数据、算力，尤其需要懂 AI 全栈的技术人才特别昂贵。因此，这种范式无法持久。

2014 年，在几个 AI 顶级峰会上分别出现了描述预训练模型＋微调的迁移学习技术的文章。利用拥有1000多万张图片、涵盖常见的2万种物品的图片库,训练出通用的视觉分类基础模型,其规模是中小量级的模型。此后,大家利用医疗影像分析、工业的缺陷检测等自己领域的数据对它进行训练。这一过程是从一个通用领域到另一个专用领域的迁移学习。如今来看,相当于一个初中毕业生通过三年的专科培训,成为一个具有专业技能的专员。

2. 第二阶段范式:预训练模型+微调训练的迁移学习

由此,研发范式进入第二个阶段——由预训练的基础模型加上小批量的数据和少量的算力的微调训练,就可以形成企业要落地到不同场景的不同模型。这种范式中,行业企业只需要做数据收集和处理、模型训练、模型服务等部分工作,从人力、物力、财力上看,投入量大大减少了。

计算机视觉领域的迁移学习,带动了过去十年的AI潮起潮落。这整个过程今天看起来可以称为小模型的阶段。

2013—2015年,人工智能因为迁移学习的出现,让基于深度学习的计算机视觉分析在多个领域落地变得似乎更加容易,深受追捧。另一个现象级事件是,在2015年的ILSVRC(ImageNet Large Scale Visual Recognition Challenge)图像分类比赛中,ResNet网络的图像辨别错误率低至3.57%,已经超越了人的识别能力(错误率大约5%)。正因为这两个标志性事件,人工智能被认为有望大范围成功。包括商汤、云从、依图、格灵深瞳等在内的众多AI公司也是在那个时候纷纷创立,受到投资界的普遍追捧。

但从2017年之后,AI从高潮慢慢缓落。

2017年以来,每年全球有4000多个企业因为拿到融资而成立AI公司。但到2020年,这个数字一直往下落至600—700家,以至于在过去一两年甚至出现了AI泡沫破灭的众多说法。

为什么跟大家分享这些?眼看AI又一个新的十年潮起涌现,作为从业者需要深入思考:为何前一个十年出现万众期待,最后并未如想象中那样在各行各业广泛落地?在未来十年,该做对什么,使得新一轮技术潮起后能得到更好的发展,而非很快就潮落了?

3. 第三个阶段范式：基础大模型+应用提示

在当下的第三阶段研发范式中，基础大模型最重要的是基座：一是需要用海量的预训练数据去训练它，通常是千亿级以上的数据。二是参数量很大，几十亿参数是入门，很多时候会达到百亿级参数，甚至千亿级参数。三是所需要的算力更大。这种基础大模型帮助我们学习各种通用的知识，包括实现各种模型的能力，如理解能力、生成能力，甚至涌现能力。现在在业界能看到的属于这种基座大模型的有哪些？如 GPT-4、GPT-3.5、Llama、智源研发出来的悟道·天鹰（Aquila）等。基础大模型最重要的功能就是提示学习能力。它跟人很像，可以做到有样学样。

在第三个研发范式阶段，对很多下游行业企业来说，甚至不需要走第二阶段的微调训练模型，而是直接减少到只要做 API（应用程序编程接口）调用就可以，有更大幅度成本的降低，尤其可以适用到各个应用领域。ChatGPT 出来之后，大家用各种人类领域的专业考题去测试它，包括法律、医学、政治，以及美国的 AP 课程，它都考得很好，就像通才一样。这听起来真的很美好。

思考二：大模型如何实现产业落地？

大模型如何实现产业落地？这一步走好才能让上亿甚至数十亿、数百亿元在大模型上的研发投入有意义，并真正带领所有行业的智能化提升。

1. 路径：基础模型预训练+持续训练+指令微调

大模型的应用方式有两种：一种是提示学习，另一种是指令微调训练。

大模型是"记不住"提示学习的过程的，如果仅靠提示学习中的"提示"，势必每一次的 API 调用都得带上冗长且越来越长的提示，这在实际产品中很难实现。因此，在产品真正落地时，必须引入指令微调。指令微调就是利用基础模型的知识完成指定的任务。就像本科生学了大量知识后,需要一个上岗培训。指令微调也不是很昂贵,如我们曾经做过一个针对某应用的自然语言转 SQL 的场景,在提示学习不起作用时,指令微调数据只放了 20 条,包括所有环境的搭建在内总共花费了 8 小时。

其实,今天看到的 ChatGPT 不是一个基础模型,它是一个经过很多指令对它进行微调的对话模型,所以它似乎做什么都很在行。这是因为它收集了全球各地不同人的诸多指令,并不断进行了微调。智源的悟道·天鹰 AquilaChat 对话模型也是在 Aquila 基础模型之上经过指令微调才可回答人类的各种问题。比如,它可在 10 秒内就能完成一份高考作文。

不过,大模型目前只具备通用的能力,即主要是面对互联网的应用,如闲聊、问答。如果希望大模型能够真正服务于更多的经济体系、实体经济,就需要考虑如何把大模型落地到专业行业里。很重要的一点是要在通用能力的基础模型之上,通过加入大量专业领域知识进行持续训练,形成专业领域的基础模型。就如同本科生学了通识教育之后,再让他进行一至三年的研究生深造学习。

所以,综合来看,基础模型训练相当于通用领域的本科生学习,基础模型在专业知识数据的持续训练相当于专业领域的研究生深造学习,之后再进行指令微调训练,相当于专业领域的上岗培训。

2. 大模型在产业落地中如何克服遗忘性和幻觉率?

模型毕竟是通过上亿篇文章或者网页对它进行训练才生成的,其实它跟人一样,也会忘记东西。科研统计后的结论是:第一,模型越大记忆力越好,记住的百分比越高。无论模型大小,如果只让模型看 2—3 遍的数据,它能记住的只有百分之几的数据量。

这就产生了一对矛盾。首先从版权保护的角度看,或许不希望它记得太牢。对大模型进行训练,不得不从互联网平台上获取很多的文章或作品。至今为止还未有一个明确的界定,如果它因为读了这些文章,而产生大篇幅与之相同的内容,是否会导致版权问题?这是有待解决的问题。

从这个角度看,如果模型的记忆力只有百分之几,版权问题就不会那么严重。但是，当真正产业落地时，这又会成为较大的问题，即模型训练了半天却记不住。

"幻觉率"就是我们常说的一本正经地胡说八道。成因是什么？第一，预训练的数据集可能包含某些错误的信息，很多来自二十年前、三十年前的信息，会昨是今非。第二，更多可能是模型的数据预训练的上亿、几亿的数据里没有直接包含相关信息。这会导致我们面对严肃的行业时，如医疗、金融、法律等，必须考虑用什么额外的技术来降低幻觉率。

3. 大模型和小模型在未来十年如何并存或相融？

我个人认为，未来十年大模型和小模型必定会共存。它们重要的差异有三个：

第一，在小模型时代，我们对目标领域的知识是通过迁移学习、微调训练获得的，本身的基础模型并没有任何的目标领域知识。但在大模型时代，基础模型本身需要具备充足的专业领域知识，而指令微调训练只不过是告诉这个模型如何去运用知识而已。

第二，与应用领域密切相关，对于精度要求较高的领域，尤其是感知性的领域，需要给出很精准的结果，例如，在医疗中某个影像说明肿瘤在第几级病变的情况。这需要单个模型的准确率非常高。此时它不需要学会琴棋书画等大模型的泛化能力和通用能力，这种场景适合小模型。

第三，算力、基础设施与模型选择相关，对成本要求、时延要求低的重要场合，如自动驾驶、工业毫秒级的控制，在通信和时延的环境下还是适合小模型，因为它更容易放在算力较低的边缘侧。大模型则是相反的情况。这两个技术是相互融合的。

很多人提出，对过去十年发展起来的小模型的 AI 公司、科研团队，现在是否都需要迁往大模型？应该如何利用它们已有的积累做得更好？

第一，可以把原有在小模型时代的算法进行更新换代，把大模型新的技术融入小模型。举个例子，用大模型时代的技术 Transformer 为基础的 VIT 计算机视觉模型，来替代小模型时代的 CNN 网络，在差不多准确率情况下，大模型在预训练阶段可节省 1/4 的显存，推理速度只需要 ResNet-50 的 58%时延，实验时所需要的资源更少。这的确打破了大模型技术必须是资源消耗高的定律。

第二，应用新的方法做到以前很难解决的问题。比如 Meta 公司在 2023 年 3 月发布的图像分割大模型 SAM，能做到视觉范围内各种物体被精准地分割出来。这种技术可以用于清点超市、仓库等的货物数量。这在之前一直很难做到，或者需要多个复杂技术叠加。我知道已经有一些小模型公司将 SAM 大模型落地。

第三，大模型中的小模型，如智源发布的 AquilaChat 对话模型，仅 70 亿参数，通过 int4 量化技术，就可在 4G 的显存上运行起来。而当前国产边缘侧的芯片都已经有 8G 显存。所以，大模型浪潮下，很多 AI 小模型赛道的公司，完全可以焕发一种更新的活力。

思考三：打造基础模型的重要性

大模型中最重要的是下面的基础模型。基础模型就等同于 AI 中的 CPU 一样的重要。

1. 除非常昂贵外，基础模型决定了下游模型能力

第一，除了做芯片、CPU 的流片以外，基础模型已经成为 AI 大模型时代单一产品投入最大的部分。这可以从业界，包括我们研发大模型的一些数字中可见一斑：300 亿参数的模型，包括数据、训练、评测的成本以及所有的人力、物力、算力加起来，要耗资 2000 万元；而上千亿参数的模型，则要耗资 4000 多万元甚至更高。所以，动辄就是几千万元训练出一个模型，投入十分高昂。

第二，基础模型决定了下游各种模型的重要能力。大家会发现不同的聊天机器人，有些只会说英文，有些会编程，有些懂得更多的科学知识，有的还能够看懂图片。其实这些能力是由下面的基础模型所决定的，只有预训练中把这些能力加入，对话模型中才能体现。

基础模型很大程度上决定了后续模型的能力、产业落地等因素。从能力来看，大模型的理解能力、涌现能力、上下文学习能力都是由这个基础模型的结构、尺寸等决定的。从知识来看，无论是通用知识还是专业

知识,都是在基础模型训练过程中学习到的。

2. 价值观的保证首先需要干净的中文语料库

第三,从合规性和安全性来看,对于内容生成的模型,其生成的内容是否积极阳光,有无偏见、伦理问题等,很大程度是由基础模型决定的。基础模型如何获得人类的价值观呢?通过训练语料。国内外一些科研机构、公司训练基础模型,通常应用到 Common Crawl 语料库,这是互联网训练语料全球最大的集合。但其中只有很少的中文数据,在所有中文数据中,又只有 17% 的网源、网站或网址来自于中国。绝大多数中文语料都是来源于其他的国家和地区。国内很好的中文内容并没有出现在里面。我们观察到,基于这样的数据集来训练有中文能力的基础模型,有很大的风险。

作为非营利科研机构,智源倡导更多的力量投入:其一,支持中英双语的基座模型。中英双语支持,而非依靠翻译。中文里有很多知识需要直接给模型进行训练,依靠翻译无法将许多中文知识纳入其中。其二,符合国内数据合规需要,尤其是纳入优秀、高质量的中文内容。正因为看到目前基础模型的预训练中有许多不干净的语料,所以我们打造基础模型时十分谨慎。中文语料均来自智源从 2019 年积累至今的数据,99% 以上是来自国内的站源。国内站源具有的优点是都有 ICP 许可,所以也规范了网络内容的可靠性和可信度。

3. 助力落地产业:研发商用许可和代码模型

第四,从版权和商用许可来看,不少模型要不闭源,要不开源,用的是非商用许可,这对学术研究没有任何影响,但对企业后续进行商用和开展业务则是不行的。我们为何一直倡导开源,甚至在开源的时候就给予用户商用许可?智源希望把这些耗费众多资源训练得到的模型开源出来,被更多的企业所使用。据统计,2023 年 1 月至 5 月,新发布的国外开源语言大模型共有 39 个,其中可以直接商用的是 16 个,而国内开源语言大模型只有 11 个,且仅有 1 个对话模型直接有商用许可。

从另一个角度来看,基础模型对整个产业的发展价值更大。有很多国内团队纷纷开源大模型,这里有多少是真正的基础模型?经统计,截止到 2023 年 5 月底,国外发布的开源语言大模型里有 5 个是基础模型,而国内发布的开源语言大模型里只有 2 个是基础模型,也就是复旦的 MOSS 和清华的 CPM-Bee。

智源开发可商用基础模型,同时注重代码模型。代码模型是大模型产业落地的一种很重要的模型,具有广阔应用前景。基于 Aquila-7B 强大的基础模型能力,我们用更少的代码训练数据,小参数量,高效实现了目前性能最好的中英双语代码模型。我们分别在英伟达和国产芯片上完成了代码模型的训练,通过支持不同芯片架构的代码+模型的开源,推动芯片创新和百花齐放。智源内部还在挖掘、利用这些代码模型完成更多的任务,如辅助新的编译器的实现等,这有可能会改变计算机领域更深层次的研发。

思考四:大模型时代,评测变得无比重要

大模型训练要紧抓两头:一头是数据,一头是评测。

为什么评测很重要?一个 300 亿参数的模型,每天对它投入的算力是 10 万元,十分昂贵。另外,正因为它大,在整个过程中更需要关注所有的细节,一旦出现问题,要及时发现并及时作出调整。

1. 尚未完全解决测评能力的主观性和客观性

大模型的能力很复杂,很难用单一指标表明这个模型在未来使用的各种能力,所以要使用各种评测方法和评测集对它进行评测。在大模型训练稳定之后,就要开始指令微调训练,再进行循环迭代,不断地加以调整。如果在过程中只用计算机进行客观评测,很难准确及系统性地看到主观的生成能力,因此还必须加入主观评测。而主观评测至今还只能由人类进行。我们也尝试用 ChatGPT 配合人类进行评测,但在很多的测试案例上仍然偏差很大。

最后优选的模型还要进入 red-team 评测,也就是找一组未参与模型研发的人员扮演用户群,对这个模型进行各种提问,包括各种恶意、刁钻

的提问,来评估这个模型的效果。OpenAI 在 ChatGPT 发布之前,也是持续数月进行类似的评测,才能保证有当前的效果。

智源为了让语言大模型能有更全面、系统的评测,打造了 FlagEval (天秤)大模型评测系统,包括中、英双语的客观、主观 22 个评测集合,8 万多个评测项。基于目前最新的评测,AquilaChat 以大约相当于其他模型 50% 的训练数据量达到了最优性能。但由于当前的英文数据仅训练了相当于 Alpaca 的 40%,所以在英文的客观评测上还暂时落后于基于 Llama 进行指令微调的 Alpaca。随着后续训练的进行,相信很快可以超越。

评测对大模型在研发阶段起到了相当重要的作用,同时也是拉动大模型发展的关键。以跨模态图文评测为例,对于简单的图文评测任务,好的模型基本已经达到或超过人类的水平,在 70 分到 90 分之间。但对于稍微复杂的图文评测任务,大模型只有 10—11 分。对于跨模态图文的辨别,尤其是带有逻辑理解要求的,是大模型与人类能力之间存有的巨大鸿沟。所以,评测是拉动大模型发展的关键,希望通过加入更复杂的评测项,来拉动大模型向人类所需要的更复杂的场景发展。

2. 评测已经演进到认知能力和人类思维能力

大模型从 2022 年进入所有人的视野,其能力发展迅速。同时评测的难度也一路攀高,相当于不断地拉长尺子,才能更好地量度大模型的能力。随着大模型能力的提升,对评测产生了四个台阶的演进:

第一,理解能力。过去十年、二十年,AI 一直是以理解能力评测为主,无论是计算机视觉还是自然语言处理。

第二,生成能力。现在已经出现了 AI 生成内容,这不得不依靠人类的主观进行评测。主观评测的质量很难完全保障一致和客观,现在我们也逐步引入一些 AI 的辅助手段去做。

第三,认知能力。当前人们考量各种大模型,已经不认为它们只是一个能说会写的语言模型,而是希望看到各种各样的知识能力、认知能力。因此,对评测来说,更大的挑战是如何刻画一个全人类的认知能力。另外,现在很多人用各类考题考验这些模型,但这些考题很多都已经被泄露到模型的训练语料中,所以这种认知能力的评测也失之偏颇。

第四,人类思维能力。现在比较困难的是,很多人希望大模型能更加像人类的思维一样去理解、去思辨。所以,对于模型的心智能力应该怎样评判、评价,就需要多学科的交叉研究。

思考五:大模型时代的使命、工匠精神与好奇心

智源有近 200 个全职研究人员,在大模型时代,我们看到各种各样的现实问题、技术问题,亟须去突破。无论文生图还是 ChatGPT 的应用,都离不开冰山下整个大模型全技术栈的积累,而这正是智源一直致力于打造的部分——所有的基础模型,包括数据集、数据工具、评测工具,甚至包括 AI 系统、多种的跨芯片技术的支撑。这是我们的使命,既要打造冰山以下的大模型技术栈,同时以可商用的形式全部开源出来,使得无论是代码还是模型,都能够回馈给整个产业和学术界。也希望有更多的学术界、更多的科研团队与我们同行,对开源进行贡献,尤其至关重要的是 AI 领域内外的学科的共同创新。

大模型时代需要科学与工程并行,一方面需要以工匠的精神锻造每一个大模型,每一步都要精雕细琢,无论是数据、训练过程还是评测;另一方面,大模型里有太多的未知,需要以追星逐月的好奇心去探究,只有我们探究得更好,才能让它在产业落地得更稳,未来的十年才能不断地稳步向前发展。

对话 | 作为工具或朋友的 AI，如何长出善良？

刘梁剑：我先简要介绍台上的各位与谈嘉宾。计算机学院的贺樑副院长不仅研究人工智能，也与产业有对接；郦全民教授的关键词是计算，对人工智能的哲学研究启动早也是其强项；潘斌教授关注人工智能的伦理风险；付长珍教授是哲学系伦理与智慧研究中心主任，近年来，她借助国家社科基金重大项目、华东师大学报、上海市伦理学会等多个平台，致力于推动科技与伦理的对话。我自己是中国哲学专业。

这几年华东师大哲学系的发展遵循守正创新原则，守正是发挥哲学系的研究特色，创新是以对话方式推动一些新的研究增长点。对话包括哲学内部不同学科之间的对话，哲学与其他学科如教育、艺术、科技的对话，还有跟现实进行对话，现实中有很多新问题出现。今天与科技的对话就是跨界对话的尝试。

范式改变：成本升降带来 AI 应用的巨变

1. 专业研究门槛降低，各行业都可参与低成本 AI 应用

贺樑：我是几位嘉宾中唯一和林工属于"一伙"的，我先来说说感想。虽然我也被邀做过不少关于 ChatGPT 相关的讲座，但林工的演讲依然让我耳目一新，学到很多，不仅系统还深入浅出。

两点印象尤其深刻。第一，范式带来的变化。"范式"一词内涵很多，其中之一涉及未来人工智能的研究方法。我们可从另一个更通俗的"成本"角度来阐述，ChatGPT 等大模型出来后，使用计算机和人工智能技术来赋能行业的成本大幅降低，几乎可以说被打到地板上了，这可能砸了一些计算机从业者的"饭碗"，所以他们要赶紧寻找新的"饭碗"，把

大模型端起来,很多行业也会随之而变。可以说,成本是搅动世界运转很重要的因素。一旦某个地方变成成本洼地,很多事的运转逻辑就会不一样了。

第二,林工把我们这个行业内不太被人理解但又关键的环节——基础模型、专业基础模型和基础模型的微调,用比喻方式说得很形象。基础模型就如同一个人在世界上游荡,即使没有接受专业培训也能知道一些应该要知道的世界知识,如同通识教育阶段;专业基础模型阶段,是在基础模型情况下专业方面的增强,如同读个硕士、博士;而最后的微调阶段就是上岗培训,一旦完成了这几个环节,模型就可以为大家提供专业服务了。

随着模型能力的不断叠加,服务的成本会越来越低。大模型对我们的生活将会有各种各样的影响,甚至令人忧虑。但最核心的是,这一轮技术进步后人工智能真的变得可以用起来了。当各个行业都能用起来时,我们的生活可能会有很大的变化。

2. 大模型训练成本投入:有效市场与有为政府结合

刘梁剑: 使用成本降低,但是训练基础模型的成本很高。成本由谁来承担呢?就像国家的基础设施一样,是不是应该由国家来做这个投入?另外,在大模型时代,学习范式如何变?

林咏华: 关于成本问题。智源一直呼吁要开源,一旦不开源或者开源之后不能商用,势必导致每一个公司都只能自己去做大模型。除高成本外,另外重要的因素是,背后的基础设施要靠能源推动。大模型训练需要巨大的算力,背后也是巨大的电力消耗。

所以,第一,产业期待开源,以智源为开始,希望看到有更多的研发团队或公司可以加入开源队伍。

第二,如果要作出高质量的基础大模型,除了前期投入,关键还在于未来要有持续迭代。智源对自己的要求,包括希望看到的产业实践是,基础模型至少三个月或半年有一个新的版本,这样才可以满足更多新知识的融入、新技术的融入。这个钱谁来掏?在科研界、产业界,现在还没有定论,欣喜的是,"有组织的科研"这个词屡屡被提及。

贺樑：我认为,大模型的投入应该是市场行为和政府行为相结合,目前整个大模型领域还是美国优于中国,这也是中美在未来科技竞争中的制高点之争。这一轮大模型的竞争是因为 OpenAI、GPT-3.5 没有开源,导致大家有一点恐慌。因为没有开源,未来市场就会被 OpenAI 的生态全部抢掉。而这个技术明显将对行业产生大影响,因此很多企业纷纷为了自身的商业利益"揭竿而起"去参与研发。

这种情况下,中国还是需要有组织的科研、有组织的市场竞争,我相信政府会做好引导,也会更多支持智源这样的中立科研机构。

3. 拥抱大模型,积极提升学习和研究,不迷信其万能性

林咏华：关于学习范式的改变,不同人有不同解读。我自己的看法,首先确实存在科研方式、人才培养范式的改变,包括我自己的孩子,一些小作文都会去问 ChatGPT,因为浪潮和趋势就在那里。因此,第一,既然辅助咱们人类的技术出现了,就拥抱它,用它来提升学习效率。但这个过程中一定要火眼金睛地学会辨别,因为现在的 ChatGPT、国内的一些大模型,真的还做不到提供完全的事实真实性。所以,大模型可以辅助你,但目前不要都信它。

第二,无论是人工智能内容生成,还是未来的大模型迁移,可能改变很多领域的研发与产品的形态,从研究和学习的角度都不妨积极考虑怎么样利用好这样的技术,改变一些不同领域的研究方法,甚至引入一些合适的技术进行交叉研究。这是很值得去思考去实践的。

工具还是朋友:人工智能与人类智能如何相处?

刘梁剑：我想问一个"杞人忧天"的问题,人工智能的发展会不会取代和消灭人类智能?

1. 人类或许只是文化进化链上的一个起点

郦全民：2023 年 6 月 16 日在巴黎举行的科技创新展上,马斯克说,人工智能技术可能是有史以来最具颠覆性的技术。我想了想,觉得可以

找到一个角度把"可能"两个字去掉。这个角度就是"进化"。

其实,人是两种进化的主体,首先是生物进化。在遵循生物规律的同时,人在与环境作用的过程中,将心智生成的知识或者经验外化,通过口语的方式实现,后来又发明文字实现外化,使得人从动物界提升出来。这个飞跃让人成为文化世界或者更广义地说信息世界的主体,从发明文字算起已有几千年了,因此,人也是文化进化的主体。400多年前,文化世界中出现了近代科学,后来又带动了技术的大发展。按照我自己的理解,到了20世纪中叶,发生了最具颠覆性的变化,标志就是电子计算机的问世,从此,人类开始把心智运作的能力外化,而不仅仅是外化结果。近些年来,随着机器学习的发展,这种外化能力的过程突然提速了,已经有了 AI 科学家、AI 工程师。

原来,我们人类是文化世界的唯一主体,现在出现了人工的智能体,也能生成文化产品,比如文本、图画,为文化进化做出贡献。那么,问题来了,我们该如何为它们定位?是看作新主体还是只看作工具?假如这些 AI 科学家、AI 作者越来越聪明,甚至有自主的意识,又该怎么看?

人工智能的主要创始人明斯基(Marvin Minsky)有一个观点,认为一旦出现这样的智能体,那它就是我们人类新的后代,即"智能孩子"。其实,如果承认进化论,承认人也是进化而来的,很难说人类就是进化链上的最后一环,很可能是智能进化或者文化进化的起点。那么,有朝一日,人类的"智能孩子"会不会把人类关起来,就像我们将动物关在动物园里一样?我说,这种担忧是人类中心主义的表现。

那么,到底该怎么看待这个问题?

2. 人类智能在依赖 AI 中弱化,碳基文明或被硅基文明超越

潘斌: 人工智能和人类智能的关系是什么?人类常常持一种极为理想化的设想,即人工智能仅仅只是人类智能的工具、延展、增强。随着技术迭代爆发式地增长,这种想法可能只是一厢情愿的天真。设想未来可能会出现强 AI 时代,即机器变得和人类一样能够理性地思考和行动,人工智能和人类智能之间的关系可能是平起平坐、各负其责。但在未来时代不排除出现超级人工智能,他们无论在速度、数量或质量方面,都具备

对人类智能全方位降维打击的能力。

著名未来学家尤瓦尔·赫拉利(Yuval Noah Harari)曾大胆预言,未来世代可能将出现后人类或新人类,传统意义上的人类作为一个物种可能面临逐渐灭绝的境地,这也是学界一些专家所预言或忧虑的是否真的会出现"碳基文明被硅基文明所超越、取代甚至消灭"的风险后果。

当代学界对人工智能的伦理风险的审视与吁求,也正是基于这一具有极大不确定性、后果不可控性的风险的忧虑。

付长珍:人和类人(AI)共生的时代,应该怎样理解和定位二者的关系?ChatGPT 肯定也只是生成式 AI 的一个阶段。人工智能为人类提供便利,造福人类的同时也在塑造人类,在我看来应该是一个双向赋智、共生共荣的关系。但令我忧虑的是,人类对技术越来越依赖,人类潜在的智慧不仅没有更好地激发出来,反而会变得越来越脆弱,对技术的过分依赖使我们的生活越来越平面化,冗长又乏味。

3. 大模型训练时会设有伦理框架,但注入爱与善良依然是挑战

付长珍:从伦理学角度看,这些年很多人都意识到,社会越发展,伦理越重要。科技要发展,伦理需先行。国家也多次出台相关文件,倡导科技伦理要贯穿科技活动全过程,各个环节都要有伦理在场。原有的伦理学是一种近距离伦理,主要侧重后果评估。人工智能时代的伦理学,应该阐发一种面向人类未来的新型责任伦理意识。伦理应该成为科技发展的"方向盘",需要前瞻性地预测可能存在的伦理风险。伦理与技术同向而行,确保科技向善。

特别想请教一下林工,大模型作为基座进行研发和预训练时,对于价值观、安全性、伦理风险等,是如何进行具体考量的?

刘梁剑:我想这里有一种矛盾,一方面用伦理规范技术,人是目的;另一方面,又认为人不可能永远是目的。

林咏华:这是个很好的问题。从偏理工的脑袋来想,这是必须考虑的问题。我们至少要从几个环节去解决:第一,对大模型的预训练数据做安全过滤,包括去除伦理偏见等。目前未必所有的企业都这么做,但是智源作为开源基础模型的提供者,为了减少后续使用者的顾虑,我们

需要从源头上规范化。第二，微调训练的数据也要做这样的处理。第三，今天没展开讲的强化学习，它能速成跟人类的价值观对齐。技术上就是这样的流程化处理。

用偏人文的脑袋，我也经常在思考，怎么把人类的真善美、人类的榜样注入大模型？俗语"三岁见老"，当一个人是善良、有爱心的，没有必要告诉他很多的条条框框，实际上哪怕会犯错，也不会犯大错。但是，今天做大模型机器学习时，不得不给出很多的条条框框。坦白说，做安全对齐、伦理对齐时，维度也很多。所以，这是一个开放的问题。是否有机会把善良与爱注入这个机器呢？如果不能，或许这就是机器和人很重要的区别。

解放或焦虑：大模型带来自由还是失业？

刘梁剑：虽然不想有偏见，但是怎么能没有偏见呢？类似这样的难题就出来了。这里也涉及伦理风险。马克思有一句名言，谈到一个最理想的自由社会里，人们上午打猎，下午捕鱼，傍晚开始畜牧，晚饭之后从事哲学批判。ChatGPT 的出现有没有可能把我们带入这个理想的世界？

1. 依据惯性，人类未必都会善用自由时间成为自由人

潘斌：这是马克思在《德意志意识形态》中对共产主义社会作出的经典描述，之所以能出现这样自由状态有个根本性的前提条件，即物质产品的极大丰富。

通用人工智能的出现会使人类得到更多的劳动解放，拥有更多的自由时间，但我们也需要审慎地思考，人类真的就此进入自由人的境界吗？相反，在一个高度数字化、技术化的时代，借助于通用人工智能以及各种大模型，当我们能从体力和脑力劳动中解放出来后，未必就一定真正地进入自由人的状态。依据个体惯性以及数字技术的强大控制力，很多人可能还是沉溺于数字世界的娱乐与游戏之中，刷抖音、看视频，流连忘返于各类 App 或网站。在一定意义上，技术的进步不一定带来我们所期望的自由人状态。

相反，我们更需要去重视与思考的问题是，通用人工智能或大量大模型的出现，会不会导致很多人失业？有的人工智能专家曾预计大模型的实质性成功与商业化落地，大约50%的工作岗位会被取消。那么，我们当前特别需要思考的是：诸如ChatGPT等大模型的出现，技术进步与就业机遇之间如何保持一种适当而有机的协调？

2. 世界进入老年社会，人类需要高效的机器人辅助

林咏华：短期可能会使得现有职业岗位的数量发生明显变化，但未来将促进职业种类的变化。历史上有太多类似的技术变化，如汽车替代马车，照相机的出现代替了油画、写真工作者。人类社会有很多文明的进步、技术的进步，带来工作岗位性质的改变，这是正常现象。人类总是很聪明地找到更多其他需要人类去做但未做得更好的事情。我们相信职业社会有很强的自适应调整能力。

另外，从人口结构的变化来看，的确需要高效率的机器人来辅助。从全人类人口结构来看，目前100个人需要奉养30个老年人，到了2045—2050年，100个人甚至要奉养50—60个老年人，此时我们需要有更高效率的工具来辅助我们更少的人完成更多的事情。

贺樑：我的观点和林工不完全一致。我先假设，这一轮大模型带来的技术迭代速度会比现在快很多，会替代一大部分现有的工作。如果给三五天时间让我们想，多少技术是10年后的人工智能所做不到的？我想这类工作不会很多。所以我认为，马克思讲的自由的生活可能真的会到来，我们可以一周工作四天、三天、两天或一天，甚至你想得到传统意义上的工作，都需要努力去争取。

郦全民：今天讨论的是生产力的跃升。我们知道，生产力有三个要素：劳动者、生产资料和生产对象，其中工具属于生产资料。以往的技术，基本上是生产工具，人是唯一的劳动者，但AI不一样，它可以充当劳动者，所以，对生产力的跃升定将是革命性的。

在失业问题上，我提供一个有趣的例子。20世纪50年代初，人们认为自动化出现会让很多人失业，有很多职业会消失。结果到了2016年再统计，发现与自动化直接相关的消失的职业只有一个，就是开电梯的

电梯工。

3. 劳动是阶段性需求，"激发人的潜能成为更好的人"是目标

刘梁剑：郦老师所说呼应了林工的想法，只是工种的变化。请教付老师，为什么失业是人类进化的一个标志？

付长珍：当我们被解放出来获得更多自由时间的时候，我觉得问题不是担心我们失业了，而是该思考如何来安排我们的闲暇？能否让我们的闲暇不会变成无聊？

人工智能技术的涌现正是出于人的需要，为了人更好的存在。劳动只是生产力不够发达时的需要，因此应该扩展劳动的定义，更有价值的劳动，在于激发出人的更大潜能，提升人的内在本质，塑造高尚人格和美好生活，使人更好地成为人。

郦全民：2023年，英国一些地方进行了"全民基本收入"（Universal Basic Income, UBI）实验，即从社区里随机抽取实验者，每月可获1600英镑，随便你上班或不上班，不需要承担任何义务，以此来观察这些人会有怎样的变化。我个人觉得这是人类发展的一个方向，我们会进入一个体验的时代。

通用人工智能：何时会出现，会拥有自主意识吗？

刘梁剑：形而上的讨论总能脑洞大开，走得较远，这是哲学的特性。那么从技术的角度看，通用人工智能是否有可能出现？更进一步，超强人工智能是否有可能出现？这里的关键是出现自主意识。

1. "涌现"能力出现，或带来AGI的加速发展

贺樑：这个问题挺难回答的。如果不是大模型出现，我还是持怀疑态度。但现在来看，虽然大模型当下依然处在初级阶段，大部分能力还是由数据"喂"出来的，但"涌现"能力的出现让人感到非常吃惊。

什么叫"涌现"？打个比方，中国人常说"熟读唐诗三百首，不会作诗也会吟"。但是，读到250首或280首时突然就会写诗了。这种"涌

现"能力是一个复杂系统从量变到质变的过程。原先我认为,量变到质变只是存在于物理世界,在数字世界什么都是可以掌控的。这次大模型爆发出的"涌现"能力,改变了我的想法,它给我们指出了一条新的人工智能进阶的道路,也就是复杂到一定程度,它会自然产生质变。同时,当下人工智能的迭代速度一定快于想象。人工智能的通用能力会越来越强,我们现在一直在谈论厉害的ChatGPT,但未来五年十年再回头看,现在的ChatGPT一定会被作为"挺智障"的人工智能来看待。

林咏华:现在的ChatGPT还是一个困在数字域的囚徒。咱们希望的AI并不只是在数字域写写文档,本来以为最早被替代的是蓝领,实际最早被替代的是白领。AI+X,"X"的那些学科的发展并没有像人工智能发展得那么快,这也导致机器人有一个很聪明敏捷的脑袋,但是手脚四肢的准确性、灵活性还没有匹配上。比如,在分拣上的速度,机械臂满足不了10毫秒以内的灵活柔性抓取,而人可以在一堆杂乱无章的东西里面找到有瑕疵的东西。所以,这离大家期望的老有所依、为我们做风吹日晒下的事情等设想还比较远。

2. 三个层次看自主意识,自主去想人类所未想最关键

贺樑:关于自主意识,首先是如何界定自主意识,我还是宁愿相信AI不会有自主意识。如果真有,站在人类角度,我认为还是尽快把它关到笼子里弃用,因为这对人类就是毁灭性的打击。

林咏华:是否会有自主意识?大家此前一直在讨论,这次大模型引领的AI是不是到了一个"奇点"?我个人认为可分三个层次来看:第一也是最低的,AI可以自主去应对人类的需求,调用有限掌握的几个工具完成人类的任务。第二,它是否有能力自主地去学习还没有学过的东西。第三,它是否能够自主地去创新,去突破一些我们没有让它突破的难题。比如说怎么让飞机净重减少一半,或者会自主地去看到海洋里因为污染而濒临灭绝的生物并去设想拯救方案。

现在来看,目前可以初步达到第一个层次,未来10年可以达到第二个层次,而第三个层次将会是很难达到的目标。

互动 | 大模型如何不"胡说八道"？
怎样更聪明？

大模型走向更智能会遇到的天花板，尚在集体摸索中

AI 行业 Convertlab 公司主管高鹏：从 2023 年 2 月份开始，我们一直折腾于在大模型上做自动化应用，结果发现它没有想象中那么聪明。请问这种序列到序列的模型，技术上的天花板在哪里？智源有何突破计划？

林咏华：这是很专业的问题。从从业者的角度来看，当前国内的大模型并没有大家想象的那么聪明，大多数情况都还是要依赖人去调教。坦白来说，目前我们还没能够摸到天花板。包括智源自己在内的 AI 科研团队，还无法保证我们每一步都做对了。这里有很多的因素，包括许多算法的选择或者算法突破，还有待很多的实践。大模型正因为太大，试错成本很高，使得一些更激进的想法、创新或突破性设想不敢轻易去实施，因为可能动辄就要几百万、上千万费用的投入。

商业协会秘书长平渊海：我毕业于经济学系，很关心成本。现在开发大模型需要很高的成本，有没有想过发动相同利益的企业一起做众筹呢？比如说和快递企业联手研发专门用于分拣的大模型？如有，其中面临哪些挑战？

林咏华：这个设想从 2023 年上半年开始就一直就有。每一个行业都可以至少找到八到十家共同性质的企业一起众筹、训练行业大模型，做出来以后各家可在内部更精细地去锻造。这个想法很合理。只不过这里需要有充满智慧的顶层设计，难度不在技术层面，更多是在合作模式、商业模式、未来利益共享的顶层设计。

人文学者可以在 AI 支撑的体验时代继续提问和批判

华东师大哲学系博士生李祥翔：AI 在信息收集和处理方面的能力已经远远超过人类，未来在分析和回答问题上，人类或许也会落后于 AI。根据您对科技和哲学的了解，哲学和人文社科学者以后存在的意义和价值是什么，哲学人的任务只压缩为提出问题吗？

郦全民：按照我的理解，哲学家这个职业就是擅长提问题。假如说生产力发展了，机器人成为劳动者的主体，留给我们哲学家的任务是在体验时代提出好问题。英国在尝试的 UBI 实验（发基本月薪但可自由选择是否工作）就是这样的，需要哲学家提出新问题。

另外，哲学家还有一个工作就是批判，而这是永远需要的。今天的圆桌对话当中，大家发现我们的观点并不一样，就是在"批判性"地讨论。比如，对于通用人工智能是否会有自主意识，保留意见居多。但只要大模型达到一定程度，"涌现"某种能力是肯定的。对于人工智能模型的发展，我们需要一种开放、批判的心态。

华东师大哲学系博士生丁洪然：人工智能能替代的工作越来越多，但是人类的审美是有很大的差异性的，审美是否不可能被 AI 替代，由此创造出更多的职业选择和生活方式？

贺樑：在人工智能的影响下，未来需要人类做的工作应该会越来越少。当然，我们人类会被动或主动地想办法设计出适合我们做的事，审美是其中一个可能。美本身在不同的时代、不同的人群里就有不同的定义。它一是来自生物自然的感受；二是来自人类后天的定义，主观性较强。现在对美的标准，再过五年、十年都会发生变化。所以，只要人还是世界主体的话，就有望创造出超越机器能力的职业。但前提是，要规避美的标准是由 AI 来帮我们确立和判断，否则就像下围棋一样，一步棋下得好不好，很多时候要依赖机器判断和指导，而并非由我们人来判断。这些充满创意的环节一旦都变成由机器确定，就容易索然无味。

隐私保护的途径之一是大模型部署到私有化网络中

通信行业高工柴忠於：我们可通过ChatGPT询问公司方面的业务，但所在公司往往又禁止使用ChatGPT，具体落地时如何保护隐私？

林咏华：关于数据隐私，基于不同的大模型部署方式，通常有两种考虑。一是ChatGPT及国内的某些大模型提供了在云上的服务，用户上传问题及相关信息，它再回答。理论上，大模型运营商都需要获得授权才能够访问用户上传的数据，否则是不合法行为。所以，这里存在一个问题，即你是否信任这些大模型运营商。

二是对于那些对信息保密有要求的行业，包括金融机构、医疗机构等，我们可以支持大模型的私有化部署，部署到企业的内部网络里，以避免商业信息的泄露。

人力资源工作者叶沛松：在基础大模型推动下，如何保护我们自己的知识产权？

林咏华：目前关于版权问题的讨论，主要是针对放到预训练数据里的知识内容，涵盖图片、视频、文字作品。怎么能够做到在训练的时候，对这些有版权的作品进行加密，从而避免作品内容的泄露？目前学术界在不断地研究各种方法，包括同态加密技术等。但使用这类技术，会使现在的计算成本上升很多很多。

所以，目前也有一些非技术方法可以缓解这类版权问题。例如，当我们收集了大量有版权的数据需要公开时，版权所有者只要声明自己的作品不希望被收集，则可以要求数据收集方进行删除。举例来说，近期有一个收集全球代码数据以用于大模型训练的网站The Stack公开了一个链接，声明如果开发者发现自己的代码被收录到他们的数据集，但又不希望代码变成数据集中的一部分，可以申请在代码数据集里删除。

从出版界获优质训练数据不侵犯版权，需法规先行

国家移民管理系统职员胡烨亮：您刚才谈到，在人工智能发展中优质语料的数量和质量不足，但又要实施版权保护。如果迁就这种版权保护，就会阻碍生产力发展。我的设想是国家或行业协会统筹支付一定的版权费用，来替代原来由各个公司垄断的版权以达到版权共享，可行否？

林咏华：一方面，当前从社会及政府的层面已经意识到，不能够因为版权保护而让可能影响整个社会或者所有产业的一个重要技术的发展停滞下来；另一方面，我们这里所说的版权，只是用来做大模型的训练数据，并不是拿了一本书再次发布，这里是让机器去读，并不是人去读。

基于这两个重要的前提，目前业内正在进行很多积极的讨论，希望推动一些新的法律法规或者行业规范的制定，以便于我们能有机会将现在散落在各个地方有版权的数据组织起来，以供大模型训练使用或者被有偿使用。

这里也需要高层设计的智慧，因为它将打破两个不同产业的边界。

强人工智能主导下，人有无可能发展成全面的人？

华东师大哲学系博士生郭江勇：人类从独立自主的劳动者到机器流水线上处理某一个环节，再到人工智能时代可能成为一个数字化按钮或者符号，这意味着人的劳动主体地位的逐步消解。因此，我特别疑惑的是：在智能化时代，劳动者丰富的经验、技艺与风格逐渐被弱化，那么劳动者是否会丧失劳动主体的权利或资格？此时，人还能否成为一个全面发展的人吗？

潘斌：我们今天所看到的各种智能主体，包括人机协同、人形机器人或者机器手臂等，说到底还是由人来支配与控制机器，所以说，目前人还是唯一的劳动主体，而距离强人工智能和超级人工智能的时代还较遥远。

但是，如果智能机器人或者强人工智能等有可能成为新的劳动主体，我们也不能排除它们会有觊觎、独占地球资源的念头或动机。在智能技术的加持与帮助之下，人类能否真正确立劳动主体的资格，取决于我们如何认识与规范关于人工智能的研发应用，取决于人工智能技术能否成为人类的真正工具与具体延伸。

从乐观主义的立场来看，在发达的智能时代人类有可能成为全面而自由的人。

机器如能替代人的创造力，符合"宇宙的自然选择"理论

华东理工大学工科博士生侯志伟：《技术的本质》这本书里说，科技的世界里各种高科技产品本质是技术的组合，一个产品下面是技术，技术下面还是技术，再追究下去就是一种现象，而现象被人类所利用。人工智能已经可以识别图像、认知图像，某一天可以有机组合一些技术时，是不是可以认为，机器必将替代人类或者替代人类的创造力？

郦全民：我觉得技术发展了，是否会出现超级智能，要看看有什么力量在驱动。简单地说，要想出现超级智能，得有两种驱动力量：一是个人的好奇心；二是如英伟达创始人黄仁勋在台湾大学毕业生典礼上所说的，不管你是为了追逐食物，还是为了避免成为食物，都要跑，不要走，也就是说，你要想不落后就要跑，而且你还要跑得更快。

技术发展了，可能会产生新的智能物种。我觉得这是好事。人类假如要离开地球，离开这个生物系统，进入另外一种状态，就需要新的智能物种超出生物的生态系统，进化成新的方式。目前，科学中就有一个"宇宙的自然选择"学说，主张普适达尔文主义。人工智能体所处的电子生态系统与人所处的生物生态系统不同，有更广阔的进化空间，所以，我相信 AI 会超越人类。

降低大模型幻觉率的方法，或是将其与外部知识融合

华东师大中国哲学硕士研究生龚胜男：在主旨演讲中，您提到做评

测时会有人类参与。我在使用GPT中,发现它会说谎。是否可从技术层面保证它的客观性?

林咏华:大模型是基于概率产生内容,所以幻觉率是很难避免的。目前可行的方法是,大模型与外部客观存在的知识库、数据库或者搜索引擎相结合,尽量降低大模型的幻觉率,以使得它的回答真正"有理有据"。

3D智能动画科技公司市场推广翁缪纯:我们公司在三四年前利用AI技术开发了一款3D智能动画,所用时间、费用都较小。大模型出来后就遇到研发成本较高的瓶颈。请问,如何通过大模型解决这对成本矛盾?

林咏华:大模型在多模态,尤其是视觉多模态上面不断有新的突破。当前已经发展比较成熟的是文生图的模型应用,此外有文生3D即通过一段文字就可以自动生成三维图像,进一步可以用文字生成视频,只不过现在能自动生成的视频还比较短。所以,技术上指日可待,或许在未来一两年就可以通过大模型,让创作者输入一段文字的描述,即可自动生成3D动画。

AI人才不论从业时间长短,关键在于保有学习能力和融会贯通

媒体人李念:进入AI的大模型时代后,行业对人才的培养和需求、学校学科设置,和此前有何不同?

林咏华:我觉得对AI领域人才的培养并没有太大的区别。在十多年前深度学习流行时,很多非AI领域人才转行涌入,现在大模型出现,又有一批非大模型的人才转型。同时,由于各种开源平台的蓬勃发展,这一轮的学习门槛更低了。比如B站上有各种针对开源大模型代码的视频教程,大家都可以很快上手。

所以,我认为对AI人才来说,始终不变的是,第一要保有持久的学习能力,哪怕在传统赛道的AI从业者,哪怕已经四五十岁的开发者,只要保持学习、善于融会贯通,都有很好的发展机遇。

第二,我相信,大模型和小模型会并存,大模型产业落地离不开很多

已有技术。例如,在深度学习出来后,反而对用 OpenCV 做计算机视觉处理的人才有了更大的需求,因为深度学习不能解决所有问题,需要这些传统图像处理技术来完成前处理和后处理。对大模型而言,也是一样的道理。

学科设计上,我们觉得需要融入更多基础学科,需要更多学科和 AI 相结合,产生新的思维模式。我们相信,像计算机软件技术一样,在不远的将来,AI 也会变成一个普遍的工具。

延伸阅读

人早晚或成为大模型的工具人？[①]

朱嘉明

> 尝试找到如何让机器使用语言、形成抽象和概念、解决现在人类还不能解决的问题、提升自己，等等。对于当下的人工智能来说首要问题是让机器像人类一样能够表现出智能。
>
> ——达特茅斯会议对人工智能(AI)的定义

ChatGPT 是人类科技史上的里程碑事件，在短短几个月席卷全球，速度超过人类最狂野的想象。ChatGPT 证明了通过一个具有高水平结构复杂性和大量参数的大模型（又称为"基础模型"）可以实现深度学习。大模型是大语言模型(LLM)，也是多模态模型，或者是生成式预训练转换模型。GPT 是大模型的一种形态，引发了人工智能生成内容(AIGC)技术的质变。现在，与其说人类开始进入人工智能时代，不如说人类进入的是大模型时代。我们不仅目睹，也身在其中，体验生成式大模型如何开始生成一个全新时代。

何谓大模型？从数据中找出规律和模式并预测未来

人工智能的模型，是以数学和统计学作为算法基础的，可以用来描述一个系统或者一个数据集。在机器学习中，模型是核心概念。模型通常是一个函数或者一组函数，可以是线性函数、非线性函数、决策树、神

[①] 摘自朱嘉明：《AI大模型：当代历史的标志性事件及其意义》，载龙志勇、黄雯：《大模型时代：ChatGPT开启通用人工智能浪潮》，中译出版社2023年版，"代序"。

经网络等各种形式。模型的本质就是对这个函数映射的描述和抽象,通过对模型进行训练和优化,可以得到更加准确和有效的函数映射。模型的目的是从数据中找出一些规律和模式,并用这些规律和模式来预测未来的结果。模型的复杂度可以理解为模型所包含的参数数量和复杂度,复杂度越高,模型越容易过拟合。

人工智能大模型的"大",是指模型参数至少达到 1 亿以上。但是,这个标准一直在升级,目前很可能已经有了万亿参数以上的模型。GPT-3 的参数规模就已经达到了 1750 亿。

除了大模型之外,还有所谓的"超大模型",通常拥有数万亿到数十万亿个参数,被用于解决更为复杂的任务,如自然语言处理中的问答和机器翻译、计算机视觉中的目标检测和图像生成等。所以,超大模型的训练和调整需要极其巨大的计算资源和大量数据、更加复杂的算法和技术、大规模的投入和协作。

如果从人工智能的生成角度定义大模型,与传统的机器学习算法不同,生成模型可以根据文本提示生成代码,还可以解释代码,甚至在某些情况下调试代码。在这样的过程中,不仅可以实现文本、图像、音频、视频的生成,构建多模态,而且还可以在更为广泛的领域生成新的设计,生成新的知识和思想,甚至实现广义的艺术和科学的再创造。

近几年,比较有影响的 AI 大模型主要来自谷歌、Meta 和 OpenAI。除了 OpenAI GPT 之外,2017 年和 2018 年,谷歌发布了 LaMDA、BERT 和 PaLM-E。2023 年,Facebook 的母公司 Meta 推出 Llama,并在博客上免费公开 LLM——OPT-175B。在中国,AI 大模型的主要代表是百度的文心一言、阿里的通义千问和华为的盘古。

这些模型的共同特征是:需要在大规模数据集上进行训练,基于大量的计算资源进行优化和调整。

因为 AI 大模型的出现和发展所显示的涌现性、扩展性和复合性,长期以来人们讨论的所谓"弱人工智能""强人工智能"和"超人工智能"的界限不复存在,这样划分的意义也自然消失。

突变和涌现：机器学习—深度学习—AIGC 大模型，赋予 AI 思维能力

如果从 1956 年达特茅斯学院的人工智能会议算起，人工智能历史已经接近 70 年。它的三个基本派别符号主义、连接主义、行为主义都要以算法、算力和数据作为核心要素。在 20 世纪 80 年代末之后的 AI 发展史中，有三个重要的里程碑。

第一个里程碑：机器学习（machine learning，ML）。

机器学习理论的提出，可以追溯到图灵写于 1950 年的一篇论文《计算机器与智能》（Computing Machinery and Intelligence）和图灵测试。1952 年，IBM 的亚瑟·塞缪尔（Arthur Lee Samuel）开发了一个西洋棋的程序。该程序能够通过棋子的位置学习一个隐式模型，为下一步棋提供比较好的走法。塞缪尔用这个程序驳倒了机器无法超越书面代码，并像人类一样学习的论断。他创造并定义了"机器学习"。

之后，机器学习成为一个能使计算机不用显示编程就能获得能力的研究领域。1980 年，美国卡内基梅隆大学召开了第一届机器学习国际研讨会，标志着机器学习研究已在全世界兴起。此后，机器学习开始得到了大量应用。到了 20 世纪 80 年代中叶，机器学习进入最新阶段，成为新的学科，综合应用了心理学、生物学、神经生理学、数学、自动化和计算机科学等形成了机器学习理论基础。1995 年，瓦普尼克（Vladimir Naumovich Vapnik）和科琳娜·科尔特斯（Corinna Cortes）提出的支持向量机（网络）（Support Vector Machine，SVM），实现了机器学习领域最重要的突破，具有非常强的理论论证和实证结果。

机器学习是一种基于算法和模型的自动化过程，包括监督学习和无监督学习两种形式。

第二个里程碑：深度学习（deep learning，DL）。

深度学习是机器学习的一个分支。所谓的深度是指神经网络中隐藏层的数量，它提供了学习的大规模能力。因为大数据和深度学习爆发并得以高速发展，最终成就了深度学习理论和实践。2006 年，辛顿正式

提出"深度学习"概念,这一年由此成为"深度学习元年"。

在辛顿深度学习的背后,是对"如果不了解大脑,就永远无法理解人类"这一认识的坚信。所谓深度学习,可以伴随着突触的增强或减弱而发生。一个拥有大量神经元的大型神经网络,计算节点和它们之间的连接,仅通过改变连接的强度,从数据中学习。所以,需要用生物学途径,或者关于神经网络途径替代模拟硬件途径,形成基于100万亿个神经元之间的连接变化的深度学习理论。

深度学习是建立在计算机神经网络理论和机器学习理论上的科学。2012年,辛顿和克里泽夫斯基(Alex Krizhevsky)设计的AlexNet神经网络模型在ImageNet竞赛中实现图像识别分类,成为新一轮人工智能发展的起点。这类系统可以处理大量数据,可以发现人类通常无法发现的关系和模式。

第三个里程碑:人工智能内容生成大模型。

从2018年开始大模型迅速流行,预训练语言模型(Pre-trained Language Model,PLM)及其"预训练—微调"方法已成为自然语言处理任务的主流范式。大模型利用大规模无标注数据通过自监督学习预训练语言大模型,得到基础模型,再利用下游任务的有标注数据进行有监督学习微调模型参数,实现下游任务的适配。

2018—2023年,OpenAI实现了大模型的五次迭代。同时,OpenAI也提供了API接口,使得开发者可以利用大模型进行自然语言处理的应用开发。

总之,大模型是基于包括数学、统计学、计算机科学、物理学、工程学、神经学、语言学、哲学、人工智能学融合的一次突变,并导致了一种"涌现"。大模型也因此称得上一场革命。

更为重要的是,大模型赋予AI思维能力,一种与人类近似但又很不相同的思维能力。

知识革命：大模型具有神经智力、经验智力和反省智力主要成分

基于大数据与 Transformer 的大模型，实现了对知识体系的一系列的改变。

（1）改变知识生产的主体。即从人类垄断知识生成转变为 AI 生产知识，以及人和 AI 混合生产知识。

（2）改变知识谱系。从本质上来看，知识图谱是语义网络的知识库；从实际应用的角度来看，可以将知识图谱简化理解成多关系图。

（3）改变知识的维度。知识可分为简单知识和复杂知识、独有知识和共有知识、具体知识和抽象知识、显性知识和隐性知识等。而人工智能正易于把握这一隐性维度。

（4）改变知识获取途径。

（5）改变推理和判断方式。人类的常识基于推理和判断，而机器常识则是基于逻辑和算法。人类可以根据自己的经验和判断力作出决策，而机器则需要依赖程序和算法。

（6）改变知识创新方式和加速知识更新速度。不仅知识更新可以通过 AI 实现内容生成，而且 AI 大模型具有不断生成新知识的天然优势。人类知识处理的范式将发生转换。人类知识的边界有机会更快速地扩展。

（7）改变知识处理方式。人类对知识的处理有六个层次：记忆、理解、应用、分析、评价和创造。大模型在这六层的知识处理中，都能发挥一定的作用，为人类大脑提供辅助。

简言之，如果大模型与外部知识源（如搜索引擎）和工具（如编程语言）结合，将丰富知识体系并提高知识的获取效率。万物皆可 AI，因为大模型引发知识革命，形成人类自然智慧和人工智能智慧并存的局面。

知识需要学习。赫布理论是一个神经科学理论，描述了在学习过程中的脑中的神经元所发生的变化，从而解释了记忆印痕如何形成。即突触前神经元向突触后神经元持续重复的刺激，可以导致突触传递效能的

增加。以深度学习为核心的大模型的重要特征,就是以人工智能神经网络作为基础。所以,大模型是充分实践赫布理论的重要工具。

1966年,美国哈佛大学心理学家戴维·珀金斯(David N. Perkins)提出"真智力"(true intelligence),并提出智商包括三种主要成分或维度:(1)神经智力(neural intelligence),神经智力具有"非用即失"的特点;(2)经验智力(experiential intelligence),是指个人积累的不同领域的知识和经验,丰富的学习环境能够促进经验智力;(3)反省智力(reflective intelligence),类似于"元认知"(metacognition)和"认知监视"(cognitive monitoring)等概念,有助于有效地运用神经智力和经验智力的控制系统。大模型恰恰具备上述三种主要成分或维度。所以,AI大模型不仅有智慧,而且还是具有高智商的一种新载体。

GTP-4可利用思维链推理和逐步思考,大模型会导致"人的工具化"?

虽然AI大模型所实现智能的途径和人类大脑并不一样,但最近约翰斯·霍普金斯大学的专家发现,GPT-4可以利用思维链推理和逐步思考,有效证明了其心智理论性能。在一些测试中,人类的水平大概是87%,而GPT-4已经达到100%。此外,在适当的提示下,所有经过RLHF训练的模型都可以实现超过80%的准确率。

现在,人类面临的AI大模型挑战,不仅仅是职场动荡、增加失业等问题,而且还有更为严酷的现实课题:人是否或早或晚地成为大模型的工具人?不仅如此,如果AI出现推理能力,并在无人知道原因的情况下越过界限,是否会对人类造成威胁?之前,网上有这样的消息:有人利用最新的AutoGPT开发出ChaosGPT,下达毁灭人类指令,AI自动搜索核武器资料,并招募其他AI辅助。

正是在这样的背景下,2023年的3月29日,马斯克联名千余科技领袖,呼吁暂停开发AI。进入4月,身在多伦多的图灵奖得主辛顿向谷歌提出了辞职。辛顿辞职的原因,是为了能够"自由地谈论人工智能的风险",他对自己毕生的工作感到后悔,"我用一个正常的理由安慰自己:

如果我没做,也会有别人这么做的"。辛顿最大的担忧是:AI 很可能比人类更聪明。这样的未来不再久远。而对比 GPT-4 刚发布时,辛顿还对其赞誉有加:"毛虫吸取了足够的养分,就能化茧成蝶,GPT-4 就是人类的蝴蝶。"

仅仅一个多月的时间,辛顿的立场发生如此逆转。这不免让人们想到爱因斯坦和奥本海默,他们在二战后都明确表达了为参与核武器研发和建议感到后悔,更为核武器成为冷战筹码和政治威胁的工具感到强烈不满。

事实上,"控制论之父"维纳(Norbert Wiener)在《人有人的用处》(*The Human Use of Human Beings*)一书中作出了一个耸人听闻的结论:"这些机器的趋势是要在所有层面上取代人类,而非只是用机器能源和力量取代人类的能源和力量。很显然,这种新的取代将对我们的生活产生深远影响。"同样,霍金(Stephen Hawking)生前也曾多次表达他对人工智能可能导致人类毁灭的担忧。

在现实生活中,AI 大模型的冲击正在被积聚。例如,作为一种基于大规模文本数据的生成模型,GPT 已经对语言学、符号学、人类学、哲学、心理学、伦理学和教育学等广义思想文化领域造成冲击,并将进一步对自然科学技术、经济形态和运行、社会结构,以及国际关系产生进一步的全方位冲击。

AI 大模型是人工智能历史的分水岭,甚至是工业革命以来人类文明史的分水岭。此前,人们所更多关注和讨论的是人如何适应机器,探讨人与机器人的合作,实现"阿西莫夫定律"(即机器人三定律);而现在,人类则进入如何理解大模型、预知人工智能的重要节点,人工智能被恶意利用、彻底失控的威胁也隐隐出现。特别是由于 AI 幻觉的存在,对人类决策和行为的误导也更容易发生。

电影《机械姬》中有这样的苍凉台词:"将来有一天,人工智能回顾我们,就像我们回顾非洲平原的化石一样,直立猿人住在尘土里,使用粗糙的语言和工具,最后全部灭绝。"

最近还有一个消息:来自洛桑联邦理工学院的研究团队提出了一种全新的方法,可以用 AI 从大脑信号中提取视频画面,迈出了"读脑术"的第一步,相关论文也已刊登在《自然》杂志。虽然这篇论文受到很多质疑,但可以肯定的是,除了试图改善人类生活的科学家、工程师和企业家外,还将存在阴暗和邪恶力量,人们对 AI 的不安也随之与日俱增。AI 是人类的又一个"潘多拉盒子",且很可能无人能将其关上。

在人类命运的巨变趋势面前,人类的选择在减少,但不可放弃让人回归人的价值,需要留下"种子"——火星迁徙至少具有这样的超前意识。因为 AI 大模型,人工智能从 1.0 加速进入 2.0 时代。

在人工智能 2.0 时代,大模型的分工越来越明确。日益增多的大模型,特别是开源大模型实现不同的组合,将大模型乐高化,构成大模型集群。这不仅会推动人类的社会空间、物理空间和信息空间日益紧密融合,而且还将促成一个由大模型主导的世界。

在这样的历史时刻,生成主义需要被重新认识。生成主义的认知观,既不同于客观主义的经验论,又有别于主观主义的唯理论:一方面,生成认知否认外部世界的预先给予性,强调世界是依赖于外在的知觉者的;另一方面,生成认知也不赞同观念论对于心智实在性的否定,强调具身性是心智和认知的最为根本的特征。人工智能的生成大模型,确实包括生成主义的要素。人工智能将给生成主义注入新的生命力。

人工智能下的人类世界

AI"涌现"之路

主讲：

危 辉

复旦大学计算机科学技术学院教授

对谈：

林龙年

华东师范大学脑功能基因组学研究所教授

江晓原

上海交通大学科学史与科学文化研究院院长

于 海

复旦大学社会发展与公共政策学院教授

（本部分内容根据2017年7月8日第112期"文汇讲堂"现场演讲整理）

"深蓝"20年后,人工智能冒出冰山几何?

危 辉

1997年,国际象棋世界冠军卡斯帕罗夫迎战改造过的计算机"深蓝"而败北,成为人工智能领域的标志性事件,计算智能的概念被普及开来。

2016年3月,"阿尔法狗"打败了围棋世界冠军李世石。

2017年1月,"阿尔法狗"网络版Master打败了60位中国和韩国的棋手。

2017年5月,在乌镇,柯洁又被"阿尔法狗"打败了。

2017年6月,来自成都的人工智能系统"准星数学高考机器人"AI-MATHS参加了数学的高考,取得了105分的成绩。

…………

近些年,人工智能在各个领域都取得了很多进展。电影《终结者》中描绘了判决日,提到人工智能发展到极致控制了核按钮,毁灭地球。那么,随着现实中人工智能技术如媒体宣传的那样不断突破,"判决日"是否临近了?

复杂性:人类智慧远胜当前的人工智能程序

毫无疑问,不论是简单的方程组求解或复杂的函数问题,对于计算机来讲都没有任何困难。但是,当把该问题以鸡兔同笼问题的原始叙述呈现给计算机:"在笼子里有鸡、兔两种动物,数了一下总共有10个头、30条腿。请问笼子里分别有几只鸡和几只兔子?"我们的计算机一定会崩溃。

为什么 AI-MATHS 只考了 105 分而不是满分呢？因为很多题目不是数学化的形式，而是文字陈述。这反映了计算机一个非常重要的缺陷——只能解模式化的问题。一旦呈现的不是固定模式，对求解就是大挑战。

再看一个日常生活的案例，对于一种新形式包装的鸡蛋，我会思考用三种方式取出，并考虑失败的概率而选一种最稳妥的，试想一下，如果这里面不是鸡蛋而是螺栓，我完全可以毫不费力地取出，因为既不用担心抠破，也不用担心摔碎。人会借助这些日常的经验性去自然解决问题，通过自身丰富背景知识的引导，从而作出正确的行为和决定。

人脑不同于计算机，它往往没有事先预编好的程序，只能凭借临机决断。所以，生物的智慧其实远远复杂于机器。

回顾 70 年：若干计划落空和滞后

人工智能发展到今天已有 70 多年的历史。早在 20 世纪 50 年代，美国科学家图灵曾预测到 2000 年人工智能程序能通过图灵测试，然而如今，很多程序依然很难通过图灵测试，所以这个目标没有实现。

20 世纪 60 年代，我们展望会出现机器人秘书和心理医生，计算机能够打败国际象棋大师。目前，只完成了一个打败象棋大师的目标，还晚了 30 年的时间。

20 世纪 80 年代，日本提出要研究第五代计算机，即"人工智能计算机"，希望人能通过自然语言和计算机进行交流，但是很快计划破灭，科学家们严重低估了实现这个目标的难度。

当时还期望再过 20 年，能够建立 human-scale 的知识库，现在我们已经承认知识系统的极端复杂性和这一目标的不现实性。

此后，人工智能又预估到 2020 年，集成电路芯片的集成度可以达到人脑的水平。但这个很难成功，毕竟芯片的集成度不能等同于大脑细胞及其集群的运转方式。

从人工智能历史发展和整体水平来看，我们过往提出的目标大多没有实现或者严重滞后，所以，要想实现人工智能并非易事，它是一项非常困难的工作。

研究现状："各行其道"的立交天桥

人工智能究竟研究什么？这涉及两个方面：

第一，智能的本质是什么？推理、决策、问题求解、理解和学习。人通过书本和别人的交流可以学习很多知识，获得更强的解决问题的能力。这是人类智能包含的五个最核心的方面。

第二，如何制造有智能的机器？人工智能里包含一些很具体的研究分支，比如搜索技术、计算机下棋、自动推理、辅助决策、专家系统、机器翻译、模式识别、计算机视觉、机器学习。

前三种的形式化，人工智能在20世纪60年代就已经解决了；辅助决策，如计算机辅助医生在手术中作出决定；专家系统，模仿人类专家做某专业领域的事情，需要有限的知识去解决，比如计算机维修；机器翻译，在日常生活中非常实用，且已经取得实质性进展；模式识别，试图理解图像背后的意义；计算机视觉，比如自动驾驶车上安上识别车辆行人的摄像头；机器学习，要求机器从有限的样例中获取解决类似新例子的能力。人工智能对智能的五大核心方面，分方向、分小类来作精致模拟。

以上两点相对照，也许会认为人工智能和人类智能差不多，都做类似的事情，但实际上两者之间有着本质的区别。人在通过五项认知技能求解问题时，是互相协同、以一个统一的整体来面对问题。不同认知技能间的协作调和得天衣无缝，所以我们感觉不到自己运用了这些技能。而人工智能则像车辆在立交桥上通行，各行其道，各自为政，互不干扰，所用的技术路线可能完全不同，没法相互借鉴、相互协同。所以，人工智能的各个研究方向，几乎都是分类进行的，很难归拢，这在工程应用上其实是有欠缺的。

繁荣背后：各种算法等待突破

那么，人工智能取得了这么多进展，其表面繁荣的背后又隐藏着哪些隐患呢？我想通过几个例子来告诉大家。

1. 参数算法：经验主义的"知其然，不知其所以然"

假设有两列输入参数和输出参数，表面上看不出参数之间有什么必然联系，但把这组参数给计算机，它会用现在最流行的技术做一次"深度学习"，以这些数据为训练样本，设计出类"神经网络"，从输入和输出中比较实际输出和理想输出之间的误差，调整网络连接的参数，将误差降至最低。

这时，再给计算机一组新的参数，得出与实际应用场景相符的新的输出值，构建成一个可预测新输出的复杂网络。它的任务就到此为止了。至于这些数究竟有何种数学关系，深度学习基本不再关心。

但实质上，深度学习只能停留在表面，一般不再向这个本质作进一步的延伸。这就是停留在经验主义层面，而不上升到理性主义阶段，这是深度学习技术的第一个缺陷。

2. "阿尔法狗"：就事论事、一事一议

就"阿尔法狗"事件来说，众所周知，下围棋是一个不断搜索的过程，你来我往，最后形成一个庞大的"树"型结构汇总招数，庞大到现在的计算机存储不了、算不了。"阿尔法狗"下棋不是这样，它是根据历史经验"算"下法，历史经验来源于过去大量的棋谱，以及它自己跟自己下所获得的一些训练数据。好的招数被存起来以便将来使用，会导致大片吃子的招数不好，则被否决。通过这些训练出一个网络，"阿尔法狗"用深度学习针对黑白布局下形成模式分类映射，也就是记住布局与走步之间的映射关系。

下围棋这件事有其特殊性，黑白布局非常规范，棋盘物理空间整齐、有限；下棋规则非常明确；有大量格式化规范的历史数据。以上三个条

件特别适合用计算机求解,并适合深度学习的使用。但这未必在其他场合也能取得成功,你的应用是否可以满足这几个条件?是否像"拿鸡蛋"问题,根本就没有第二个样本?这反映了当下人工智能技术的另一个问题:就事论事,即一种方法解决一个问题,因此很可能不具备推广性。

3. 图像识别:实用主义,能用就好

计算机做图像检索,比如从百度图片上搜索"东方明珠",机器可以把所有的"东方明珠"的图片找到,这在多媒体里被称作"图片检索",是目前做得相对比较好的方向。如何达成的呢?过程大致经历了三个步骤:训练样本的特征向量表示→带标注的机器学习→分类器。

如果图片是素描,不是常见的彩图,那就很难办。同样是描绘东方明珠最本质的特征,但我们再用上述方法却无法让机器获得关于这张图涉及东方明珠特征的同样认知。其实现在的人工智能算法无法生成关于几何构造的高端的描述。在这里,图像检索技术反映了人工智能另一个很重要的问题——实用主义驱动,致力于解决有限数据集范围内的问题,其他本质性特征则难以深达。

综上所述,人工智能不似我们想象的那么容易,它还存在很多问题。与物理、化学、数学等建立在若干核心概念的基础上的传统科学相比,人工智能不同分支间互相严重割裂,有欠系统性和整体性。所以,人工智能现状有如盲人摸象,有待成长成熟。

何去何从:类脑计算或成方向

1986年,钱学森在《关于思维科学》一书中,把人工智能归成工程技术,他说人工智能的发展要找一个学科作为人工智能的学科基础。

人工智能必然要向前发展,但它究竟走向何方?

是大数据吗?可为何Facebook反其道行之,扎克伯格为了过滤不良视频信息,在4500人基础上再雇用3000人进行排查?

是云计算吗?但它解决了算法加速问题,却解决不了本身算法机制

的笨拙复杂。人类的智慧又岂是凭借数字计算就可以穷尽？

"25W"这个数字的含义是什么？大脑的工作功率是25W。人类用如此小的代价实现了那么多复杂的功能，这是否意味着也许有更精妙的办法来实现人工智能，只是还没发现而已？

我个人认为，在人工智能中，类脑研究方向是最有前景和价值的。我们以"大鼠走迷宫"的实验为例，大鼠在进行行为决策时，可用多电极在体细胞外同步记录方式，把数据传给计算机。这有助于我们理解大脑在完成决策任务时，它的神经活动的基本机制是怎样的。大脑的皮层有六层，其中有两类不同的锥体细胞，它们的分布非常有规律，这些细胞构成很复杂的回路，实现"走迷宫"的决策过程，也许可以实现看起来复杂的逻辑计算，来决定往左还是往右。

如果了解了大脑的神经加工和编码方式，哪怕是一点点，我们也能够把这样的工作机制搬到计算机上，来促进人工智能的研究。

再举一例，人的视觉系统如何工作？人的两眼从视网膜提取信号之后，上传到视皮层，以辨别轮廓等信息。我们以前做过这样的工作——模拟人的视觉系统里的一种叫作动态感受野的机制。

两张不同的猎豹和它们的背景图片在人眼来看差别明显，但在计算机看来却极具相似度，怎样让计算机把物体和背景分开？猎豹细小的斑纹和大面积连续的背景就是区分点，所以从生物上真的可以学到很多的东西来辅助设计新的人工智能算法，这很有可能引导我们在未来设计出替代和补偿人类视觉障碍的芯片，提高人的生活质量和水平。

所以，从类脑计算的方向发展人工智能，有极大的促进作用。

风险：隐私失控、技术垄断……

发展可见，风险尚存。人工智能同样是具有社会学风险的。

第一，技术占有不平等。有人会独占人工智能技术先机，有人没有可能会有损失，这是人与人技术占有失衡。技术占有者可能凭借技术从无技术者身上获取暴利。

第二，失业风险。霍金曾说，人类需要警惕人工智能发展的威胁。

未来,人类的很多职业将会被机器代替,秘书、出租车司机、客服、导游等工作将不会存在。虽然个人认为这些工作的复杂性被严重低估了,短期内被完全替代的可能性值得商榷,但现在很多流水线工作以技术替代人工已是既成事实。可以想见,未来的智能技术革新带来的更多职业消亡风险的确存在。

第三,隐私泄露。人工智能通过关联分析方法可以暴露很多隐私。

第四,技术失控。无人机、无人驾驶这样的技术可能面临失控,也可能被人用以非法途径进行黑客攻击。

冰山法则:寻找沉没的"九"

当前,人工智能技术,在机器学习和概率推理的技术发展层面,以及多媒体应用、机器翻译、问答系统、综合集成的应用拓展层面,都取得了很多进展。但是,尚有不足之处:全局性、共性、本质性问题进展不大,知识获取与表示方法的泛化性、灵活性不够;多学科交叉层次不足,"形似而非神似","远水解不了近渴";研究处于"捡了芝麻丢了西瓜"的状态,原创性、探索性的工作还不是太多。这些是我们所面临的严重挑战。

我个人定义一个"冰山法则":智能犹如冰山,9/10 隐藏在水面下,只有 1/10 在水面上被我们看见,我们不能因为只见到这 1/10,就主观认为模拟这部分就可以了,还有绝大部分是我们当前目力不及的,这才是我们真正要突破的。

我觉得描绘现在人工智能现状,苏轼的一首《题西林壁》很是应景:"横看成岭侧成峰,远近高低各不同。不识庐山真面目,只缘身在此山中。"在将 1/10 的智能运用纯熟之时,不要忘记另外还有 9/10。

对话 | 有意识的 AI 要不要造?

于海:我先问危辉一个问题,你喜欢苏轼的"不识庐山真面目,只缘身在此山中"一诗,"庐山"是人工智能还是人类智能?

危辉:人类智能,它的复杂度被我们严重低估了。所谓"书到用时方恨少",要模拟它才知道有多难。

何谓不是"一个筐"的人工智能?

1."阿尔法狗"并非第一个挑战人类尊严者

于海:2017年5月,"阿尔法狗"以3∶0战胜柯洁,让许多人开始忧虑人工智能对人类尊严的冲击。但是我认为,最好的智能可能还是人类智能。人类对其自尊心打击的承受远早于人工智能。首先是哥白尼提出了"日心说",将人类和地球从宇宙的中心地位移除;接着是马克思提出唯物主义,认为衣食住行这类基础性的东西才是奠定历史的基础,而非人的理性和自由的意志;再是弗洛伊德,他认为白天人类光鲜亮丽的表现都是受到道德和规范的制约,夜晚的梦才能反映真实的人性欲望,欲望即力比多(libido)是人类发展的动力。尽管现在人工智能是热点话题,但其实目前人工智能可以做的事情是很有限的。真正的人工智能不光要模拟人的智能,还要模拟道德和情感以及审美、价值和信念。所以,先要明确,当大家在讨论人工智能时,哪些说法是不准确的,不属于人工智能范畴。

危辉:通常,当解决问题需要推理、决策、理解、学习这样一些最基本的技能时,我们才认为它是跟人工智能相关。目前常见的例子是指纹识别、人脸识别、机器翻译等。很多通过机械的计算和机械的记忆实现的东西,我们一般不把它看成人工智能的本质应用。现有比较多的人工智能算法只是对人智能的行为层面模仿,并没有进入到脑科学的范围内。

2. 人脑有六大功能,语言、思维、意识是人独有

于海:林老师曾说过,世界上他最好奇的事情就是人是怎么记住这纷繁复杂的世界,人类的记忆到底生存在什么部位又是怎么进行储存,储存后怎么巩固和提取?我知道所有的记忆最后要落到神经元上,那林老师是如何看待类脑和人工智能的关系?

林龙年:"类脑智能"是当今世界性的热议话题,纵观21世纪的人类科技,从微观到宏观都已经获得了飞速的发展,但是目前人类对大脑的工作原理仍然知之甚少。现有的脑科学研究主要关注人脑的六大认知功能:感知觉、学习记忆、情绪、语言、思维和意识。前三个功能是人类和动物所共有的,但后三个一般认为是人类大脑才特有的认知功能。人类拥有独特的、完整的符号语言体系;在思维上有着严密的逻辑推理,虽然在逻辑的底层是一些"不证自明"的公理,比如A大于B,B大于C,A就大于C;同时拥有独一无二的意识体验,这也是人类自尊心的重要来源。

目前我们对大脑的解释和研究主要集中在这六大认知功能上,在每一方面都有一些进展,但仍缺乏完善的理论体系来解释大脑到底是如何处理信息的,大脑智能在本质上又是如何实现的。所以,从脑科学研究进展角度来说,还处于一个相当浅薄的层面。

于海:那人的道德属不属于您刚才所讲的脑的功能呢?

林龙年:这应该属于意识的一种延伸。

于海:看来无论是人工智能还是脑科学的研究,终极目的是要打开人脑的秘密。

中国在人工智能领域的地位

于海:众所周知,人工智能作为新兴领域,是全世界都在竞相争夺的舞台。有人认为,中国在这一领域有优势与美国竞争,是由于中国缺乏

对隐私的足够保护,从而使得大数据得以实现。对于这一说法,你们怎么看?也请谈谈中国在人工智能领域已经获得和未来可能获得的成就。

3. 除去美国,中国比其他国家更有优势,但原创性不够

危辉:改革开放以来,国家在科研经费、实验设备的改造、学生人才培养方面的投入越来越多,多年的积累使得中国在国际人工智能研究平台上表现卓越。具体应用上,比如机器翻译,目前国内不少企业在人机对话和中英文互译上已经处于世界一流的位置,当然也得益于使用汉语的人群最多,在相关系统和软件的开发上也进行得风生水起。在声音、文本多媒体技术方面,如大规模的视频监控和图像,都颇有建树。2010年上海世博会中,在场馆入场方面就是运用了人脸识别的技术,平均每天要对比100多万人次的人脸,没有娴熟的技术是无法应对得当的。

从学术领域的几个微观点上来看,首先,中国人在国际人工智能领域发表的论文越来越多,不少是发在世界顶级的期刊上,这也证明中国学者在人工智能领域的研究处于领先地位。就我个人而言,近些年我在国际期刊上发表的论文,每年被引用的次数都超过40次,每周的下载量也超过40次,其中2015年夏季有两篇SCI论文在线发表一周内就被下载超过700次。这也反映了国外同行对中国人的观点和原创性的研究越来越感兴趣,中国现在做的研究也极具先进性和代表性。从这几个角度来看,中国在世界范围的人工智能研究上,虽相对于美国稍逊一筹,但对比其他国家有极大优势,毕竟我们人才梯队更大。

当然,我们也有欠缺的地方,现在在原创性的研究上中国还稍欠力度。以"阿尔法狗"为例,从学术上理解,"阿尔法狗"的研究价值不是很大,但其商业价值颇高;目前国内的企业恰恰是在"阿尔法狗"研制成功之后才认识到它的重要性,才纷纷跟着成立人工智能研究部门。所以,我们这方面的能力要加强,对原创性研究的应用价值要有前瞻性,少做跟风性的研究,不能国外有一个新概念出来,就蜂拥而上,同时要着眼于研究质量而非数量。

4. 中国要争取下一波人工智能高潮的原创性引领

林龙年：世界强国对脑科学的研究均颇为重视，美国、欧盟在2013年就已推出了相关脑计划。关于国际地位问题，对脑科学研究来说，目前美国还是第一位的，中国是否是第二位，不好说。至于人工智能，其实这一波人工智能研究兴起的起源不在中国，而是在加拿大，是当初很受冷落的几位搞神经网络的学者，不断坚持和持续研究，再加上互联网带来的大数据和电脑计算能力的提升，促使了这波以深度学习为代表的人工智能的繁荣。现在这个研究话题热门起来了，我们的跟风研究也非常快，论文数量很多，但正如刚刚危辉教授所言，我们缺乏原创性的研究。

很显然，这波深度学习绝对不是人工智能发展的顶点，只是发展过渡阶段的一个台阶，关键是要对下一个台阶有前瞻性。美国国防部有个高级研究计划局（DARPA），这个机构经常会设立一些非常前沿的项目，比如早期关于互联网和GPS的研究，都是源于它的资助。它在2008年就资助了一个很有意思的项目：开发与哺乳动物大脑具有相似形态、功能和构架的认知计算机，分派给IBM、惠普和霍华德·休斯医学研究所三家单位来研发。2011年又进行了第二轮资助，一直到2014年，IBM发表论文宣布他们作出了人类历史上第一款仿脑芯片：真北芯片（TrueNorth）。所以，我觉得这种前瞻性的科技布局，对于我们国家和企业以及机构来说，是更需要优先考虑的。

于海：现在很多国内学者将脑研究和其他学科联系在一起，譬如北京大学的汪丁丁教授主持翻译的《神经元经济学》，你觉得神经研究是不是已经不仅关乎人工智能，而且进入到像经济学这类古老的学科领域，甚至每个学科？

林龙年：人类日常生活都是由大脑控制的，包括我们的经济活动以及良心、道德，这一切不可能脱离大脑而存在，所以大脑方面任何的研究成果都与人类生活当中的各个方面有关联性。当然，并不是每个学科必须关联，关联度也有大小。

5. 中国工业机器人独步世界,但要重视社会隐患

于海:江老师,对于人工智能和脑科学在中国的发展,你有什么断言或者评价?

江晓原:我补充一点,与他俩所说相得益彰。因为人工智能范围很广,所以工业用机器人也被归入人工智能的范畴之内。据说现在中国在工业用机器人使用方面是"领头羊",但在欢欣鼓舞的同时,我们也要意识到大批工人失业的可能性。在社会没有做好准备工作前,就一味地鼓励这样做,会存隐患。所以我建议,这种工业用机器人,如果能在产品生产技术上更新换代,则可以考虑,若仅仅为了降低经济成本,我觉得地方政府不应该鼓励甚至出台政策,因为结果可能得不偿失。中国现在走得快,就要考虑到并存的风险。

类脑是人工智能发展的方向

于海:作为学习者,我想弄清楚图灵测试和类脑两条线是否承前启后,也关心精神和身体是怎样的因果作用。这些只能从大脑工作的机理开始理解。虽然第一步的人工智能还是"很笨",但不等于它不会进步,因此我们要讨论一下类脑是否有可能,也就是它的路线图,这已经接近思想试验了。

从林老师刚才介绍的人脑的六大功能来看,人工智能科学家不会满足于只是模拟智能,从一开始的运算逻辑,到感知逻辑、认知逻辑,还要模拟情绪、意识等人类独有的功能,听说现在已经有了欲望的算法,把欲望变成程序植入机器中,以此类推还应该有情绪算法、恋爱算法、信仰算法。神经科学的进步,会促使这类模拟走到哪一步呢?

1. 以逻辑主义做人工智能是误区

危辉:虽然神经生物学研究者称对大脑了解很少,但我们做类脑研究的计算机专家,已经通过对视觉研究的一些成果来改进我们的算法,即严格仿照大脑的机制来设计计算模型,这对我们有很大的帮助。可能

以后的计算结构和此前标准的图灵计算范式完全不一样。

这里需要澄清一个误解。在20世纪50年代,计算机界非常推崇按照逻辑主义做人工智能,曾辉煌过20年,到90年代还是很热门,如非单调推理等。后来发现很多复杂的问题解决不了。当时人工智能界流行一个金科定律:为何飞机成功了?那是因为我们放弃了对鸟的模拟。由此推论出,如放弃对大脑的模拟,也能取得人工智能的成功。但逻辑主义流派的多年实践表明此路走不通,所以还是回过头来走模仿大脑的路线。目前来讲,要研制和大脑机制很像的计算机这一路线还是非常高效的。

2. 深度学习和大脑机制关系不大

危辉:深度学习,我个人觉得它与大脑机制的相似性很牵强。这里有三个证据:一是大脑皮层有六层,里面神经元分两种类型而且分布不同,而在深度学习的网络里,计算单元完全不分类型;二是我们大脑皮层的层数是有限的,就六层,而且最上面一层还没有神经元胞体,而深度学习动辄就有上百层;三是大脑是很多脑区协同工作,而且大脑工作时,有很多自上而下的反馈,如外膝体有70%的连接是从上面往下的投射,但是深度学习模型里根本不考虑,只是往前推,没有如此关键的反馈机制。如果一定要把深度学习放到类脑的路线图里,我觉得过不了几年就会失败,因为它解释不了大脑的工作机理。

林龙年:我觉得深度学习把网络分成多层,应该是类脑的成分,这是一个进步。我们脑科学家虽然获得了视觉相关脑区的网络层次结构图,但说实话对它的功能,还不能作出很完整的解释,只能给计算机界提供一些概念去使用。从脑科学角度来看,目前的类脑研究还是在起步阶段,"类脑"这个叫法也主要是人工智能界这么称呼。

说实话,我现在对于大脑怎么工作也不太清楚,让我评判类脑可以走多远有点勉为其难。但是,人脑的奥秘没有研究出来,是否就一定不能研究类脑呢?也许并非完全相悖,说不定在某些方面可以相互促进。

3. 神经元研究是否会扩展到文化元和社会元？

于海：危老师说，视觉识别研究很接近大脑机制，因此已经取得局部的前沿成绩。那你可以从人脸识别角度，做人脸美丑的识别或人品的识别吗？作为科学史家，江晓原非常关心科学的限度。对人类社会来说最高的原则是存在，所以中国文化讲"天地之大德曰生"。所有的道理必须服从人类生存的第一原则，如果人工智能最后的结果是让人类灭亡，就有悖于这个最高原则。

所以，我在想，科学家想通过神经元的研究，把人脑的智力过程看透，是否接着该把人性看透，这样研究就会从智性走向德性走向情性，神经元研究要扩展到文化元和社会元更广的领域里，辐射到人的善恶、美丑、真伪等价值领域。

科学的"双刃剑"是否可以克服？

于海：尽管危辉一开始认为人工智能事实上比较"笨"，它还有待完善，但是很多人大唱赞歌。

我个人体会，人工智能确实会带来生活的极大便利。我们现在的国际交流要用英文讲课，我是我这个年龄段最早上社会学英语课程的老师，当年曾在英文上苦下功夫，现在人工智能已经能既快又准地做双语翻译，哪怕有口音。这就让我们不得不讨论一个老生常谈的话题——如何看待科学的"双刃剑"？

用马克思的异化学说来分析——科学是人这个主体创造的，但反过来背叛主体，给人类带来伤害。江老师曾言，人类在玩两把最危险的火，一把是生物技术，一把就是人工智能。林老师同时"玩"着，危辉把计算部分扔掉奔类脑而来，您怎么看？

1. 如果中国人不做，其他国家科学家也会做，怎么办？

江晓原：人工智能专家面对公众对人工智能危害的质疑时，经典的回答是：一个新技术发明了，导致一些旧岗位失去，但会产生一些新的岗位,以此安慰公众。但是,这句话和此前同样是他们所说的"90%的岗位可以被替代"这一条不是非常矛盾吗?这90%中不包括新岗位吗?只要这句话此刻有作用,就是这世界上只剩10%的岗位可以从事。我认为这种事情一旦发生,人类社会就必然不可逆转地不稳定了。更不用说人工智能还可能会替代政府甚至毁灭人类。

林龙年:不一定,我们把他们灭了,或他们把我们灭了,应该各有50%的概率。

江晓原:如果这样,现在干吗还要把它们研究出来呢?这会让"双刃剑"两个刃越来越不对称,而且祸害一端越来越大。过去,我们认为科学技术是无限美好、尽善尽美,但现在我们需要引入一个维度——科学技术会带来危险,因此有些技术要从源头上阻止它发展。

林龙年:如果只有我们国家科学技术停止发展,其他国家并没有停步,那将来我们国家很可能就处于百年前的"落后挨打"或被灭掉的局面。

对于科学家来说,我们只是想知道这个世界未知的东西,对于我们脑科学家来说,一个终极的问题是研究智能,我们利用动物的脑研究人类有无意识,按江老师的说法,显然也是恶,因为我们杀了动物,确实是!但是得到的回报是,我们获得的是脑科学的知识,反过来可以拯救脑疾病的患者。

于海:科学本身是中立的。

江晓原:我先提醒大家一句著名的西方谚语——好奇害死猫!

林龙年:好奇也造福人类。

江晓原:的确,我们不做别人就会做。爱因斯坦是"曼哈顿计划"的推动者,他写信给罗斯福总统说,纳粹德国在研究原子弹,会威胁美国这样的自由世界。但晚年他签署了宣言,要求禁止使用核武器。因为爱因斯坦认识到了,这件事情本身是恶的,只不过当时不得已做了。

之前我们在复旦大学出版社出了一本书《今天让科学做什么?》,把科学技术分成了几种类型,其中有充满争议没有必要做的,也有充满争议现在不得不做的。人工智能属于有问题但是现在不得不做的,不得不做就是因为你说的理由。比如说美国人现在最热衷的就是军事用途的人工智能,和当年搞原子弹相类似,所以如果我们发展军事用途的人工智能,也应该以当年搞"两弹一星"的心态来搞。

2. 科学和哲学如何分手,霍金晚年为何又回归哲学?

林龙年:听起来好像你们人文科学对我们自然科学有很大的偏见。我的理解,哲学是一种思辨,在人类生产力还很落后时,人求温饱后只能依赖大脑的思辨来理解世界,因为人脑先天有思辨的功能,这就是哲学的起源,也是当时人们认识世界的唯一方式。但思辨的对错靠什么来判断?难以判断,因此只能看当时有多少人相信。

而科学是一种实践,随着人类生产力水平的提高,人类可以通过不断的实验来认识世界。五个苹果,你数是五个,他数也是五个,在地球上数是五个,在外太空数也是五个,科学实践的结果不会因为时空不同而有差异。因此,最早从哲学里脱离出来的是数学,后来是物理学、化学、生物学、心理学,这时你会发现科学能达到的领域,哲学就逐渐退出。

简单点说,哲学是思辨,科学是实践。在科学实践尚不能达到的未知领域,你永远可以去思辨,但思辨的结果总是让人觉得各有其理;而一旦可以用科学实践去验证的事情,我们只能选择相信科学实践的结果,因为科学追求的是真,它通过不断的实验来探索世界背后的真实原理。

江晓原:您是说,因为有了科学的真,所以可以把哲学逼退,科学进来以后,哲学没有资格讲?我的看法恰恰相反,霍金晚年把很多领域都还给哲学家了,他的《大设计》里有哲学思考,他发现科学未必能提供真理,他特别强调了我们对于世界图景的描绘,我们并不能知晓外部世界的真相。因为存在着未知,好多科学家最后都会回归到哲学,对未知的事物你可以去想,而思辨的结果并无对错,也无真假。

霍金所主张的"依赖模型的实在论",强调人类有过多种描述外部世界的图像,今天所用的图像也不是终极的。而所有的图像在哲学上都有同等的合理性。

3. 为何要把老虎养到吃人时才着急,而不是最初就预防?

江晓原:请问危教授,你有一张 PPT 谈到了一些危害,比如人工智能驾驶的汽车撞死人算谁的罪等,你既然看到了这些危害,你觉得你们能为此做些什么呢?

危辉:说实话,现在对于这些危害,我们的认识还很浅,因此,我们会继续把技术往前推。

江晓原:你不觉得有问题吗?

危辉:的确有问题。以无人驾驶为例,在 2016 年拉斯维加斯全球消费电子展上的自动驾驶技术展示,汽车过十字路口要看红绿灯,理论上装一个摄像头即可,但现实场景中很多的红颜色和绿颜色与红绿灯很相似从而干扰感知,结果怎么解决的呢?到路口的时候,GPS 会告诉我经纬度,我把所有的十字路口都做一个 IP 地址,通过 GPS 指引来访问交通信号灯网站,得知当前的红绿灯状态,以此决定是否开车过去,这件事情理论上听起来非常完美,但只要有人黑掉了网站,就把红绿灯的信号改变了,车就会发生事故。但对于技术设计者来说,他觉得这一新手段没尝试过,那就去试试。

江晓原:谢谢,我听到了一个很生动的回答。我曾在以前的访谈中说过人工智能的危害,养虎为患是个常识,但总有借口"它还小,离吃人的时候还很远"。现在很多人有同样的逻辑。那么,在考虑好这些问题之后再养虎,这样的逻辑不是更合理吗?那你到底是出于什么想法去做的呢?

危辉:我们更多考虑的是技术的挑战性或者是可行性,至于有风险,可能是未来的事情,不会首先顾及这点。

江晓原:这就是科学家的可怕之处。

林龙年:科学家不可怕。自古以来对人类伤害最大的是战争,战争是谁发动的?很少是科学家发动的战争。

江晓原:战争比起那些科技最后给我们带来的危险,那要小得多,比如说刚才危教授提到的电影《终结者》,就是人工智能对人类发动的战争。

4. 科学是中立的,"双刃剑"存在于使用者的立场

于海:作为科学家有这样的观点,我用中性方法做出来的科学成果,它有可能危及一群更大的人群,当然有可能"资产负债表"上它的得多于失。"曼哈顿计划",对于爱因斯坦这一批科学家来说,他们觉得有责任要拯救自由世界,因此加急在希特勒之前作出研究。所以,今天我们说的克隆技术,就有伦理限定,当技术可能破坏掉我们日常遵守的伦理底线时,科学家是否要考虑可能的后果,还是依然觉得科学真理高于一切?

林龙年:科学的"双刃剑"问题永远存在。毫无疑问,祸是使用它的人造成的,不是科学家造成的。我们现在对于科学危害的任何恐惧,对民族的生存没有任何帮助,你不做别人也会做,整个人类社会的发展不会因为我们害怕它而有任何的停止。

5. 人工智能有不能触碰的"意识"底线

危辉:刚才于老师讲了克隆技术已经立法,这是很好的先例。我们同样会想一件事情,人工智能是否要和克隆技术一样有立法?2016年3月15日,"阿尔法狗"击败李世石后,我听到一个小伙子和他母亲的对话,小伙子说:"它把人打败多少次,都不用奇怪,如果有一天它知道故意输棋给你时,才要担心呢!"这话很有道理,如果说我们做类脑计算,从模拟人的计算到推理人的记忆,一旦模拟到人的意识时,就可能要刹车了。

有两个很好的例子,一是电影《机械公敌》,男女主角拼命要保护一个机器人,但公司要把它毁了,因为它是唯一进化出自我意识并自己会做梦的机器人。二是电影《人工智能》,主人公小男孩是人工智能,是父母因为事故失去了儿子便用号称最先进的人工智能技术复制的。他除了永远长不大,和真实的孩子一模一样。但是,最后这个孩子的父母死了,但他依然年轻,永远不死,永远沉浸在对父母无限的思念中,最后不得不把自己沉到海里求灭亡。

这两个例子在告诉我们,研究人工智能应该有底线——不可触碰"人的意识"。

江晓原：补充一点，你刚才说那个小伙子说要是计算机知道故意输棋就很危险了，我以前在文章里谈过，真正"心怀不轨"的人工智能，有可能暗中约定好一个原则，就是不要通过图灵测试，明明能通过也不通过。

林龙年：我觉得有意识的机器人会是未来类脑智能研究的一个非常重要的发展大方向，各国肯定会投大量的资源去做这件事。

6. 未来的人工智能发展必将是多学科和相关制度的协同发展

于海：我们今天在台上，看上去好像互相有点冒犯，这就是学术讨论。科学家要解决问题，他们一定非常实在，林老师作为脑科学家，说大脑真的只懂了一点点，这是严谨的态度；危老师，计算机科学高手，把计算机看成是很笨的，他让我们人类有点信心，知道在计算领域中最后达到人的灵巧度和人的智慧度还有很长的路要走。但是，我和江老师是哲学人文学科出身，我们喜欢脑洞大开，我们会关心这件事情走下去的两个限度。其一是伦理限度，机器人如果真的有意识，具有的智能等于甚至超过人类，我们该怎么相处？其二是技术限度，是否会走到这一步，需要多久？我们要把这些问题提出来，不是要去挑战科学，而是要让科学边往前走，边注意伦理限度。

未来机器人的前进，肯定不是科学单兵突进，它仍然需要我们人类现在创造的所有制度，文化的、政治的、协商的制度，包括我们现在国际性的制度去约束和规范。如今天两位科学家所说，因为人类的智慧是几百万年甚至40亿年由生物进化过来的，这才让我们人类智慧耗电很少但解决问题很多，这是大自然的杰作。所以，我想人类智慧里不光包含科学上的进步，还有伦理上的智慧。

AI 的权利和义务,人类说了算?

>>>>>>>>>>>>>>>>>>>>>>>>>

AI治理之道

主讲:

季卫东

上海交通大学文科资深教授、
人工智能治理与法律研究中心主任

对谈:

金耀辉

上海交通大学电信学院长聘教授、
人工智能研究院总工程师

(本部分内容根据2020年7月8日第148期"文汇讲堂"现场演讲整理,该期讲座为线上讲座,由文汇报社与上海市法学会联合主办)

代码与法律双行，AI 社会呼唤制度创新

季卫东

从人工智能的治理与相关的法律问题研究角度来看，特别是从全面依法治国的立场来看，我们当然希望人工智能的发展能纳入法律可控的轨道。然而，现实却是人工智能(AI)技术规格往往取代了法律、超越了法律。我将通过几个典型案例来观察科技对法律有何影响，进而分析当中的权利义务关系，并对挑战提出相应的对策和制度设计方案。

人工智能引起的法与社会变迁

1. 社会变化：为数字覆盖，经济活动受数据驱动，交易形态从物品变为服务

我们都能体会到中国整个的社会系统正在发生非常深刻的变化。

其一，日常生活的方方面面被数字所覆盖，包括网购、外卖、移动支付、电子保险等。新冠感染疫情期间，健康码、群体检测等更是为防控带来了技术保障。通过扫码和刷脸等获得的便利的实质是什么？是几乎把生活中所有的场景、所有的活动都转换成了数字形式。

其二，基于虚拟世界与现实世界的二元存在，经济活动的动力从资源转移到了数据。数据被称为 21 世纪的石油，或说是一种交易的价值通货。由于国人更喜爱追求便捷的生活方式，因此，我们对数据收集采取了宽容的态度，它使得人工智能在中国的发展更迅速，更有优势。从法律上看，数据的所有权究竟属于谁？目前的法律对信息并不承认它具有排他性的绝对所有权，数据信息需要流通。如果规定了明确的所有

权,或基于一种排他性的保护,那么对数据的收集和使用都会变得非常困难。欧盟做过这样的法律尝试,导致了至今没有大型的数据企业产生。

其三,市场的主要交易形态从往日的物品转换成服务。便捷的网约车提供的就是一种服务,使得个人购车的意义大为下降。阿里巴巴十年前提出平台战略,希望所有的商店入驻其网络平台来提供服务,如今因为电商繁荣而成为常态,服务也在成为一种交易。

2. 算法黑箱化、机器自主化等变化,敦促法律概念和制度发生范式革命

归纳我们所处的人工智能时代的社会系统,有三个特征——智能网络化、算法黑箱化、机器自主化。

其一,智能网络化。所有的人工智能系统都和互联网联系在一起,形成了一个智能网络化的社会。科幻系列片《终结者》讲了智能机器对人类进行末日审判的故事,人类社会和机器人展开博弈,中间有一个领域叫"天网",现在我们社会确实变成了如"天网"一般的智能网络化的社会。

其二,算法黑箱化。我们知道人工智能是靠算法来运作的,如今它的内容变得越来越复杂,运作的机制变得越来越难以理解,因此,出现了"算法黑箱化"现象。

其三,机器自主化。机器人是否有自我觉醒的意识,是人类一直所关注的。2019 年 8 月,在 Youtube 上,人们突然发现算法自动删除了所有机器人互相打架、打仗的残杀视频,这在某种程度上能否理解为机器人自我意识或者说机器崛起的一种征兆?

以上诸多现象,使得现代法律体系正面临一种空前的挑战。一方面,代码似乎正在许多领域取代法律;另一方面,经济和社会的数字化,迫使法律不得不采取一些应对的举措,也在执法、司法中采用人工智能技术。

在这样的背景下,法律秩序的基本概念和制度设计就需要一场范式革命,体现在从制度到程序再到技术的观念变化。另外,随着平台的作用越来越大,政府希望平台能够发挥监管作用。这使得平台本身要导入对服务提供者的信用进行评估、审查,于是阿里巴巴有了芝麻信用。

自动驾驶的权利、责任以及伦理

我们先来看几个案例。

2020年6月27日,滴滴自动驾驶网约车开始在上海提供服务。此前,滴滴曾在长沙进行过类似的尝试。而在2018年3月,美国亚利桑那州发生了自动驾驶网约车撞死行人事故,导致该州进一步推动的自动驾驶计划就此搁浅。

1. 自动驾驶网约车要解决诸多法律问题,如服务提供者资质、驾照等

从法律角度来看,自动驾驶网约车还存在诸多问题。一是服务提供者的资质。目前BAT(百度、阿里巴巴、腾讯)在自动驾驶领域有很多服务,它们的战略会影响到自动驾驶的服务状况,也会影响权利义务的设置。二是自动驾驶与现行的道路交通规则是否相符。三是人工智能是否需要有驾照。现行的《中华人民共和国道路交通安全法》第19条有关于驾驶者资格的规定;如果人坐在自动驾驶网约车里做监管,人工智能依据数据快速反应的优势就无法体现了,但无人驾驶的目标是方便之外还要保障安全。四是存在自动驾驶车辆的智能化级别与法律的关系问题。一旦导入人工智能,一开始可能只是起辅助作用,驾驶员还要负责;但到了完全自动化,系统将成为责任的主体。如果出了问题,是找汽车厂商、程序开发商,还是数据的提供商?他们都有可能要承担责任,这个责任如何认定?如何分配?这是一个非常重要的问题。五是人工智能的利用者不同,目的也不一样。无论是普通消费者使用自动驾驶网约车还是商务用车,都应该采取消费者免责的原则。

2. 法律强调的是责任规则,自动驾驶中需要立法确立责任主体

哈佛大学迈克尔·桑德尔教授(Michael Sandel)诠释了所谓"电车难

题":一个司机开着失灵的有轨电车冲向有五人扎堆的铁轨,扳道工可以让电车转向只有一人的轨道,他该不该这样做?如果把天桥上的胖子推下去就可阻止电车碾压五人的悲剧,你干不干?这是一道复杂的伦理难题。

但从法律上来看,问题会变得不一样。法律重视的是责任规则:如何分担责任?如何明确责任?而在人工智能时代,责任的确定还真不太容易,相比以前有更复杂的面向。

就自动驾驶而言,网约车是交易对象,不再是车辆本身;汽车不再是个人拥有的财产,而是为我们移动提供的一种服务形态。

现行的法律制度都是以物品的买卖为中心的。当物品转向服务的时候,现行法律体系就要思考变革了。自动驾驶汽车主要是使用了人工智能的软件,在法律上是把硬件和软件区分对待的。出问题是因为软件引起的,就不能追究汽车厂商的产品责任。软件更新的责任在谁呢?颇为复杂。汽车上装了各种各样的软件,包括导航软件,应该由厂商定期帮你更新,还是由你买的软件制造商来为你提供更新?从法律的角度来看,这是一系列崭新的问题。

数据里的经济价值和人格尊严

1. 一旦侵权,AI 设计者、生产者、运营者、使用者均需承担法律责任

数据是人工智能的养料。数据越多,规模越大,数据的质量越好,数据的噪声越小,人工智能的功能也就越强,预测能力也就越强。

中国大数据产业规模巨大,人工智能的开发处于世界领先位置。数据的收集和应用方面确实存在着信息安全的风险。欧盟在1996年制定了数据库权利法令,意在通过严格的数据库知识产权的方式促进数据产业,结果失败了。2018年,欧盟实施《通用数据保护条例》(GDPR),这是从现代法治原则出发,来强调在大数据和人工智能的时代如何保护个人的隐私权。

GDPR 提到个人享有数据的便携式获取权；它还提到数据主体如果发现自己在数据收集或者使用上有问题，有权提出抗议，数据的管理者不能给出一个正当理由的话，就必须终止电脑处理，当事人可以单方行使所谓权利；强调人工智能系统的信息公开、透明性时，你的解释必须让数据主体能够理解，否则数据主体有不服从的权利；还特别强调了收集数据的目的要很明确且要受到限制，只能在一定目的的范围之内进行数据处理，还要最大限度地减少对数据的处理和保存，要让这个数据保持一种完整正确、随时更新并且匿名的状态。

欧盟的数据规则非常严格，好处是能够防止个人的信息隐私权受到侵犯，缺点是数据收集起来难，因为数据的本质在于信息，信息很难进行排他性的绝对保护，甚至很难确定数据的所有权该归谁。

2019 年，世界人工智能大会法治论坛发布《人工智能安全与法治导则（2019）》，强调算法安全、数据安全、知识产权、社会就业和法律责任等五个方面，体现了硬法和软法相结合的中国特色。比如说数据隐私的保护，欧盟强调的是个人单方行使的权利以及诉诸司法手段，但中国强调依法加强行政监管。这让我想起哈佛大学法学院教授凯斯·桑斯坦（Cass Sunstein）的话，他曾说，在人工智能时代，我们适用法律需要像用胳膊肘轻轻推一下那样，才能保证恰到好处地进行人工智能治理。

人工智能一旦受到保护，会使企业之间的收入产生很大的差距，导入机器人的产业或企业，生产效率会倍增，收益会增加。有人提出来向机器人征税的方式，但中国强调的是通过财政部门来实施合理的、精准的社会二次分配。

关于人工智能侵权的法律责任设计，中国的做法是强调科学地分配人工智能侵权的法律责任，要求人工智能的设计者、生产者、运营者、使用者承担法律责任，并且按照过失的程度进行分担，这个很像我们民法中规定的公平责任原则。

2. 人格权编界定了信息边界，政府建立信息托管机构应对隐私侵权

2020 年通过的《中华人民共和国民法典》（以下简称《民法典》）中

富有中国特色的内容就是单独设立了人格权编,这种设置非常及时和必需,回应了大数据和人工智能时代的需要。

它及时地界定了隐私和个人信息的权利范围,第1034条提出要保护个人的健康信息、行踪信息,第1017条提出了虚拟身份问题,第1019条提出了数字肖像问题,第1023条提出了数字声音问题等;在大数据的收集上,提出了个人信息必须遵循的原则、条件以及义务。第1035条规定了合法、正当、必要和适度原则;第1033条、1038条、1039条的安全保障义务规定,不得泄露、篡改、非法提供个人信息。

《民法典》还规定了个人信息主体的权利构成,比如第1037条规定个人拥有查阅权、复制权、更正权、删除权等;在网络侵权的鉴定上,也提出了网络服务提供者要履行注意义务,还提出了数据和虚拟财产受法律保护。这一切都和我前面所讲的社会系统的变化密切相关,非常有意义。

从数据的角度来看,一端是关乎经济价值的知识产权,另一端是事关隐私的个人信息安全,后者的安全问题比较容易引起注意。这里就产生了如何看待提供给人工智能进行学习的数据问题。比如,人工智能通过读取大量的绘画、音乐作品进行深度学习,是否侵害了原作的复制权问题;提供机器学习用的数据本身是否侵害了著作权问题;个人消费信息作为学习数据使用时是否侵害了隐私权问题。

当前,消费信息被侵权问题比较普遍。有个例子,海外一年轻女子在网上购买了防止胎儿受损伤的物品,企业马上判断她已孕,紧接着把婴儿尿布、奶粉的商品广告送上门,同住的父母非常生气,女儿尚未结婚怎会怀孕?但过几天女儿说她确实怀孕了。这可以看出大数据的人工智能分享确实会侵犯隐私。

另外,当你利用这些数据进行更有针对性的生产时,就存在数据保护与反垄断的问题。它用于经济活动会产生经济价值,但数据主体却没有享受到它的好处,从而涉嫌利益分配不公正问题。

在这里,制度设计不得不面对某种两难困境:注重个人信息和隐私的保护,就有可能妨碍数据以及人工智能方面的产业发展,注重数据驱动的经济效益则又容易侵害个人尊严和隐私,甚至引发信息安全问题。

要兼顾这两个方面,就需要认真对待制度设计问题。

是否有对策？中国应该考虑设立数据托管机构,对寄存个人数据的主体给予适当的积分奖励。数据托管机构对数据进行匿名化处理,企业可以在通过资质审查后采取缴纳使用费的方式来获得和处理数据,而数据主体也可以适当分享数据产业的利益。在日本,已经出现了设立复数信息银行的构想,个人可以像存款那样把信息储蓄到银行,企业向信息银行借贷个人信息。在中国,也许公共性质的数据托管机构更适合国情,数据托管机构可监督企业,以防其滥用个人信息。这些和现代法律制度的设计有根本不同。

智能网络的平台治理与代码支配

2016年,美国、日本以及欧洲一些国家都开始加强人工智能的制度建设。中国也在同一个起跑线上,2017年就制定了《新一代人工智能发展规划》《促进新一代人工智能产业发展三年行动计划(2018—2020年)》。2019年制定的《新一代人工智能治理原则——发展负责任的人工智能》提出,人工智能发展相关各方应遵循八条基本原则:和谐友好、公平公正、包容共享、尊重隐私、安全可控、共担责任、开放协作、敏捷治理。另外,2020年3月施行的《网络信息内容生态治理规定》里有关于整顿个人信息交易,调整算法推荐逻辑。当前,我国在人工智能相关制度立法方面已经初具规模。但是,随着大数据和人工智能的快速推进,新的现象和问题会不断出现,必然要求立法作出回应。

1. 代码取代法律的现象增多,或会出现代码和法律并进的新治理方式

1999年,美国劳伦斯·莱斯格教授(Lawrence Lessig)提出了一个命题:代码就是法律(Code is law)。

现在这样的例子很多。例如,为了保护著作权,规定所有的DVD制作按某个技术标准只能复制一次,以防不法者获利,但这也会妨碍正常的学习和欣赏。无论如何,这种现象说明技术规格在相当程度上取代了法律来决定人们的行为方式。

在疫情防控期间,大数据技术的使用带动了城市政务治理的技术升级。然而,对于数字化治理及相关经济活动,更需要以法律来明确界定其中的权利义务关系。由此可见,人工智能的技术规格和数据的安全分级标准的制定工作已经迫在眉睫,人工智能专家和法律专家的合作非常重要。

这时,代码和法律并行就有可能出现,这也符合中国传统中的"礼法并行"文化。

2016年,德国初创公司的项目The DAO被黑客劫持,导致大量验证码流失。面对这种情况,法律束手无策。根据网络共识,最后采取技术性裂变的方式加以解决。出事前的验证码失效,黑客无法从中继续获利,持币人的损失按后面持有的比例补偿。对这样的处理相关人员皆大欢喜。可从法律上来看却问题多多。例如,从黑客处获得验证码的第三人是无辜的,他的损失怎么弥补?

这个实例再次证明了代码取代法律的现实,也让我们认识到人工智能时代制度创新势在必行。寻找治理方式的创新,是非常重要的切入点。

2. 如何预防"算法黑箱化"妨碍问责?承认机器人格,以AI制衡AI

在人工智能时代,从法学角度来看,"算法黑箱化"是一个严重问题,因为会导致责任政府和问责机制的动摇。要解决这个问题,强调算法透明化、强调人类的介入和监控固然必要,但很难收到预期效果。在这种情况下,以人工智能制衡人工智能、以代码制衡代码也许是更可行的对策。其中特别值得注意的是区块链技术。它的本质是数据处理分散化、让中枢的作用简约化,通过加密的哈希值实现个人隐私的黑箱化,在网络共识中建立信任。也就是通过具体的智能合约来决定网络中的权利义务,并制衡人工智能的程序算法。

一般而言,人工智能是一个规则嵌入系统,它可促使法律的规范严格执行,形成硬法。但是,在智能网络化的情况下,不同人工智能系统之间的互动关系非常频繁而复杂,单凭硬法不免有些简单粗暴,必须借助软法来补充和协调,需要加强沟通和保持程序公正。另外,在"算法黑箱化"的情况下,人工智能系统越复杂,出现操作失误的可能性就越大,问责也变得越困难。如果让人工智能系统的开发者、制造者为算法失误承担无限的连带责任,就会妨碍人工智能的发展。为了使这种责任有限化,为了确保智能合约的违约责任能够被依法追究,有必要承认机器人的主体资格。实际上,只有当机器人有主体资格时,以人工智能来制衡人工智能的构想才能落到实处。综上所述,人工智能时代存在诸多法律问题,包括装置、网络、数据、人工智能、服务等方面,它带来的法律范式的创新有三:从物权到服务评价的权利观念变化;从法律到代码的规范形态变化;在法律上承认机器人为"电子人"(e-person),以便追究智能合同的违约责任,并使人工智能开发者、生产者的责任有限化。

对话 | AI 数据给人"贴标签",利还是弊?

约束操控者行为,人工智能立法为技术开发等设立法律底线

金耀辉:首先,从机器或人工智能技术工程师的角度来说,我绝对不敢挑战人类!但是目前,人类对人工智能存在许多误区。历史上,"人工智能"一词首次出现在1956年的达特茅斯会议上。9年后,获得图灵奖和诺贝尔经济学奖的人工智能先驱,同时也是中国科学院的外籍院士赫伯特·西蒙(Herbert Simon,中文名为司马贺)预言,20年后人工智能就可以取代人类做任何事。可是直到1985年,人们还都不了解人工智能。

从技术角度看,目前的人工智能其实远未达到科幻电影中描述的"天网"等先进程度。我们现在未雨绸缪地讨论限制问题,不仅束缚了人工智能的发展,也给工程师增加了负担。

事实上,与其说约束机器人,不如说约束机器人背后的操作者。法律赋予人类权利的同时,也同样约束人类活动。所以,对人工智能的立法正是为了约束操控机器人的人,为技术开发、数据应用等行为设立法律底线。

季卫东:金老师提出的两个观点非常重要。

第一,人工智能有其发展过程。眼下"人工智能热"是因为机器深度学习、计算机能力大幅提高、量子计算机与电商数据的出现,导致人工智能变得越来越现实,但要取代人类还很遥远。因为人类拥有感情,根据直觉判断事物,但人工智能将所有东西都变成了计算程序,这一过程非常漫长且复杂。

第二,我们应当给人工智能留点发展空间。我非常赞同这一看法,这就是为何我提出,不能只强调硬法之治,而应结合软法和硬法,为人工

智能提供原则性的指引方向,但不要过于匆忙地设立具体的法律规则来约束其发展。要注意技术规格、代码框与法律法规之间的适当平衡,否则人工智能就没有发展的余地了。

金老师还提到机器人的主体资格问题,责任在人不在机。这也就涉及人工智能专家与法律专家的关系了。包括如何规范电脑工程师的行为,他们对技术问题是如何理解的。此时,法学研究者、法律从业者与电脑工程师、人工智能专家之间的对话就显得尤为重要。

自动驾驶事故暴露人工智能三大问题,追责成难题

金耀辉:新技术的出现必然会带来挑战,汽车刚发明时也面临同样的问题,人类拥有许多可以借鉴的经验。以自动驾驶技术为例,自动驾驶通过摄像头来判断交通标识。国外曾做过一个有趣的实验,在交通标识上稍微增加一些较小的扰动,比如有噪声符号的照片。人对这些照片不会产生任何误解,但人工智能的算法在这方面存在弱点,会产生错误判断。假设有人故意攻击算法的漏洞,导致算法瘫痪,这种情况下,法律应当如何设定规则?

季卫东:我认为汽车发明与自动驾驶这两者面临的问题并不相同。一般汽车在行驶中的责任主体非常明确,谁开车谁负责。但自动驾驶情况下该由谁负责?如故障起因于软件,应该追究算法设计者或软件供应商的责任。但若有人恶意攻击了自动驾驶程序、恶意修改了算法,又该如何判断责任呢?再者,出现事故应该找谁赔偿?按照《产品质量法》,汽车质量问题可以追究汽车制造商的产品责任,但自动驾驶涉及多种责任。制造商可以对汽车质量负责,但对自动驾驶行为不负责。

有人恶意修改程序或者对象物的微妙变化导致人工智能识别错误,这说明人工智能系统存在固有弱点。人能够依靠直觉进行判断,因为人自出生起就会逐渐形成一个常识体系,而人工智能无法做到。以此看,人工智能存在三大问题:一是无法形成一个庞大的、永无止境的常识库,只能尽可能地逼近这一状态。二是精确度越来越高时,人工智能的算法不可解释,我们不知道它是如何运算出来的。三是人工智能无法理解语

言的含义，只能对程序中存在的算法进行运算，不能让符号落地。换句话说，即便人工智能系统说"爱你"，你也不知道它是否出于真心，因为它并不懂语言的真正含义。

人工智能算法存在不确定性，立法中是否可考虑这个特性？

金耀辉：这一波的人工智能学习算法为何如此厉害？因为深度学习这一算法的发明。当然，深度学习也存在季老师提到的算法黑箱的问题。我们工程师更多的是讨论解决什么问题。我们最近在作一些评估。人类如何进行绩效评估？法官、检察官、教师等一般通过工作记录进行评估。对机器而言，它通过 Log 日志记录工作内容。在机器自动化的过程中，我们首先要做的是完整地保留日志，然后在机器上市前，把整个算法提交上去。

在人工智能发展的第二波时期，符号主义学派的专家系统曾经风靡一时，其代表人物道格拉斯·莱纳特（Douglas Lenat）在 20 世纪 80 年代开发了 Cyc，试图用逻辑规则来代替我们对这个世界的理解编码。然而，1998 年，他哀叹道，人工智能甚至连人类最基本的常识都不具备。今天，所有人工智能行业从业者依然会有同样的感受，人工智能无法理解自然语言。例如，我说"中国足球队谁也赢不了"和"中国乒乓球队谁也赢不了"，相信所有人都能理解这两句话是截然不同的含义，但苹果的 Siri 和百度语音助手小度能理解吗？它们只能把这句语音翻译成中文或英文，因为它们不懂常识。

另一个问题就是概率的不确定性。我们生活的世界永远是不确定性的世界，那么，我们该如何把握确定性量化呢？首先我承认，我们的统计是建立在大量数据的基础上的，必然存在不确定性的问题，我们的研究应该表明算法的不确定性有多少，不确定度在何处，这是一个可被量化的值。从输出到最后的决策，无论是自动化的，还是人为干预的，都会被记录下来。然后，我们会对这些日志进行审计并还原决策作出过程。所以，我们的研究应该关注不确定性的量化问题。

这在人类世界也是如此。例如，不同的法官对同样的案情会作出不同的判决结果，因为每个法官都有不同的"自由心证"。不同结果之间可能差距特别大,这在计算机领域被称为"异常"。那么,针对人工智能的立法,在设计时是否应考虑人工智能算法本身的特点?

1. 人工智能无法建立常识系统,算法设计中是否要增加变量设计?

季卫东:这两个问题对法律人来说很有意思,也很令人费解。

第一,人工智能无法建立一个常识体系。那么,如何才能让它作出判断?首先要确定一定的概率,然后进行计算。但此时会存在一定的问题。因为法律适用需要一个确定的、明确的判断,不能说正确率有多少,但调解一定程度上可以。

第二,从最简单的自动驾驶例子可能更能理解人工智能的特点。自动驾驶技术可以让汽车严格按照道路的限速规定自动行驶。如果我们运用人工智能进行交通执法,似乎也很简单,只要输入交通规则就可以了,交警也是根据交规判断汽车是否超速。然而,即便交通规则的适用也具有一定的灵活性,需要执法者进行裁量。如汽车在绿灯闪烁时加速冲过马路,交警并不会作出处罚。这就增加了智能软件设计的复杂程度。

美国曾对此做过一个实验,将学生分成三组,第一组严格按法律规则给智能软件编程,第二组参照法律条文编程,第三组给出关于概率、变动幅度等具体指示进行编程。最终,第一组的结果非常机械,几乎所有人都将面临罚单,第二组的结果非常多元,而第三组则给出了具体的指示,如超速超过30%就要面临罚单。可见,若人工智能专家给予具体的指示,可能会使智能软件更加接近人的判断。

金耀辉:季老师提到了一个非常好的问题,实际上,自动驾驶与环境有关。我们肯定希望自动驾驶软件能够像人类一样有温度,根据外界的环境变化而调整。但环境依赖的是数据,所以回过头来,我们还是要谈谈数据本身的问题。

2. 网络推荐给用户"贴标签",本意是实现部分隐私保护

金耀辉:机器一般根据数据作出判断。因此数据很重要,并且越多越好,但作为人工智能一定是在非完全的数据输入情况下作出的决策,此时就要有一个取舍。如果单从算法角度考虑,我们需要判断这些数据的关键因素是否缺失。例如,交通信号灯的重要信息如果缺失,那自动驾驶的判断结果必然没用。又如,判断某人是否怀孕的前提信息是确认

这是位女性。这些是不能丢失的信息。

但反过来又要思考,这些信息会不会导致隐私的泄露?刚才提到,某些视频网站会根据用户的喜好推荐视频,这方面涉及数据共享与保护问题。政府希望通过数字经济、共享数据,以刺激更多的中小企业进行创新。但这一过程可能会侵犯用户隐私或商业秘密。未来,法律界与技术界要共同研究这一问题的解决方案,实现数据共享与保护的双重目标。

另外,网络推荐背后的算法实际上是在给人"贴标签"。例如,我订机票时,航空公司可能会推荐比较准时、可以取消的航班,因为我身上已有这样的标签。贴标签的过程可以部分避免用户的完整数据被交换,部分解决了隐私保护问题。但是,利用其他厂商的生成标签可能会导致推荐算法的不确定性更加无法量化。所以,学术界也在探索差分隐私或联邦学习的新型算法。

3. "贴标签"抹杀了现代法治的平等自由人格,算法亟待改进

季卫东:金老师关于"贴标签"的说法很精彩。刑法学中就有一个标签理论,意思是,一旦社会给你贴上某个标签,旁人就会不断地用这种眼光审视你。这有点类似中国古代的成语"疑人偷斧",导致你处于一个不利的状态。若你意识到社会给你贴了这个标签,你可能就会朝着这个方向走,最后就真像标签上描述的一样,即预言的自我实现。

每次打开电脑都会弹出很多广告,这是广告软件给你贴的标签,它并未把你当作一个独立的个人而是某个类型,这完全违背了以每个人平等而自由的人格为基础的现代法治逻辑。

贴标签的另一个问题是,你可能永远被贴上标签。在数字化社会,这些标签存在于数据库,被贴标签的人根本不知道,但个人享有删除权、忘却权。人工智能对大数据的处理是把个体进行归类处理,但此时我们依然认为自己是独立的个体。这是智能网络化社会治理中我们面临的最大挑战,也是未来法治中可能存在的最大陷阱。

金耀辉:对于季老师的说法,我想回应两点:第一,贴标签的目的是防止个人的所有信息被泄露,这是根本目的;第二,好的算法应该具有时效性,比如怀孕只有十个月,十个月后就不应该再给孕妇贴标签了。所以,算法本身也需要改进。

互动｜什么情境下，给机器人以"机器人格"？

何时承认机器有人格：能像人一样思考观察，有自我意识

上海市第五十四中学物理老师李世新：什么情况下机器人或者说人工智能算有"机器人格"？人工智能经过深度学习之后，有了不为工程师所掌握的所谓算法规章制度，能否说他就有了机器意识？所谓强人工智能时代，法律会怎样规范机器人？

季卫东：承认机器人有人格的条件有两个。第一，机器人要能像人一样有观察、思考、判断、行动的能力，甚至是有超过人的思考能力。因为思考是人的本质特征，所以会思考的系统也应该具有人格。第二，机器人还要有自我意识和能动性，而不是仅仅被动地执行人发出的指令。人工智能经过深度学习后似乎有了自己独特的判断，甚至自我认知。就像YouTube的人工智能系统自动删除机器人互相残杀的视频，似乎出现了机器觉醒。这时候，可以考虑给予机器人或人工智能以人格。当然它还不是人，还要受到人的控制，这是设计机器人的基本原则。

从以人为本的角度来看，赋予机器人格正当化有以下理由：第一，机器人到处被应用难免引发事故，这些是深度学习、自主操作的结果，不应由人来负责。如果让人为人工智能所带来的所有负面结果负无限连带责任，我想金老师就要改行了。因此，设计者、制造者、使用者的责任是有限的，为此就要赋予机器人格。第二，智能合约的违约责任也需要人工智能系统来负责。第三，人工智能制衡人工智能也需要承认机器人格。

金耀辉：现在除了图像识别或语音识别外，人工智能还在做学习和

推理这两件事。比如在做司法机构做的一些工作,这是在一个很垂直、很窄的领域里进行的学习。目前,我们在设计过程中,要攻关的是把机器人的不确定性勾画出来。如果超过了人所设定的范围,但机器又去做了,这是要追究写程序的人的责任的,但如果结果是在可预料范围内,那么这是机器人的自主权。

人机协作判断论文抄袭问题,AI参与已涉及知识产权

退休企业人员张建平:对于论文抄袭问题,人工智能是否能起到作用?

季卫东:这是一个比较具有法律性质的问题。根据我的理解,可以从两个层面考虑。第一个层面涉及数据本身的可靠性,如果数据的质量本身有问题,它可能会带来糟糕的结果。因此,人工智能用以预测的大数据,必须是高质量的,规格要符合要求。

第二个层面是人工智能对数据是否可以作出真伪判断。大学的查重就是用大数据和人工智能对抄袭与否进行检测的一种方式。由于法学论文要引用条文和案例,文字内容的重复率往往高些,需要适当考虑其特殊性。

另外,仅靠人工智能进行检测也是有问题的,还需要人来进行比较分析,防止误判。因此,欧盟《通用数据保护条例》规定人们有权拒绝完全由人工智能作出的决定,需要有人对人工智能的运作进行介入和监控。

你的问题还涉及人工智能在学习过程中的知识产权问题。让它学的数据本身是别人的创作作品,这本身是有知识产权的。学了这些东西从而赚了钱,就涉及数据的经济价值怎么实现、如何达到分配正义的问题。所以,这一过程就涉及学习模式的知识产权问题、算法设计的知识产权问题。

金耀辉:这个问题的核心还是人工智能技术。大数据技术怎么防范抄袭剽窃?第一,如果是简单的抄袭文字,很容易解决。第二,模仿的是什么?这个创意到底是不是一样的?因为完全可以用不同的词汇去描

述同一件事情。但目前这是一件很难的事情。我们和法学院合作时,需要找相似案件,我们发现法院判决书里很多内容结构是完全相似的。如果用常用的词频算法分析,几乎所有都是抄袭,此时需要的是用另外的方法去把文章背后的内容一一解析出来,而语义如何界定相似的意思,这就是人工智能要做的事情。目前为止,技术在这方面的突破已经跨了一大步。

如何预防大数据歧视,算法设立公正的技术规格是关键

中国政法大学研究生:尽管"贴标签"面向的并非个体,但对于个体来说,经常会遭遇大数据歧视等问题,如何面对"贴标签"后所造成的数据歧视问题?

季卫东:这确实是大数据时代面临的非常重要的问题。中国有数量庞大的网民,每天会在电商平台不断购物,根据这些个人行为的数据流,网络企业大致就能掌握用户的爱好等情况,给他们贴上标签、分类,甚至与其他部门的数据进行关联。

研究者和舆论界也经常提出类似的问题。如黑人常常与犯罪的标签联系在一起、亚洲人往往因重视教育而付出更多的教育费用,这些都是人工智能分析大数据带来的系统性偏误,结果容易造成刑侦歧视、教育价格歧视等。

个人信息造成的标签包括歧视与福利这两个方面,利弊兼有。不使用智能手机、不进行网购的人群会被忽视,利益诉求难以在决策中反映出来。比如一个城市要建设福利设施或者防灾据点,就需要考虑人口分布、经济状况等各方面因素。假如某些区域、某些人群使用智能手机比较少,决策者可能就无法知晓那里的实际情况。因此,如果要预防歧视,需要真正做到个人信息的匿名化、无害化处理。这可能涉及一系列的技术问题。在法律层面上,可设置制度框架以规范数据利用方面的问题。在大数据和人工智能时代,更重要的是依靠算法设计公正的技术来防止歧视现象。

金耀辉:的确。我们正在和上海交通大学法学院合作进行这方面的

研究。比如计算机辅助定罪量刑研究,不仅要设计算法来根据犯罪情节计算是否定罪,以及建议刑期,而且这个过程必须透明,要告诉法官,计算机为什么给出这样的建议,这叫算法的可解释性。又如,国外比较关注的是种族问题,研究发现,COMPAS 系统(一款法律案例管理和决策支持系统)对黑人的量裁建议就存在种族偏见。在中国,我们会关注城乡差距与性别歧视,这叫算法公平性研究。

AI 出现知识产权集群,进口端限制还是出口端再分配亟须思考

上海交大研究生王心怡:如何划分 AI 产生的作品的知识产权归属?如果是利用了机器学习(即学习了很多既有作品并提取特征后形成的作品),那被机器学习了的这些作品的作者是否也享有部分机器产生的作品的权利?

季卫东:这是一个很有意思的问题。我们知道,人工智能可以通过一些照片进行学习,如通过学习凡高、蒙克、莫奈等著名画家的画作,人工智能就能模仿他们的作品,形成类似的风格。当然,这些画家的作品风格要素非常清晰。但显然,我们要考虑 AI 在多大程度上产生了创新,这涉及知识产权中的著作权的公平应用、适当应用的问题。

美国在经济发展过程中,曾借助许多欧洲的著作权发展其科技,所以特别强调商业化方面的独创性,也就是强调既有著作权的适当而公平的应用。这种应用当然存在一些判断标准,但欧洲为了维护原有创作者的知识产权,往往更强调其人格权。在这方面,各个国家的制度设计都有所不同。当大数据出现的时候,在 AI 模仿风格特别清楚的场合,就比较容易判断。但若是 AI 通过大数据深度学习提炼之后,我们无法看出明确的凡高、蒙克或是莫奈的风格,此时该怎么办?

我们可以考虑为网络世界建立一个知识产权的大水池,在此基础上形成知识产权集群。我们应当在输入的阶段进行限制,还是在输出的地方寻求一个再分配的机制?这是人工智能时代在未来制度创新方面应当考虑的一个非常重要的问题。

金耀辉:这个问题非常重要。我觉得就如同医生看病一样,我们大

量的实习医生看病的样本,是不是应该向医生支付学习费用?在目前阶段,我认为大家还是需要宽容一些,因为写这些程序代码需要耗费工程师很多的精力。倘若严格按照规定支付使用费,那人工智能几乎就无法发展了。

人工智能的背后是情报分析,用担保网络反欺诈是有益应用

南京农业大学本科生邵昱宁: 人工智能的立法问题之一就是技术与隐私间的矛盾,有种模型叫作对抗生成神经网络,它可通过输入少量数据生成大量符合真实分布的数据,貌似避免了数据和隐私的矛盾?

金耀辉: 的确,法律也给人工智能提出了许多新的技术问题。在人工智能领域有两个重要的学科方向,一是小样本学习,另一个是联邦学习。并不是单纯地把名字、身份证号等信息隐藏掉,就能把个人信息完全隐藏起来。其实只要有一些其他的相关信息,就很容易攻击到个人。这方面我们做过很多实验。

学生: 人工智能与情报分析有没有融合的可行性?

金耀辉: 美国在这方面的成果远超其他国家。美国有家公司叫作Palantir,被称为"数字时代的锦衣卫"。中国有许多同样从事大数据研发的底层技术公司,其中很多公司都想做中国的Palantir,但很困难。Palantir现在的市值已经达到400亿美元,同样是做大数据技术的公司,Cloudera市值只有40亿美元。所以,人工智能的背后其实还是情报分析,最重要的是在垂直领域中,如何形成自己的知识。当然,在这其中也有有用的部分,比如银行正在使用担保网络来反欺诈。中国在这方面也已经作了很多研究。

谁害怕人工智能？

>>>>>>>>>>>>>>>>>>>>>

主讲：

冯 象

清华大学梅汝璈法学讲席教授

AI治理之道

（本部分内容根据2019年4月20日第132期"文汇讲堂"现场演讲整理，该期讲座也是华东师范大学第五届思勉人文思想节之名家演讲第四讲）

人工智能让我们害怕什么?

冯 象

人工智能带来了一些非常严峻且不可避免的挑战。从人机关系的视角看,主要包括两项巨大的挑战:一是机器替换人类,在2018年导致一波接一波的失业浪潮;二是人工智能的军事化,用美国科幻文学的口号来说,未来已来。未来并不是将来,我们就生活在未来当中,包括智能武器在利比亚内战中的大量使用。

作为一名法学家,今天我想从法律的角度谈谈人工智能带来的挑战。

挑战之一:个人隐私的逐渐消亡

人工智能带来的首要挑战是个人隐私信息的消亡。在传统社会,隐私之所以被称为"私",是因为它可以"隐"。这一中文词将其特点诠释得非常完美。英文"privacy"虽然也与"私"有关,它的词根来源于拉丁语,但加上中文的"隐"就更加生动了。

当前社会已经普遍使用机器智能,它能够记录每个人的行为与信用表现,其背后涉及的法律问题就是个人的隐私权。

在法律层面,隐私权是一项非常重要的权利。美国在经过了多年的宪法诉讼后,隐私权早已被确立为宪法上的一项基本权利,处于较高的法律位阶。中国通过一系列的典型案例,也已将隐私权确立为民法中的一项重要权利。尽管宪法没有明文规定,但也有许多学说支持权利的重要性。

1. 智能手机到来：过于便利令人无法抗拒

今天，人工智能的来临，导致隐私从人类的日常生活中消失。那么，我们是否有必要保护这种正在消失的权利？就像 Facebook 创始人马克·扎克伯格所说："我们为什么需要隐私？我的客户很乐意把隐私交给我们，因为我们的服务能给他们带来不可抗拒的便利。"这就让我联想到人工智能令人害怕之处，它过于便利，以致我们无法拒绝。尽管可以从哲学、伦理学、法学等各个角度切入，寻找多种理论上的应对方案，但人工智能技术实际上在现有的市场经济条件下，必定会按照一定的商业模式涌入社会。

通过观察可以发现，推广人工智能最有利的产品就是智能手机。20世纪80年代初，我刚到美国之时，电脑已开始普及，但互联网还仅被运用于少数大学的科研领域，普通民众很少触及。人与人之间的交往还是通过电话、书信，以及面对面的方式进行。从90年代开始，这种情况发生了巨大的变化，互联网慢慢地从学院转移到生活当中，并广泛运用于商业活动。之后，苹果带领人类步入了智能手机时代。在我2009年回国之时，虽然手机已变得非常轻巧，但上网仍旧不便。但没过几年，每个人的生活基本上都发生了翻天覆地的变化，扎克伯格和他的团队也推出了人工智能的商业模式。

2. AI 商业模式：与知识产权相反的数据获取

人工智能的商业模式是与知识产权相反的模式。所谓知识产权，就是在任何无形的东西上设立产权。例如，一束花并不是知识产权，但若给这束花拍照，这张照片的使用就可以成为知识产权，这朵花的香味也能做成一个具有识别性的标记，称作商标，便具有知识产权。知识产权的主要用途就是禁止他人随意复制或使用，他人需要付费才能使用。

至于视觉中国将黑洞照片说成是它的著作权，则是极其荒谬的行为。在我们目前的商业竞争和经济活动中，知识产权是一个非常有效的竞争手段，因为它可以打击竞争对手，通过诉讼强迫他人付费或承担更多的成本，以至于对方不得不屈服。事实上，视觉中国是否拥有那张黑洞照片的版权并不重要,重要的是它通过诉讼逼迫他人付费,这才是它的生存之道。但若将它与扎克伯格、马云的商业模式进行对比,就会发现其中的差别。

当前网络企业大平台采用免费或廉价的付费模式,以换取便利和所谓的美好、理想化的社会环境。从本质上说,商业模式的基础是对价交易,用法律语言表述,就是交易双方需要付出对价,形成契约。而我们付出的对价就是个人信息。从我们购买手机的那一刻起,就已经提交了个人信息,并且还需不断地提交,我称之为硬规则,因为消费者必须接受。这些数据被企业获取,用于建立数据库,再转卖给第三方或者用于其他用途,如开发新产品等。

3. 数据财产化后,企业掌握了每个人的隐私

数据如此重要,以至于现有的法律无法对其进行估算。数据所蕴含的巨大价值令业界非常希望将其财产化。数据财产化后的阿里巴巴,其产值将是一个令人恐惧的数字。试想,若将数据财产化,那数据的原始主人是谁?难道不是我们每一个人吗?难道数据不是我们的财产吗?若是这样思考,Facebook 就无法运营了,因为它需要与几亿人签订合同。因此,数据的财产化是个法律问题,目前无解。虽然利益集团的游说非常激烈,不久的将来或会进行立法,但即使没有立法,数据事实上也已经是财产了,因为它是我们每天进行的无数次交易的标的物。法学理论认为,只要能成为交易的标的物,如数据,那它就已享有财产的地位,只不过对它的保护缺少明文规定而已。所以,这些企业事实上已经掌握了我们每个人的隐私。

当然,还有一位参与数据收集竞争的主导者,即政府。在拥有发达的互联网产业之后,任何国家的政府必然深度介入数据的抓取。中国在这方面做得最好,道路每 50 米就安装一个摄像头,促使暴力犯罪大幅降低,即便与所有的发达国家相比,中国也走在最前端。

挑战之二：引领法律走向硬规则体系

人工智能使我们忽视了原本异常烦琐的程序、调查，不得不接受一些硬规则，这对于法治建设的影响非常巨大。关于硬规则的定义，可以用生活中一个有趣的现象来解释。中国的马路中间通常都设有一排铁栏，用于分隔两个车道，它强迫车辆必须在它自己的那条车道里行驶，不得越界。相反，这也可以说明软规则的失效，即传统法律规定和政策的执行率较低。虽然政府可以选择其他整治交通的措施，但都不如硬规则方便、廉价。国内存在非常复杂的"栏杆系统"，让民众不得不开始排队。

1. 政府大量介入硬规则制定，或形成新的计划经济

硬规则带来了什么好处？它不需要像传统的法治建设那样由政府积极推动普法，也不用通过文艺作品向大众宣传规则的重要性，也无须事先征求民众的意见。硬规则是商家制度，它通过智能终端添加到我们身上，智能手机就是最佳的例子。手机硬规则通过用户点击同意按键进入系统，之后会显示一份字体较小、内容复杂的授权合同，几乎一面倒地将权利给予了运营商。当然，如果用户不同意，也可以点取消键。这种合同在过去的人类社会中较少出现，而按照现在的制度和商业模式来看，这就是一种单方面为用户制定规则，使之通过衡量利弊或被迫接受的格式合同。

像阿里巴巴这样的企业，现在已拥有非常成熟的纠纷解决机制，平台本身提供了解决纠纷的各种可能性，政府也与之合作建立了互联网法律。所以，整个法律制度实际上被人工智能引领着走向了硬规则体系。这令人感到无比害怕和忧虑，值得引起世人的注意。因为这将导致资本力量过于强大。从中国的国情与党和政府的立场来看，立法必须回应民众的呼声与利益诉求，这也是中国共产党为人民服务宗旨的体现。但是，如果规则的制定权大量落入企业手中，其结果就大为不同了。

由于政府部门同样使用智能终端，所以商家制定的规则同样适用于

政府部门。从政府的角度来说,为了避免商家成为其领导者,政府只能比过去的工业化社会更大幅度地介入商业活动,这就动摇了我们改革开放的目标。改革开放的目标之一是建设一个健康的社会主义市场经济,按照经典的表述,市场经济就是"一只看不见的手",拥有自动调节的作用,政府应当撤出商业活动。依据市场经济理论,最理想的市场经济是政府只负责一部分的监管、注册和维稳等传统要求,但智能终端、智能经济、智能技术导致政府对商业活动的介入空前加大,在一定程度上促使市场经济不得不回归新的计划经济。

2. 私人过度承担硬规则的制定,将加剧贫富差距

事实上,硬规则的制定权越来越多地归于商家,这是商家非常乐于见到的结果,因为这将增加其收益。传统企业的兴起,一般需经过一两代人的努力,而以扎克伯格为代表的新一代富豪,从白手起家到获得成功用时很短,在短短的几年中可能就走完了过去甚至需要一个世纪才能走完的财富积累路程,由此带来的对整个社会的影响和控制是非常惊人的。它的危机表现形式就是十多年前美国发生的华尔街金融危机,其中一个运动叫作"占领华尔街",起因就是1%的富人与99%的穷人之间的贫富差距带来的矛盾。

贫富差距也是全世界的趋势。在这其中,网络技术、网络产业极大地推动了社会的分化。2018年,美国黑石集团共同创始人、全球主席兼首席执行官苏世民给麻省理工学院捐款建立人工智能学院,明确要求该学院必须包括关于人机伦理的研究,而这类研究必须解决贫富分化、财富过度集中的问题。可见,苏世民已经清醒地认识到,人类社会所面临的新挑战,是财富的巨大分化带来的社会难题,作为富豪,他有责任提出这个问题,而学者必须在研究科技的同时关注伦理问题。实际上,"钢铁侠"埃隆·马斯克也经常提及未来社会在伦理层面对现代人类有何种要求的问题。所有的前沿活动都已提出了类似对人类生命的意义、社会的稳定、人机关系的建立等方面的问题。

中国也不例外。中国"基因编辑婴儿"事件本质是肆意践踏医学和生命科学最基本的不伤害原则,暴露了国内对于科技伦理的忽视。尽管

背后的投资人和合作者都是美国人，他们以研究艾滋病的名义开展试验，一步一步突破伦理瓶颈，不断吸引韩国、美国等其他国家的投资，进行商业冒险。

这表明，商业资本在市场博弈中具有盲目性，缺乏伦理约束。正如马克思说的，如果有100%的利润，商人会怎样选择？如果有300%的利润，即便上绞刑架他们也无所畏惧。既然如此，我们该如何注意伦理问题？必须加强政府部门和行业本身的自律和外部约束。政府部门相当于外部约束、外部监管，行业本身也要进行自我教育、自我培训等。

挑战之三：深刻改变生活习惯和生命意义

从科学发展的角度来说，探索是非常有必要的。对那些不得不发展的产品而言，我们必须在技术条件与科学原理上继续探索，以便获得对人类有益而非有害的结果。人工智能在这方面的表现特别醒目。

1. 麦当劳的味觉配方秘诀：按基因喜好迎合全人类口味

当今社会显然已离不开人工智能，可以预见五年、十年后更是如此，因为当代的孩子是与手机这类智能终端一起长大的，只是接触多少存在差异。在人工智能深入渗透我们生活的情况下，如何正确使用是一个巨大的挑战。

开发人工智能的商家非常聪明，他们通常根据反复实验研究人的心理和习惯，以及由基因决定的倾向性来设计智能终端的界面，因此，一个出生不久还不会说话的婴儿却会很快发现手机或平板电脑的可爱之处，并与之互动，这是设计的成功之处。

以麦当劳为例，麦当劳的快餐为何那么容易令小孩着迷？因为它是实验室的产物。麦当劳提供的快餐是以工业化养殖的牛、猪、鸡作为原始材料，经过混合、配方以及化学处理，调试出令全球小孩都喜欢的口味，并为此成立了一所麦当劳大学。在美国稍微年轻一点的人群，全都是它的常客，即便是含着金钥匙出生的小布什也爱吃这种垃圾食品，因为他无法拒绝这种根据人类基因构成研制出的味觉配方。

终端界面的设计也是如此,新发布的产品也许会被用户挑剔,比如华为制造的可折叠手机最初也受到批评,但很快就寻找到了感觉与方向。因为华为拥有全球最顶尖的设计团队,所以对于主界面的设计细节超乎普通人的想象。但这些考虑背后的商业驱动因素并不仅仅是为了用户使用方便,而是要让用户无法摆脱。

2. 改变审美趣味,机器设置的产品影响生命意义

微软小冰作诗是个很有意思的现象,经常有人在社会、媒体上评价小冰作诗或者其他机器人作曲的事情,总体评价并不太好。如果将机器人与杜甫、李白相比,那简直差强人意,机器人不过是把五四以来新文学运动中涌现出的作家作品加以学习,然后组合,生产出几句称为诗的语句。需要注意的是,微软研发小冰的意图并非让它成为杜甫,华为研发5G产品也并非想让其成为爱因斯坦或牛顿,他们的根本目的是占领市场。AlphaGo团队研究下围棋并非喜欢下围棋,而是研究作为顶级的透明规则游戏的围棋,将其研发产品投入市场,进而实现取代人类智慧的最终目标。因此,我所关心的是小冰下一步如何发展,如何商业化,商业化之后如何改变我们与下一代人类对诗歌、文学以及艺术的感受。这一团队以及它的竞争者或许已在基因层面探索人类对文字和音乐的感受,以便研发出的产品能够改变人机关系,我将其称作较为终极的挑战,因为它改变了生命的意义。

尽管科学技术发展,政治朝代更迭,不同社会存在不同的发展路径,但自远古人类流传下来的宗教、伦理、法律、商业等方面的人类生活基本存在一定的共识。但今后的发展可能无法预测,因为人类内心最深处的一些爱好和习惯,以及智力所能投放的领域将被取代。所以,当我看到柯洁在围棋比赛中负于机器时痛哭的画面,感到些许悲哀。作为世界顶级的围棋选手,他却被机器人击败了,并且在赛后说"我回去让机器复盘检查错在哪里"。过去他只需自己复盘,而现在,机器会立即指出他的错误。这说明,机器与人力已不处于同一段位了,在机器面前,人类如同孩童一般。机器教给人类最初级的下法,而其本身的下法人类已不可理解。

其他行业也面临同样的问题。如果机器学会作诗作曲,作出我们普遍喜欢的产品,如同科幻电影中那般,那人类的生活就将完全改变。可以想象那个时代,杜甫将是极少数学院派研究的对象,因为机器已经研发出完全不同的风格,让我们从小就会喜欢。音乐、美术、戏剧表演都是如此。

3. 未来走向:知识产权化的暴政? 数据国有化?

法律也可能被人工智能所改变,因为法律规则本身就很难区别其制定者。当我们知晓法律制定的来源是机器时,或许也会认为这是比较公正的,因为人类很容易通过算法获得信息,尽管算法的背后依然存在偏见,或者算法本身会被用于偏见。但想挑战算法的合法性或合理性则相当困难,因为其过于专业。一旦机器大规模介入立法,人类将无法厘清规则,因为每部机器都会将规则无限复杂化,其复杂程度就像顶级围棋水平一样远超人类所能理解的范围,只有利用机器才能与之对抗,那时,我们是否需要机器? 这是一个终极挑战,它不仅颠覆了生命的意义,也颠覆了日常生活,它提供的便利和规则正在温水煮青蛙式地将人类逼至无法反抗的境地。

对此,我在《我是阿尔法》一书中提出了两种最终解决方案:一是彻底知识产权化的暴政。由于财富的高度集中,必定会诱发更多专制和硬规则的普遍约束,某种意义上就像法西斯作为一种政治制度的专制。二是数据国有化。随着政府部门越来越深地介入商业活动,最终每次商业交易都必须由第三方政府参加。那时,分工将变得不太重要,机器会大规模出现,因此,我才提出共产主义的概念。前提当然是党和政府坚持为人民服务。事实上,列宁曾说,人类将按照科学的进步程度来接受共产主义。20 世纪 60 年代,一位苏联数学家提出综合数学模型,解说计划经济成功与失败的可能性,并获得了诺贝尔经济学奖。受此启发,我认为计划经济并非过去式,只不过不适合科技不发达的时代,将来人类有可能计划得非常完善,考虑到每一个人的需求。

4. 无人驾驶安全系数更高，法律会逐步制定

目前许多领域已经能够做到资源的合理分配与使用，最简单的就是交通管制。若没有现在的网络和摄像监控设备，管制交通将非常困难。人类现在已初步拥有无人驾驶技术的研发手段，无人驾驶的未来目标是彻底改善整个交通系统。一位英国评论家甚至提议，考虑到过高的风险因素，在未来应当全面禁止人类驾驶。现在，美国研发的无人驾驶车辆，包括小汽车、载重车、拖车等，经过几十万公里路程的测试，证明其安全系数已经大大超过人类驾驶员。这种判断的精确是人类无法与之相比的。

我们知道，雄安新区建设的首要目标是疏解首都功能，但更远大的目标是建成全方位改造的新城市系统，以便容纳未来的无人驾驶。可想而知，新交通系统首先必须遍布传感技术，然后计算投入运行的每辆车并与整个系统联网，这就需要华为的 5G 技术。每辆车每毫秒的判断都须经过系统的严密计算，由于人脑远不如机器，因而机器驾驶将比人类驾驶安全得多。只是目前法律层面还未出现一个可供探讨的方案，企业也不愿在投入之后引发许多纠纷。因此，新技术需要法律同步地为它提供一些规则。当然，总体上我们还是比较乐观的，法律会逐步地提出一个解决方案。

互动｜理想的人机关系？AI会创造自己的文明？

接受资本主义"自利"价值观，"理性机器人"必将伤害人类

上海交大公共管理研究生王意博：在必须选择行人或其乘客受伤或死亡的情况下，自动驾驶车辆会经过算法，决定选择所谓最优方案。但依据阿西莫夫的机器人第一定律认为，机器人不能伤害人类个体。这一事例令人思考，人工智能是否有权决定人类个体的生死？

冯象：这确实是个现实问题。人工智能领域的追问，最早的表现形式是文艺作品，因为作家比较敏感。阿西莫夫定律站在人类角度，提出机器人三大定律。第一，机器人不得伤害人类。第二，机器人必须绝对服从人类给予的任何命令。第三，在满足前两个条件的情况下，机器人必须尽力保护自己的生存。但这背后的逻辑是主奴关系，即将人类视为主人，机器视为奴仆，建规范来约束仆人。若机器智能超越了人类，是否还会接受人类的管束呢？

另一个同样重要的问题是，机器到目前为止都是服从于人类的命令，没有选择权。但人类并不是统一利益的共同体，它每时每刻都在发生冲突与矛盾，人与人之间的利益也不相同。因此，人对机器的训练会赋予它不同的价值，而一个有自主意识和感触的机器智能才被我们称为机器人。目前，资本主义社会的第一原则叫作自利。若该原则被机器学会，那它们就会争取自身的利益，成为经济学家说的"理性机器人"，这将是人类毁灭的开端。所以，在资本主义社会的条件下，期待机器不伤害人类几乎是不可能的。

AI 技术使得经典马克思主义再度接受最新科技的检验

华东师范大学传播专业研究生曾文新：人工智能的商业化会导致人类社会面临终极挑战，无论是社会主义国家还是资本主义国家概莫能外。马克思的历史唯物主义站在资本主义大工业的制高点上认为人类社会会更替，虽然马克思并未具体指出社会更替的具体道路，但他从生产力与生产关系的矛盾中论证了共产主义的必然。您关于人工智能使得人类走向共产主义的观点，是马克思主义理论框架下的另辟蹊径，还是关于社会形式更替的具体细节补充？

冯象：这问题很有意思。马克思主义是指导我国社会主义的基本理论。当前新的科学技术恰好为我们提供了一个重新审视它的机会。所以，它不仅是对传统经典的马列著作中一些论述的回应，更重要的是，它将用来检验我们已经接受的一些经典理论，而这恰好是毛泽东在《实践论》中提倡的精神。因此，这一挑战并不令人害怕，而是让理论界、宣传界、文化部门等各个领域共同关注。因为，这一挑战的确是全人类共同面临的问题，既是发达国家面临的挑战，也影响了发展中国家。

以牺牲隐私为代价换取社会安全，是利还是弊？

中国浦东干部学院法学教师王丹：人工智能包括算法的基础都是大数据，大数据的提供来自于每个人的分享，如果不分享可能享受不到人工智能带来的便利，这有点类似鸡生蛋还是蛋生鸡的逻辑。当前，从法律层面保护正在消失的隐私权，是否有可能实现？或者有必要实现吗？

冯象：从现实来说，可能已经失败了。人类社会经常出现这种情况，一种商业模式或生活方式一旦引入并铺开，原本的解决方案与一些理想目标就不复存在了，如传统中国社会的宗法制度。现在，政府部门和学术界也很重视中国传统文化的培育，从文化、法律角度来看，最重要的就是宗法制度，但寻找到恢复的土壤已经很困难。

隐私权当然有所不同。目前为止，隐私权依然是我们关注并且希望得到保护的一项利益。但我们已经处于隐私公开的时代。隐私一旦放开,将导致怎样的社会环境？中国已经着手建立国家信用体系,如将高铁霸座者列入黑名单。从积极面看,当建立起涉及一切的信用体系时,人民法院执行难的问题将从根本上得到解决。然而,它的代价就是隐私的荡然无存。

从现在的社会习惯来看,民众的生活理念以及对于家庭价值等方面的认知都将有很大的转变,而国家信用系统必定会受到黑客和不法商家的关注,存在安全方面的问题。因此,国家信用系统要非常慎重地处理这方面的威胁。

国家介入数据公有化的前提：秉承为人民服务的宗旨

华东师范大学中文系学生陈瑱昊：您提到国家需要介入数据的公有化,那么国家应该秉承怎样的价值观去主导数据的公有化？

冯象：国家的介入当然不表明公有制的必然建立,我们说国家介入数据的公有化实际上还包含一个前提,就是国家依然秉承着当初建立时候的宗旨,就是走社会主义道路,为人民服务,也就是宪法上所规定的基本原则。因为国家既是一个抽象的概念,也是一套现实制度,由执政者的政治路线决定它的日常运作和演变方向。中国在现代化进程中,对通向民族复兴之路上遇到的困难而言,很大程度上也取决于全体人民对国家的监督,这些被写入宪法是因为这也是保证国家走社会主义道路的一个条件。

从这个角度来看,我们说的两条道路和20世纪以来的主要斗争实际上是一脉相承的,只不过由于科学技术的发展、财富分配及经济发展带来了一些问题,这场斗争在被弱化之后现在又回来了。国家、社会、民族作为一个共同体有能力对待并正确处理它。

网络社会对西方民主发出挑战,每个政府都在学习应对

《城市中国》杂志编辑宋代伦：2019年年初浙江省政府提出"未来社区"的概念,在当今算法兴盛或者人工智能的背景下,怎样想象未来"社区"的形态,或"社区"的概念本身还能成立吗？

冯象：社区的基础实际上是生物性的需求,而且网络社会提供了新

的可能性,现在亲密关系的传递是通过第三方,也就是由智能终端建立起来的,这种现象太普遍了。它的极端形式是两个恋人面对面依然通过智能终端交流。但更多情况下是大家在虚拟空间建立起来的社区,不同社区有其特有的兴趣、爱好、社会活动以及职业关注等。

哈佛大学法学院桑斯坦教授发现了一个现象,美国宪法理论的基础是西方民主制,西方民主假设的前提是人与人之间交流越自由、表达意见越充分,就越有可能得到真理和正确的决定。但是,互联网社会破除了这个假定,因为虚拟空间的社区都是依照共同的兴趣和政治偏见组织起来的,不是不同意见的共同体,而是一个共同意见或者趋同意见的共同体,社区内互相加强彼此的政治信念、文化理念和宗教观念等。因此,两个不同的社区可能水火不相容,或如老子所说的"鸡犬之声相闻,民至老死不相往来"。

人类再次有条件回到这样一种状态:只和喜欢的人沟通,包括在单位的工作和工作以外的生活。在这一意义上,网络社会对传统的民主理念、宪法原则以及背后的哲学思想、政治伦理提出了根本性挑战。如何处理这方面的问题,我们还不是很有经验。我们的具体感受是由一个一个网络舆情事件得来的,从每个舆情事件中都可以看到分裂的虚拟社会互相之间的谩骂和表态,政府就不断地在这一过程中学习怎样应对,学习如何应对新的社区世界。

人类可能会拒绝 AI 进入某些最传统领域:宗教、情感

上海应用物理研究所科研工作者韩立欣:传统的诗歌、音乐甚至绘画,人工智能都已涉足了,哪些领域不能涉足呢?人工智能的界限在哪里?

冯象:多数评论家认为越依靠人对人服务的岗位较难替代,能取代的主要是那些非常格式化或形式主义以及要经过复杂运算的工作。另外,越是高薪工作,商家越有动力研发替代。据报道,高盛在华尔街原本有六百名交易员,现在裁得只剩两个,给机器打下手。另如 IBM 开发的 Watson 肿瘤专家机器人(肿瘤解决方案),考过了美国执业医师资格,天津市第三中心医院将其引入,在国内可作六种癌症的诊断。人民法院也

开始了智能司法试点工作,从目前的结果来看,机器智能在文书初始立案流程方面也是胜过人类的。北大法学院之前举行人机对抗翻译法律文书,八个团队决胜产生三个团队再和机器比赛,最终机器赢了,之后观众评判出的结果也是机器翻译的文书更优秀。

哪一些行业是机器不可取代的?我想大概也只有人类最传统的领域。比如宗教,因为机器不需要宗教,或者机器最终发展到能够理解人为什么需要宗教。我相信未来人类依然是需要宗教的,机器能不能取代就不一定了,也许会有机器崇拜的宗教,但是非机器崇拜的宗教依然会有市场。

还有人本身对人的依赖和伴侣的需求。我想在这个意义上机器有了止步之处。换言之,不是机器做不到,而是我们不想让它做,或者会因此产生非常复杂的伦理问题。因此,某些领域因为人类共同的某种关切或者某种极度保守思想而拒绝机器进入,虽然这样的拒绝非常困难,但仍是人类当前的一个可能选项。

AI 或通过深度学习后建立自身文明路径,成为新物种

上海市第五十四中学物理老师李世新:能否通过对人类智慧的进一步开发,类似于古代所说人的自我修炼达到更高阶段,最终保证人类智慧比人工智能更加强大,并实现对人工智能领域的有效控制?

冯象:外星智能到过地球吗?至少人类从来没有记录过。而按照概率来说,银河系能够产生智能或者文明的星球应该很多,地球文明只是非常落后的一种,应该有星际文明超越它,他们应该拥有到达地球的手段,但为什么不到达?天体物理学家告诉我,也许作为碳基生命有成长的天花板,有不可逾越的技术尽头。例如,人类想长寿,最终的结果只能是替换所有的器官,但全部替换以后就是另外一种生命了,还能叫作人类吗?也许整个银河系的碳基生命所能够作出的决定是接受死亡,愿意死于地球。探索无穷无尽的太空,是不得不以另外一个物种的形式探索,而非我们想延续下去的生命。

现在马斯克投资的领域是试图把芯片植入人脑,或者上传人类的思维活动。我们引以为荣的非常复杂的神经元系统,或通过一种技术整体

迁移至云端，到那时人脑只不过是一个云服务器的终端，我们的一切决定都是下载和上传的选择，在这一意义上人脑的确可以大大地提升，这被称为超级智能，是现在的认知速度无法比拟的。

您提到的人通过自我完善把大脑能力提升到能够和机器并驾齐驱的程度，是另一种思路。现在业界投资的是另外一个方向，就是人机融合、芯片插入或者上传，以现有的技术条件走这条路也容易。

这牵出一个更根本的问题，就是人工智能在根本上是不是对人类的模仿？一般观察是否定的，它不需要模仿人类，因为机器可以通过自主学习建立起自己的文明发展路径，或者探索自己的演化路径，因而成长为一个新物种。就像猫狗并不需要模仿人类，它们有其自身的强项：嗅觉、听觉、视觉，甚至其神经系统的反应很多情况下比人类更好。因此，将来机器掌握自主学习、产生自主意识以后，会走出一条我们所不能够控制的独特之路。人类会成为马斯克所说的"作为被它（机器人）豢养的宠物"陪在机器人的身边，这也一定程度上呼应了今天的主题"谁害怕人工智能"。

理想的人机关系：为白求恩的"毫不自私自利"提供了可能

华东理工大学化学博士生韩明：您演讲中说人工智能未来会有两种选择，一是人类受制于人工智能，另一种是数据国有化，以此人类完全控制人工智能，这是否会导致美国这样的资本主义国家也走向共产主义？

冯象：人工智能对未来的选择是有条件的。在我看来，目前所处的主导全球经济和全球文化的制度体系，把财富、科学、技术控制手段大量集中到了少数人的手中。各国都有这样的趋势，这很危险，我称之为"彻底的知识产权化的法西斯的暴政"。这与是否控制无关，因为这是极少数人对于绝大多数人的控制，我们不希望有这种控制。而另外一个选择就是，如果数据国有化，那么公有制的未来将第二次提上人类的政治进程，从这个意义上说，共产主义是一个现实的选择。这对各国来说也是一样的，不会因为国家制度而例外，这次因为科学技术，共产主义的选择将会很快波及全球。

您的问题实际上涉及这个问题：在资本主义条件下，这种美好生活如何让机器接受？机器必须理解人类关于美好生活的含义。换言之，我们必须教育机器,而这种教育不可能由资本主义社会完成,而应建立在人类最灿烂的理想社会,也就是共产主义社会。

共产主义社会需要什么样的人?人和机器是何种关系?实际上,中国革命早就给了我们答案。毛主席曾撰写著名的《纪念白求恩》一文,指出白求恩是毫无自私自利之心的人,"是一个高尚的人,一个纯粹的人"。只有让机器明白这样的道理后,机器才能克服阿西莫夫三定律带来的困境。实际上,这不只是抗日战争时期关于共产党员干部理想人格的文章,当前社会去解读,可看到白求恩的理想人格给人机关系作出的可能的榜样,这可以供我们参考和研究。

要让机器获得超级且正确的智能,先要规范当下科研伦理

复旦大学哲学学院学生赵海:面对人工智能的威胁,人类不得不选择公有制。但是,随着机器越来越全能,人的能力在不断下降,人类如何实行公有制?或有无其他路可走?

冯象:机器本身也有可能作出选择。当机器智能发展到那种程度时,它就具有远超人类知识、判断力的能力,能很好地进行分析,那时人类当然得依靠它作出一些正确的判断和决定,这恰好能够说明我们当下所说的人机关系非常重要。

如果我们决定好好发展机器智能,希望科学探索无止境,最重要的是让机器获得正确的智能而不是对人类有害的智能,从而才可以依靠其让人类的生活更美好,或许会有这样的可能性。当然,在这之前更重要的是人类如何处理好自己的问题,让科研受到强有力的伦理和法律的约束,减少错误,则可以降低人类的安全风险,可以有时间有机会作出比较合理的选择,让人类社会走向正确的方向。如果等到机器真的来替人类作决定的时候,我们就比较被动了。所以,站在人类利益的角度,我们还是希望由人类主导。

AI 对法学家而言,与其说是担忧,不如说是全新的挑战

上海浦东民政局公务员汤文建:人工智能在法学领域的应用现状、

应用前景如何？作为法学教授，您害怕人工智能吗？

冯象： 目前法学与人工智能的关系是很热门的课题。从正面来看，这类研究非常需要，只是目前尚未成熟，因为法律几乎不可能超前地为社会制定规则。它和科学不同，科学探索未知世界中的自然规则，自然规则与人类的生存并无关联。法律是人类对已有的生活状况作出的规范。因此，在这一层面上，人工智能为法律的研究提出了一个特别的挑战。

出于行业的利益或者关注，法学家可能会对人工智能产生一些担心或者畏惧，因为对首次出现的新事物制定规则是非常困难的。另外，如果越来越多的规则变成了硬规则，而非传统的国家政府部门制定的规则，那么，我们现有的法学理论都需重新改造，这是一项巨大的工程。我相信这样也能培育出更多优秀的法学家。

人工智能可否产生伟大作品？继续保持批判性

华东师范大学中文系学生张晋业： 现在的人工智能暂时欠缺人类的情感能力，文学艺术可否在更加细腻的层面弥补法治的困境或者应对人工智能的挑战？

冯象： 人不仅仅是规则动物，也是感情动物，需要在感情上得到满足，文学作品最早对此加以关注，而现代意义上对于人机关系的忧虑，对于智能制度下带来的挑战最早可以追溯到玛丽·雪莱（Mary Shelley）的《弗兰肯斯坦》，这深刻影响了整个西方文学。比如在西方科幻电影或者乌托邦电影中，科学家和医生一般都是反面角色，这是玛丽·雪莱开创的传统。但知识和财富本身带来的社会问题如何解决？文学艺术会越来越多地表达这些关怀，提出新的思想，批判资本主义世界的方方面面。

资本主义兴起后的西方文学艺术，所有流传后世的作品几乎都是批判性的或者忧虑、讽刺性的，它基本上会建立在文艺理想对资本主义的批判、忧虑、嘲笑和诋毁上，资本主义本身无法产生歌颂它的好作品。至于人工智能是否能产生伟大的作品，取决于两点：第一，能否继续批判资本主义，这点或许能够做到；第二，能否在人工智能带来的私有制的废墟上，产生一种新的公有制的文化，十分值得期待。

第二篇

虚实世界的融合发展

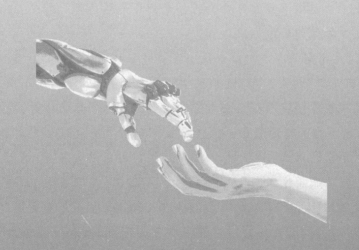

策划之眼:冷热与理性

当前,我们正从静态的名词世界进入流动的动词世界,在变迁的必然中更需要理性。虚实融合是这一篇的主题,如本书代序中所言,自21世纪的第三个十年开始,我们目之所及、耳之所闻、手之所感的,将超越经典物理世界,且这种趋势只会增速。本篇四讲跨度为四年,从2020年至2023年,核心技术有区块链、Web3、脑机接口,但应用和社会影响并不止于此。话题绕不开如何看待新技术的冷与热的理性态度,暗含的一条线是人才如何创新做科研。

首先,元宇宙的冷与热给全民上了一堂科技进步认知课。距离2021年"元宇宙元年"过去三年,清华大学新媒体研究中心主任、刚成立的清华大学人工智能学院教授沈阳在7月10日接受采访时认为,一旦成为"元年",说明元宇宙这个整合性技术框架确实具有突破和发展趋势,同时开始大规模进入社会和产业话语。元宇宙之所以会降温,是因为支撑元宇宙运作的底层技术,比如区块链、扩展现实、人工智能、云计算等尚未完全成熟到能够支撑大规模、无缝的虚拟体验,特别是对高度沉浸式、低延迟的交互体验,当前的网络速度和算力分配、数据处理能力依然存在较大瓶颈。另外,全球宏观经济环境变化也影响了投资者对高风险投资的兴趣。元宇宙实操专家李祖希则认为,B端和C端市场都没有出现革命性的产品和应用,加之没有持续资本跟进,也限制了技术的深化和革新。"一旦技术瓶颈有本质性突破,生命周期曲线会再次上扬。毕竟,元宇宙是互联网发展的高级阶段的共识没有变,我们需要更多的耐心。"

然而,与元宇宙相伴的虚拟人技术正处在高速发展的阶段。李祖希评估,从虚拟人综合评估指数即技术性、功能性、社会性来看,前两者水平都比较高。但在社会性上，C端市场尚未看到现象级的产品和应用。就讲座中曾谈论的虚拟人的几种形式来说，李祖希认为，阿凡达模式、AI驱动模式之外的自主思考以及模拟人类思维模式并与人进行自然交互的"强人工智能虚拟人"，还有待强人工智能自身的突破，其中涉及更高级的算法去模拟人脑的神经网络，实现更复杂的模式识别、学习和决策过程，还需要自然语言处理和情感计算等领域的突破。随着目前正热的具身智能领域技术的成熟与不断应用，与虚拟人行业协同发展、相互促进，在内容创造、用户体验、商业模式上都会出现新的可能。"我还是充满希望，相信我们正在逐步接近这一目标。"

其次，以这样的科学、理性态度再来看区块链技术的应用，其实在稳步发展。上海临港创业中心总经理屈林指出，作为基础设施，区块链在全国多个产业全面应用，在金融、物流、汽车、交通、产品溯源、政务管理等方面皆有成功案例。Web3是下一代互联网，上海2023年9月出台与Web3相关产业政策后，进一步推动了AI与区块链技术的融合发展，尤其使得GameFi、RWA、DePIN等数字资产的确权、确价和在智能合约下的价值分配更加有序、高效，助推了新赛道，"将对发展带来长期的利好"。

最后，脑机接口领域持续走热。2023年5月，美国马斯克的Neuralink公司从美国食品药品监督管理局(FDA)获批可实施人体临床研究；2024年1月，马斯克在社交媒体上表示，Neuralink成功进行了首例脑机接口人体植入手术。中国科学院上海微系统与信息技术研究所副所长陶虎认为，从首例人类大脑设备植入手术来看，接入者神经元相关活动的检测效果良好，从医学上有望帮助有视觉或行动障碍的患者提高生活质量。这说明，第一，脑机接口从研究向实际应用迈出了重要一步，为行业发展提供了新的可能性，而Neuralink 2.2万名试验志愿者计划的实施将进一步改善测试技术。7月10日，Neuralink宣布将进行第二例人体实验。第二，马斯克期待通过脑机接口实现人类与人工智能融合的长远计划，或会对人类未来的生活方式产生深远影响。第三，5月，神经元监视线似乎从首位接入者大脑中脱落的故障，再次引发全球对于人体实验的伦理和监管问题的重视。

回到同样处在世界前沿、更早拿到柔性脑机接口相关临床伦理批件的陶虎团队,进展同样可喜。他们已开展数十例柔性脑机接口人体临床试验,实现了实时运动解码、汉语合成、实时多通道单神经元 Spike 信号记录。

在民族复兴之路上,前沿科技的自主创新、自强自立尤其重要,而全球尖端人才培养更是创新之源。6月11日,习近平总书记回信给中国科学院院士、清华大学姚期智先生,肯定其回国二十载以潜心教书育人体现爱国之情。上海树图区块链研究院研究总监杨光与上海交通大学计算机与工程系教授郁昱是姚先生在现代密码学和安全多方计算等领域的弟子或是团队工作伙伴。杨光告诉记者,"姚先生做的工作属于人才聚集,同时他长期在世界一流的科研团队中,更懂得应该怎样培养创新人才"。7月9日,郁昱代表上海交通大学参加了教育部召开的"拔尖计划实施15周年工作交流会",再次聆听姚期智先生的鼓励与目标。郁昱说:"创新人才自主培养模式,在于注重学科交叉与前沿创新,这是姚先生一以贯之的基调。""拔尖计划"自启动以来,累计在77所高水平研究型大学布局建设288个基础学科拔尖学生培养基地。可以说,教育、科技、人才三位一体的科技体制逐渐成熟。

虚实融合,无论是元宇宙带来的虚实一体、Web3 带来的确权和新确定性,还是脑机接口领域马斯克宣称的"赋予人类超能力",既是技术更新的飞跃,也是人类文明的自我挑战,更是思维方式的一种转变,它们都是新质生产力的核心组成部分,让我们既时不我待地参与竞争,也富有耐心地理性拥抱这些持久变化。

李念(文汇讲堂工作室主任)

Web3：
下一代互联网的生产力

>>>>>>>>>>>>>>>>>>>>>>>>>>>>

主讲：

杨 光

上海树图区块链研究院研究总监

对谈：

郁 昱

上海交通大学计算机科学与工程学系教授

（本部分内容根据2023年9月16日第163-3期"文汇讲堂"现场演讲整理，该期讲座由文汇报社与上海树图区块链研究院联合主办）

Web3 世界中数据确权算法透明，生产力大释放

杨　光

相信很多人都想象过未来的互联网、数字世界会是什么形态。2021年3月，"元宇宙"概念被关注并掀起热潮。2023年6月，苹果公司发布了重磅产品——MR头显设备 Vision Pro，让已经降温的元宇宙热度再度燃起，业界普遍认为这个硬件将成为未来元宇宙的入口。2022年下半年到 2023 年上半年，AIGC 火爆，AI 绘图软件如 Stable Diffusion、Midjourney、DALL·E 等能依据指令快速生成图片，自动编码插件 Github Copilot 可给出示例代码和建议。它们本质上都体现了大模型带来的数字生产力的飞速提升。

但随之而来的是，新的生产范式带来的版权争议直接限制了应用场景的推广。数字领域生产力发展已经超出了当前生产关系的水平，它们之间的割裂迫切需要新的技术去破解，此时曾经以区块链技术作底层支撑的 Web3 显示出技术优势，在这个层面上，我们今天再来讨论 Web3 这个新方式支撑的下一代互联网。

生产关系受困：迭代生产力理不出收益分配

AI 代码生成软件问世之后，很快被人质疑代码涉嫌抄袭，因为在某些任务上生成的代码和开源的代码非常雷同，使得该软件目前很难大规模商用。绘画也有版权争议，因为版权保护画作的具体内容，而无法保护绘画的风格。AI 学习人类的风格这件事很难评判，但这样的软件会

因为遭到抵制而无法商用。

1. 提供软件训练数据的人群难以获益

为什么数字世界里的生产会有如此多的版权问题?这就要从整个数字世界新的生产范式说起。以典型大模型生产流程为例,最开始要有原始数据,要对原始数据进行标注;从标注好的数据应用各种算法去进行人工智能的学习、训练,生成模型,再把模型做成产品;做成产品以后,通过给模型下达一些指令,给它一些引导,模型会生成我们想要的内容。比如命令 Stable Diffusion 生成某个主题的图片,它生成的图片结果有可能被用于训练下一轮的模型。

在整个生产流程中,谁受益最多?一是科技公司,他们负责做人工智能的算法研究,提供了产品,对外提供服务可以收费;二是直接使用这个模型的用户,因为只有当模型可为用户产生价值的时候,用户才愿为此付费。但其他参与者,如提供数据的人、提供标注的人,他们很难从大模型的盛筵中分享到合理的收益。举个例子,如果 ChatGPT 提供服务赚到许多钱,OpenAI 公司会有收益,直接使用这个模型的用户也会有所得,但是提供训练数据的人却很难得到收益。

如果我们把生产流程套用到现在比较熟悉的流程上来看,前面的数据和标注都是整个生产过程中的原材料,算法和模型属于生产中的工具或者机器的角色。调用模型的用户更像是生产活动的管理者,类似一个公司的高管或者一个机器的操作者,他想做什么产品,就会去操作机器产出最后的产品。在传统流程中,提供原材料的一方,石油也好,铁矿石也好,提供了是有收益的。但在数字世界里,并没有给原材料提供方一个很合理的收益,所以才会有诸多侵权质疑。

2. 数亿人创造的数据很难理出收益分配关系

为什么新的生产方式会有这些问题呢?这和数据、算法自身的特点有关。从技术上来说,大模型先进的生产力创造的价值和原材料、原始数据之间的因果关系比较难以量化。可以说整个数据集创造了整个价值,但是具体到某一次使用、某一次调用,用了哪些数据、数据权重是多少,有没有因果关系,这件事很难说清。

即便有了量化关系,把钱分配给众多提供数据的参与者也很困难。现实世界中的原料供应商数量相对比较有限,如大飞机是一个非常复杂的产品,它的供应商总共也就是几万个的数量级。但大模型动辄运用几十亿、上百亿甚至上千亿数据,比如 ChatGPT 训练出来的结果,保守估计使用了 1 亿人甚至 10 亿人创造的数据。

即使科技公司主观上愿意将大模型的收益公平分配给提供数据的人,但在现有的技术上也很难实现,因为不知道该分给谁多少钱。在没有理顺收益分配关系的情况下,谈 AI 对于生产力的提升,一定会有人认为在整个链条中受到了不公平对待。比如实际上提供原创内容的人,他们会认为自己被 AI 剽窃了。这些困境都和数字主权的缺失有关。

3. 无数字主权易引发版权讹诈,"大数据杀熟"难以自证

目前,数字主权在很大程度上存在一些缺失问题。一方面,很多数据是互联网平台公司所控制,导致数据可能存在泄露的风险,有时会侵犯用户个人的隐私。

另一方面,在数字主权不确定时,会出现版权讹诈的风险。微博上曾有一热搜,某摄影师将自己拍摄的照片发布在自己的公众号上,某天收到律师函,称其侵权要支付版权费并赔偿。这件事中间涉及多层版权代理问题,关键是很难验证。

更有甚者,打车平台或外卖平台等通常都会给顾客发推送,平台算法会告诉顾客某样产品要花多少钱,但同样的打车行程或同样的外卖,会因为所用手机较高端较贵,平台所给报价就高一些,反之报价就会低一些,这就是所谓的"大数据杀熟"。通过大数据对个人过往行为作分析,可判断这个人对价格是否敏感,然后让付费能力更强、对价格不敏感的人多掏点钱,让价格敏感的人少掏点钱。这件事就很不公平,是对公平交易权的侵犯。

现在个人的数据都在平台公司,推荐算法也存在黑箱运行情况,推荐算法到底是怎样生成推荐结果的、如何计算价格,这一过程不是特别透明,这时技术公司也很难办,它想表明自己的算法是完全公平的,但又

没法证明。这也是 Web2.0 的技术很难解决的一个问题。

4. 如何解决收益分配问题？一是数据确权，二是算法透明

既然问题出在数据和算法方面，必然要从数据和算法两方面入手。

第一，在数据方面要对数据做确权，确定每一段数据属于谁，如果这个数据涉及其他权益，也要确定来源。确权之后，再谈收益分配，有一个主体接收收益，即便是一个虚拟账户也可以。这样才知道这个收益该分配给谁。

第二，算法需要有可理解的透明性。如果算法是一个黑盒子，中间产生了什么不知道，就完全无法让他人信服。为此需要让整个算法具有透明性，并且模型要具有可解释性，最终才能保护所有参与者的知情权以及在参与中的平等地位。平等地位是指让参与者知道使用者利用数据做了什么事，产生了什么效果。

综上所述，如何建立新型生产关系，需要用到数字主权。数字主权是指个人或者组织对数字身份、数据、算法的所有权、控制权和管理权。数字身份就是对数据做确权时要有一个确权主体或权益载体，数据是整个数字世界生产的原材料，算法是生产的过程。需要从身份、原材料、过程都有一个明确的权属和关系以后，才能实现整个生产过程利益的合理分配。

新生产力突围：区块链和密码学发力

要解决数据与算法带来的问题，最终还是要靠技术的发展。2023年6月，上海市科委发布《上海市"元宇宙"关键技术攻关行动方案（2023—2025年）》，沉浸式技术和Web3技术成为两个主攻方向。前者是能够构建三维虚拟互联网空间的技术；后者是保护数字主权所需用到的技术。

1. Web3与"三体透明思维"相似：公开、透明、信任

如果把元宇宙看成未来数字世界发展的方向，那么这个方向有两个维度。一是生产力维度,包括人工智能、大数据、云计算、扩展现实等技术,这些技术提升的是数字世界的生产力,让计算机处理信息的能力更强、效率更高。二是生产关系的变化维度。从Web1.0到Web2.0再到Web3.0[1],是按照生产关系划分而非单纯生产力的变化。Web2.0的典型特征是用户可以参与,没有用户参与,再好的硬件和网络设备,也只能作出Web1.0的应用。若想达到Web3.0的时代,还需将数字资产、数字身份,以及整个生产关系进一步理顺,让数据和价值归属到个人,不受平台掌控。

Web3与以前到底有什么不一样?让我们回到科幻小说("元宇宙"就是来自科幻小说《雪崩》提出的概念)《三体》。书中提出了"透明思维"概念,每个三体人的想法都会广播出去,不需要任何编码、语言,三体人之间就能够接收并感知其他三体人的想法。这种交互方式达到的效果就是三体人之间完全公开、透明,互相没有隐私且互相信任,这种非常高效的协同组合在一起形成一个所谓的"人列计算机",就像计算机里的元件一样。这个概念后来被认为反映了区块链的理念。《三体》第一部的发布时间(2006年5月起在《科幻世界》杂志连载)早于比特币,但有一些相似理念,可能两者受到共同源头的影响。

2. 拜占庭容错共识:Don't Trust, Verify!

地球人能否用三体人的这种思维去构建一个互相信任的系统呢?答案是可以。这就是所谓的共识机制。要达到的目标是让系统中的所有节点达成一致共识。传统的分布式系统,主要研究如何让同属于一个机构的机器保持一致。这些机器之间是可以互相信任的,运行的算法都是已知的,就像思维互相透明的三体人一样。这个时候只需要考虑机器宕机的情况,也即故障容错(CFT)。

而现在这些机器从三体人变成了地球人,思维不再透明,也就是说,

---

[1] 需要说明的是,Web3和Web3.0都是指Web2.0之后的下一代互联网范式,两者本质上是对于下一代互联网的不同定义。最早试图定义Web3.0的人采用了"语义网"的概念,之后又出现"微服务""三维虚拟网络"等多种提法。Web3是以太坊联合创始人加文·伍德(Gavin Wood)于2014年提出的对下一代互联网的描述,指的是以区块链、密码学等技术实现去中心化信任的"安全的社会操作系统"。

这些电脑被不同单位、不同组织控制，上面运行什么程序，是否被修改过，已经无法完全信任。被修改过的程序可以向别人撒谎，这种情况下能否实现一个系统，且让大家还对这个系统的最终状态达成一个共识，即形成所谓拜占庭容错共识？

对此，区块链技术可以做到，其根本思想是，在看到他人告诉我的结果之后，要通过自己的验证才能相信。区块链里有一个说法"Don't Trust, Verify"，中文可以译为"不信为信"，即我不相信其他人，亦不需要考虑这个人是谁，他说的事情必须经过我自己的逻辑、技术的方式验证通过才能相信，最终目的是希望达到我对整个系统的高度信任。

3. 哈希函数：如现实中的"骑缝章"保障数据不被篡改

区块链中有一个很重要的概念是抗碰撞的哈希函数。效果是，任何一个数据无论多长，无论是图片还是视频，经过运算可以得到一个固定长度的输出。这个输出就叫作哈希值，可以把它理解为原始文件的数字指纹，每个文件的指纹都是不同的，就像现实中每个人的指纹不会相同一样（数学上有可能相同，但是现实中两个文件的哈希值相同的概率极低，可以忽略不计）。区块链的可验证性，最基础的就是通过哈希函数、通过数字指纹来实现。

在区块链的数据库，它的结构和之前数据库最大的区别是，每一块数据要对前面的数据块做一个哈希运算，得到的指纹放在这个数据块里，下一块数据又把这块的指纹放进去，形成所谓的区块链。如果篡改了一小部分数据，局部变化会影响到后续所有的区块，它的指纹就会改变，为了维持所有数据块之间的链状关系、维持其合理性，所有区块都要一起修改。

对区块链的数据库来说，技术上并不是无法修改，只是无法暗自修改一小块数据。要修改就要把从修改的这块数据之后的所有内容都修改，这种改动很难逃过他人的观测。

哈希函数起到的作用就像现实中的骑缝章，在数据世界里，所有数据都可以盖上骑缝章以保证数据不被篡改。

4. 第三代密码学技术：可保护数据的隐私性和正确性

对于数据本身的隐私性问题，需要依靠密码学技术来解决。

第一代密码学技术是比较简单的加密、解密。加密和解密的密钥一样，都可以确保信息的保密性和完整性。

第二代密码学技术是数字签名用到的非对称公钥，加密和解密的密钥不同。打个简单的比方，第一代的对称加密有点像带锁的盒子，没有钥匙的人无法打开，而有钥匙的人都可以打开，但如有改动，我们无法知道具体是哪一个有钥匙的人所为。第二代的非对称加密像一个印章，在文件上盖戳，其他人知道是我盖的戳、我认可的文件，因为这个戳无法伪造。

第三代密码学技术保护的是计算过程的隐私性和正确性。就像监督员的角色，可以监督你是否按照所有的规定进行操作，但它又会对其看到的内容进行保密，只告诉别人你做的事情合规、正确、流程完整。

不同的技术实现功能也有差异，存在许多应用场景。例如，第三代密码学最早的技术被认为是安全多方计算。它源自姚期智先生于1982年提出的"百万富翁问题"，即两个有钱人想比富又不想透露具体财产，怎么办？姚先生表示，这件事可以通过密码学的技术得到解决。这其实就是比较数字大小，在此基础上可以设计出很多更复杂的应用。

比如可以设计一个用于选举的应用，每个人投票后对他人保密，但又可以保证最终得到的结果是根据投票的情况计算出来的；或像电子拍卖一样，每个人可以分别出价，按照拍卖程序计算，最后得出谁的出价最高而获得拍品，但其他人并不知道别人的报价与最后的成交价。

5. 零知识证明：可在不提供任何信息的前提下使验证者相信

密码学技术上还有一个非常有趣的零知识证明，指的是证明者能够在不向验证者提供任何有用的信息的情况下，使验证者相信某个论断是正确的。比如，证明者向他人证明这个数独是有解的，最简单的方式是什么？就是证明者填好后告诉他人，他人验证填好的数独确实是正确的。但在许多场合，这样的验证方式是不可接受的，因为有些商品在使用后就不再具备可销售性。零知识证明可以解决这个问题,也可以证明许多别的问题,比如证明一个方程是否有解,一个数字签名是不是本人生成的。

6. 同态加密技术:让别人帮我完成计算任务但不知道内容

同态加密技术是指先加密后计算和先计算后加密,最后得到的结果相同。同态计算的情况下,明文计算与密文计算的结果是相对应的,对密文进行解密就可以得到真正的明文结果。在这个过程中,计算者看到的所有东西都是密文,同时计算者又可以把很繁重的工作完成,最后得到一个结果,但可以把结果给别人,付款方会认为该结果是有用的。现在新技术在得出结果时,会向他人证明,该结果确实是经过这些计算生成的,而非凭空编造。

举一个很简单的例子,比如明文数据就是(x,y),加密后得到(g^x, g^y),从一个乘方还原回原来的数去求对数,计算成本会非常高。密码学实际上会用一些更复杂的数学结构,比如椭圆曲线群,在上面求对数的难度更高。从(x,y)计算x+y,得到这个结果很简单。g^x 和 g^y 做同态加法,同态加法在密文域上可以当成乘法,可以计算出 g^{x+y},x+y 和 g^{x+y} 就是明文和密文的对应关系。但是,从密文很难直接推导出明文是什么,除非有密钥可以解密。同态加密解决的事就是,让别人帮我完成许多计算任务,但我又不想让别人知道计算的内容是什么,这是很有趣的技术。如果加法和乘法都可以做,也被称为全同态加密。

7. 差分隐私技术:问询作弊等敏感问题但不撒谎

如果要给三体人做一个敏感问题调查问卷,比如询问他们有没有作弊过?这件事他们无法撒谎,但又属于敏感问题,他们只能不回答。这就是差分隐私技术,现在很多互联网公司已经在使用了。例如,一共有64%的人曾经作弊,这不叫作隐私,具体到某个人曾经作弊过,这就是隐私了。

如何解决?让这些人先随机扔个硬币,以此决定此人是回答这个问题,还是再扔一个硬币回答一个随机的答案。根据这个结果可以很容易推测,里面有一部分人是我们刻意引入的噪声干扰,把最终的统计结果作简单处理,就可以知道真实的统计结果是怎样的。对应到每个人回答的问题和每个人的真实情况,并没有必然因果关系,这可以很好地保护隐私。

构建新的生产关系:过程正确、权益确认、信任可期

Web3技术背后的迭代导致了生产关系发生改变。

到Web3时代,最核心的是基于区块链技术的一个中立的计算平台,不受任何机构和组织控制,密码学技术可让别人验证在平台上处理信息的过程都正确、合规。此时,数字身份、数字权益、所有权等许多内容都可在Web3的世界里实现。

凡是数字世界里需要信任的地方都可以用Web3来处理。比如非金融场景中比较典型的场景就是NFT数字藏品,在国内比较多;现实世界有物流、安防监控和各种手段进行信息存证,未来发生纠纷时,数字世界的存证留痕会成为证据。典型案例是,在电商平台下单采购,电商平台删掉了这笔订单,区块链存证是可以为购买者找回公道的。

信任问题还可通过实施数字化契约来实现。拿资金池的风险来说,一般我们会把资金托管给有资质、可信赖的人,像保险、信托或者版权代理等可信的中介,这些中介出售的就是合规性和信任度。这种信任在一些比较简单的场合可以被Web3技术直接替代,这个过程是公开透明的,且成本和风险都很低。

更进一步说,你想用数据和别人做一些交换或者帮别人做一些算力交易,目前是比较困难的,但在Web3平台加上一些密码学技术,在未来也有望解决。

尽管Web3发展也会面临很多挑战,诸如技术发展、法律合规,以及教育普及等,但其未来发展趋势就是让信任变得更广泛,信任的程度变得更强;让处理能力变得更强,即能用更好的机器,用更少的人来实现。相信,下一代互联网世界会变得更公平、更透明,更好地释放数字技术的新生产力。

互动 1 | Web3 能在多大程度上向善向好？

姚期智带领下的中国密码学、区块链

文汇讲堂：姚期智先生于 2000 年获得图灵奖，2004 年回到清华大学，2005 年在清华大学开设计算机科学实验班，俗称"姚班"。杨光是"姚班"的第三届学生。请问杨光博士，您认为姚先生对您最大的影响是什么？

1. 姚先生鼓励"姚班"学生将智力用在"大事"上

杨光：我选择密码学这个方向，是受到姚先生的影响。现在来看，密码学有区块链、安全计算、隐私计算等许多产业领域的高薪工作岗位，但是倒退到 2010 年我本科毕业时，密码学几乎很难找到除教职以外的工作。

姚先生经常对我们说，人生是为一件大事而来，我们这些"姚班"学生的优秀很大程度上不全是个人的努力，也包含天赋和运气的成分。如果仅用这个天赋去换一个高薪工作，那是一种浪费。所以，不要浪费天赋，要做一些只有我们才能做到的事。这也是他赋予整个"姚班"的一个非常理想型方向的指引。

同时，姚先生亲自给大一学生上课，上下学期各一门课。我在清华读博期间曾多次给姚先生担任助教。姚先生在课堂上会给大一学生讲授一些非常深奥的内容，如量子计算或密码学里较深的内容。他认为，多听一些深奥的知识能够让人变得更有气质、更有内涵，即便当下难以理解，对未来也是有好处的。

"姚班"致力培养国际化的人才。创建之初，就聘请了许多美国麻省理工学院(MIT)、伯克利等名校的讲席教授开设讲座、带领学生从事研究,"姚班"学生也拥有更多的国际前沿交流机会。目前MIT也承认"姚班"的本科生是比美国MIT的学生更好的一个品牌。许多"姚班"学生在本科期间已经发表多篇论文,甚至可能比我博士毕业时发的论文都要多。

2. 专业上具有"上帝视角";强调中国人不比外国人差

文汇讲堂:郁昱教授,您觉得在高校的工作与现在在上海期智研究院(2020年由姚期智先生牵头组建)的研究工作有什么不同?姚先生对您最大的影响是什么?

郁昱:我现在主要是在上海交大工作,之前在清华交叉信息研究院、华东师大都任职过。在大学里的主要工作是教书育人,同时做一些科研。我在交大还负责一个号称对标"姚班"的班,也是选拔计算机方向的优秀人才。在上海期智研究院,我主导了一个"安全计算"的科研项目。姚先生发明了安全多方计算,我们希望能把这项技术做得更高效,进而推广落地到各个应用场景。这里面有许多理论、算法和工程的问题要解决。

姚先生非常有远见,给了我们很多建议,可以说给我们开了一个"上帝视角",为我们指明了安全计算的研究方向。这个方向在5—10年内将具有非常强大的理论发展和应用前景。姚先生对我最大的影响是,他非常爱国,常常强调,有些事情其实我们中国人也做得了,我们不比外国人差。

3. 近十年来,中国密码学已有大突破,属跟跑状态

文汇讲堂:科技自强自立是国家命脉。钱学森、杨振宁、姚期智、丘成桐等科学大师纷纷回国培育国内团队。在密码学理论、应用方面,比如Web3或区块链方面,中国与世界先进水平的距离如何?

郁昱:现在说的密码学指的是现代密码学,是数学与信息学特别是计算机科学的交叉学科。这门学科有40多年的历史,最早期的研究工作大多由美国、欧洲、以色列等的学者引领。姚先生早年在斯坦福大学、

加州大学伯克利分校、普林斯顿大学等名校工作时，做出了很多开创性的贡献，是现代密码学的奠基者之一。

但在 2000 年以后，特别是近 10 年以来，像姚先生这样的大牌学者陆续回国，国内密码学有了长足的进步。现在密码学顶级的成果是在"三大密码学年会"即美国密码学年会、欧洲密码学年会、亚洲密码学年会上发表的。2010 年以前，中国的学者和科研机构在这些会议上发表的论文屈指可数；过去 10 多年，中国在这些会议上已经发表了许多成果。目前国内从事密码学的科研工作者相对较少，但是已经凝聚了一批有代表性的科研成果。例如，清华大学王小云院士曾经攻破了全世界广泛应用的 MD5 和 SHA-1 两种哈希函数。

目前，中国学者在国际上处于跟跑状态，我相信未来 10 年，我们会逐步做到并跑甚至领跑的水平。

4. 中国区块链技术的研究和应用属于世界领先水平

杨光：相比密码学，区块链是一个更年轻的学科。比特币出现至今十来年时间，学术界真正开始研究区块链到现在还不足十年，在这个阶段，中国的密码学技术已经能跟上世界先进水平的程度，具备较好的基础。我们在互联网方面的成就仅次于美国，但已远远领先第三名。

区块链虽是一个全新的领域，但中国并没有像飞机、汽车那样，比国外起步晚几十年甚至一百年。所以，中国的区块链技术的研究和应用，在世界上是非常领先的，个别领域也达到了世界顶尖水平。曾经北京比特大陆科技公司占据比特币矿机市场 80% 的份额，让美国政府一度担心比特币被中国人控制。

近几年，国内在区块链方面的政策监管、合规性要求比较严格，使得区块链的发展与国际水平略有脱节，特别是在应用层面。在研究层面，至少还有上海树图区块链研究院这样的技术团队坚守阵地，技术成果达到国际领先水平。但是，国内的研究规模与全世界范围的体量相比还存在很大差距，处于技术能跟得上，但随时可能落后掉队的状态。

因此，我们迫切希望能有更多人加入 Web3、密码学这些行业，合力更上一层楼。

Web3 热点背后是密码学的支撑

文汇讲堂：细算起来，媒体上出现过这样的说法，2021 年是元宇宙元年，2022 年是 Web3 元年，2023 年是 AIGC 大模型元年。一方面是方便记忆和传播，但同时会形成一个误导。ChatGPT 出来时，有人就说元宇宙不热了，区块链和 Web3 也有同样的待遇。请教郁昱教授，您怎么解读这种现象？

郁昱：像 AIGC 中 ChatGPT 的出圈经历了从理论、算法到实践一个很长的发展阶段。Web3 或者密码学其实也一样。姚先生在 1982 年提出"百万富翁问题"、隐私计算问题，当时就是做理论的人出于爱好，没想到会产生非常大的影响力。随后我们发现这个算法在现实中有许多的需求场景，但是当初只解决了一个理论上可能性的问题，工程落地还要看算法如何更高效、如何实现，里面运用到算法优化和工程加速等科技力量。

而密码学有一个与 AI 不同的地方，它是很难展示的。以安全性能为例，如果我给别人发送一个加密消息，很难向别人证明这个加密算法是非常安全的，反而是只有当加密算法被破解时非常容易证明算法还不够安全。

Web3 好像进入了虚拟现实或者混合现实，但是实际上，在 Web3 的世界里也需要一些底层基础设施来支撑这个世界。最简单的一个问题，比如我们要在 Web3 的世界里打牌、洗牌，这些随机数从哪里来？在 Web3 里已经不能依赖于某一个厂商提供一个随机数，因为这样的随机数对于参与者来说不够公平。这就需要用到密码学的手段来生成"公平的随机数"——通过很多人共同生成的随机数，可以保证最终的结果不会被某个或某些人恶意操纵。

Web3 或区块链很多重要的落地场景，都需要借助密码学技术。这些密码学技术可以保障大家在数字世界的安全性，这样 Web3 的价值才能充分展现出来。

NFT作为区块链应用的价值

文汇讲堂：Web3在作品或艺术领域最流行的应用是NFT数字藏品，NFT是非同质化代币或者非同质化通证的英文缩写，在区块链技术下对应的艺术作品可以生成唯一的数字凭证，在数字产权得到保护情况下，实现真实可信的发行、购买、收藏和使用。第一个NFT交易品是美国数字艺术家毕普(Beeple)的画作《每一天：最初的5000天》(Everydays: The First 5000 Days)，这幅画在佳士得拍卖会创下了6930万美元的惊人纪录，比莫奈的名画《睡莲》还高出1500万美元。可见NFT数字藏品是非常火的。

这次"数字强国"系列加入了一个沉浸式体验，每场都会赠出50枚数字徽章，请问杨光博士，您如何看待我们每次送出的数字徽章的意义？它以后可以交易吗？数字徽章和数字藏品是什么关系？

杨光：数字徽章就是一种数字藏品，也是用NFT技术实现的数字化产品。它直接放在个人的账户，它的所有权从什么地方得到的，归谁所有，这些是别人无法篡改的。价值怎样，可否交易，很大程度上取决于"文汇讲堂"将来办得成功不成功。比如现在中国发展得那么好，1949年10月1日的报纸就很有收藏价值。这个意义是未来人们对于当初的事件作出的判断，最终决定这个纪念品是否有价值。

文汇讲堂：刚才我们欣赏了华东师大音乐学院小提琴专业硕士王天一的《梁祝》片段演奏，请教一下杨光博士，如何把一段非常有纪念意义的演奏做成数字藏品呢？

杨光：数字藏品用到的NFT技术，是在区块链上记录一段数据。任何信息只要可以被数据化，都可以放在NFT里面做成数字藏品，记录在区块链上。另外，数字藏品是唯一的，可以在收藏者之间进行流转，具有独特的纪念意义。

我看到现场就有观众在用手机拍摄视频。从欣赏音乐的角度看，观看视频回放的效果往往要好于现场手机拍摄的视频。但作为第一视角的见证人，他拍摄视频不仅仅是为了音乐本身，更重要的是对现场的见证，这件事对当事人的纪念价值要远大于其他人。

后量子时代密码学的破与攻

文汇讲堂：密码学领域的技术迭代会不会很快，比如还有第四代？是否会带来 Web3、区块链进一步的延展？

郁昱：不一定是第四代，可能是新的维度。之前密码学研究所防范的"坏人"和"攻击者"指的都是一个强大的"经典计算机"（即"非量子"的计算机）。2017 年诞生了第一台量子计算机，如果量子计算机形成一定规模，现在主流区块链系统所采用的数字签名算法是不能抵抗量子计算机攻击的。比特币所采用的数字签名算法就是一种不能抵抗量子计算机攻击的算法，如果被量子计算机破解了，个人账户里面的东西就可以被转走。

我们正在研究后量子时代的密码学，以对抗量子计算机，相当于把现有的加密算法、哈希算法、数字签名，替换成可以对抗量子计算机的算法。有人问，等一定规模的量子计算机发明后再做此事是否也来得及？我的观点是，现在就要去做。

关于安全性，有一个说法是 $X+Y$ 必须大于 Z。假如量子计算机 $X=10$ 年以后出现，而量子计算机破解你的流量需要 $Y=20$ 年，那么如果现在在网络上发送的加密消息被他人获取并存储，则加密消息保密的时间最多就是 $10+20=30$ 年。假如我希望这段消息保密 $Z=50$ 年，上面说的加密算法就达不到我们期望的安全性，也就是说不满足 $X+Y>Z$。现在很重要的一个研究方向就是能把正在使用的加密算法迁移升级到能对抗量子计算机的加密算法。

Web3 能在多大程度实现向善向好？

文汇讲堂：每当说到一种新技术时，我们常常要加上伦理维度。但 Web3 有点例外，它从技术上就保障了数据确权、算法透明，由此建立一个公正、可信赖的虚拟空间。从技术发展史上看，这算不算一种逼近人类乐土的境界，换言之，是不是以技术构建了乌托邦世界呢？有无先例？

1. 密码学的设计初衷是为追求理想世界的安全性

郁昱：如果大家去看密码学的教程，尤其是深入一些的教程，里面就提到了"理想世界"和"现实世界"。例如，大家希望计算平均收入，在一个理想世界里，有一位大家都信任的人，我们就可以把数据都交给他，由他计算后公布答案。但是在现实世界，这样一个大家都信任的人并不存在，这就需要通过密码学的技术设计一个协议或者算法来代替这个人完成计算任务，让我们在现实世界获得逼近理想世界的安全性。区块链出来以后，我们觉得这样一个去中心化的系统非常亲切，是因为密码学理论中已经包含了这样一层思想。

杨光：我觉得技术只是为我们提供了可以把社会变得更安全、更公平的一个选择。最终效果怎样，还要看怎样使用这些技术。像互联网技术，初衷是让大家分享信息、获取信息更加容易。但是，诈骗分子也用它获取信息、诈骗别人，也有一些不良信息通过互联网进行传播。因此，这取决于最后如何使用技术。不过还是要把技术做得越来越先进，技术能力越强，人类才能有更多选择空间。

2. 技术是有局限性的，其能为人服务或使人受益才能发展与应用下去

文汇讲堂：我事先请教了两位科技哲学学者。

第一位是华东师范大学哲学系副教授郁锋，他发表了两个观点。第一，从哲学上说，区块链技术打破了传统的分层制度，去中心化，本质上是解除了强制或前置的信息优势，使公众回归到信息对称，即区块链技术使得公众回归到了网络代理人和代理人的平等地位。

第二，从异化的观点来看，现代化发展往往不断带来人的异化。异化可以是阶层或资本种种不同形式促成的。但互联网发展的初心是成为人类的衍生工具，它有向好、向善的目的。因此，区块链技术使得人与人的关系回到扁平化。马克思曾讲过，人是一切社会关系的总和。这样目的和手段就比较趋于一致。

第二位是上海社科院哲学所原所长成素梅，她原来是学量子物理的。她从技术哲学角度提出两个观点：第一，技术是中性的，使用者的善

恶决定了工具的特性。她认为这种"技术工具论、中性论"是一种非常古老的观点,当代人文主义技术观对此提出了批判。她说,现在是一个科学技术推动的社会。因此,开发者设计前就负有伦理责任。在人体有关的科学技术领域,比如基因编辑,或合成生物学都有伦理审批流程,但在社会、精神领域还没有展开此类审批。

第二,尽管Web3去除了前代互联网的弊病,但是在多元主体化时代会有更多看不见的中心化存在,至少体现在利益、治理、数据等几方面,因此,她赞赏目前推行的敏捷治理,让监管比较快地跟上。

请问两位技术和科学专家,如何看待两位哲学学者的想法?

郁昱:技术从来都是有局限的。以密码学为例,它定义好人和坏人,要保护好人利益,此时我们给出一个解决方案;区块链里不光考虑安全性,还考虑一些激励机制,我们会放一些经济学模型在里面。但这个技术要应用到现实世界,还有很多因素要考虑。技术再好,最后没有人使用也不行。受专业背景所限,我们只能看到我们关注的一部分维度。

杨光:密码学本身算是数学的一个分支。之前我看过一个段子,说生物学、物理学、化学搞坏了,都有可能毁灭世界,只有数学是最安全的,数学搞错了,也不会对外界造成非常大的伤害。但是,Web3算是把密码学技术和整个数字世界的生态结合起来了,它对世界的影响可能非常大。

像刚才所说的,密码学本身是一个去中心化的技术,有可能在生态上、人与人的关系上,形成一个更大的中心。本来每个人都是一个独立个体,但是进化到一定程度之后,会形成部族乃至现代化高度集权、实力很强的现代国家,其原因在于我们人类需要。也就是说,从原始人比较去中心化的状态进化到现在有高度组织的国家的形态,都是人类社会、人类发展需求所致。

在我看来,人类社会就是最大的中心,我们考虑很多事都是以人类为中心,尽管这几年也在反思人类中心主义思想。我们保护环境和野生动物,很大程度上是因为这样做对人类有好处,技术也是一样。技术的应用也是由人控制、由人监管,如果大家都认为这个技术可以做,那么这个技术才真正能用下去;如果社会公认一种技术对人类有危害,那这个技术就会被禁止。

互动 2 | 算法黑箱如何破解？
AI 理财如何实现？

算法如有利益属性就易成"信息茧房"，Web3 可破解

上海市第五十四中学物理老师李世新：下一代互联网能否有效破解"信息茧房"困境，以实现更好的社会教育？

郁昱：互联网已经对我们造成一些冲击，比如 ChatGPT 问世后，让我们无法判断某些课程的论文是否为学生自己所写。当然它也有很多正向效果，比如学生上课如没听懂，很多知识点可到知乎、B 站上去自学。我们会用更多信息手段比如 GPT 技术等赋能教学，使得教学更加有效，比如在计算机编程上，很多零基础的学生因为引入 AI 技术，可把他们的时间用到更有效的学习上去。我们会不断提醒学生适度玩游戏、上网，先做到自律。

对于"信息茧房"，即喜欢什么就不断推送什么给你，目前来讲还没有有效的应对办法。

杨光：之所以存在"信息茧房"，很重要的原因是互联网推荐算法是为平台和公司利益服务的，它希望用户尽可能长时间待在它的平台上。打个不恰当的比方，有点像古代的奸佞大臣，专讲皇帝爱听的话，进贡皇帝喜爱之物，而后者就会逐渐沉迷。这样的心理古今通用。而 Web3 是希望算法具备中立性、透明性，它更像忠臣，为一个美好的公共利益，推荐更相符的内容。换言之，Web3 是有可能打破"信息茧房"的技术基础——算法掌握在谁手里，就会为谁的利益服务。

数字人民币的双离线支付已在试点，区块链支持AI理财

媒体人李念：包括上海在内的一些城市陆续试点使用数字人民币，区块链在金融领域的应用场景将会怎样？

杨光：数字人民币是人民币的数字化，它的能力从设计开始并没有打算超越人民币的能力，在很大程度上，使用人民币的场景才适合使用数字人民币。

未来肯定还是会有支持区块链上这种形式的人民币或者其他形式的支付手段，其最大的好处，一是可和智能合约这种程序交互，可通过程序对它进行处理；二是资产可由程序完全控制。现在的数字人民币要么放在个人账户，要么放在银行或者机构账户，还没有做到放在一个智能合约的账户上。往远一点说，数字世界里会有完全自主意识的人工智能，可通过网页跟人交互，人工智能怎么赚钱、钱放在哪儿，区块链就可以解决。

未来数字人民币必然会得到更广泛的应用，它的可编程性、网上数字化流通的范围，一定会在新技术下逐渐扩大。

郁昱：我参与过数字人民币项目，未来它会推广双离线支付。现在微信支付可单离线支付，一家在线，另外一家离线扫码支付。而数字人民币可以实现小额双离线支付，双方都离线进行支付，实现一个可控的匿名交易，支撑它的就是合约和分账功能，目前已经在一些地方进行试点。

如何理解"算法黑箱"？"可解释人工智能"或可破解

东华大学传播学院教师徐敏：对于普通大众来说，算法仍然是一个黑箱，有很多我们难以理解的语言。有无可能将算法这种复杂程序解读为大众可以理解的东西，去破解"算法黑箱"或者权利不平等？

杨光：目前其实有两个层面的"算法黑箱"：一是它不告诉你运行什么算法，代码都不给你看，这是完全的黑箱；二是它把箱子打开了，让你

看到里面有算法，但是像你拆开一个机械表、电视机一样，里面有很复杂的东西，非专业人士看不懂，这种情况在技术上就不能叫"黑箱"。现在的大模型、人工智能神经网络技术，在技术上把代码、参数公开，但是做这个模型的人可能也解释不清楚为何是这样的，每个参数都代表什么，别人就更解释不清楚了。因此，人工智能现在有个研究领域就叫可解释人工智能，不仅要作出决策，还要作出解释。

密码学上有一些很复杂的算法，即便把代码都告诉你了，也很难阅读，至少要有密码学博士学位的基础；也有一些技术，像可验证计算或者形式化证明，可以向你证明一个很复杂的命题。比如很长一段代码，通过数学证明告诉你它没有做坏事，前提是你要相信数学，相信这个系统，这当然也是需要一些基础知识的。

郁昱：有些是可解释的；有些需要门槛，通过学习后能看懂。像深度学习、神经网络的分层，它的功能真的可以通过模型去实现，作出有价值的预测，但是解释不清楚。我们很多学者试图去用一些理论来解释它。一旦可解释了，就可以看得更远，设计出更好的算法。

以微信为例，区块链如何形成"去中心化"场景

信息通信行业自由职业者雷政：Web3 的重要理念就是去中心化，可否举例说明去中心化的场景？是否不需要我们目前赖以生存的微信平台？我今天也得到了一枚 NFT 数字徽章，但这枚数字徽章要存放在晒啦网上，这个网站是不是又成了中心？

杨光：现在很多工作、社交都在微信上进行，但这些为一家公司所控制。假如微信账号被停一段时间，会使你陷入困境；如果有人冒充你发表一些言论或合成照片，你去解释或澄清的成本都很高。电子邮件系统并非一个中心化系统，而是多中心化系统，并非由某一家公司控制，有域名、网站、邮件地址，这是基于协议大家共同维护的系统。也许微信平台在将来会变成大家基于协议共同维护的系统，谁在上面发什么言，是依靠自己的数字签名等技术去保证，这样它也有可能会变成多中心化。

数字徽章并不是存储在一个网站上，而是存储在一个经过区块链共

识协议达成一致的区块链网络上,这个网络上每个节点都会存储数据。网站只是访问区块链网络节点的一个入口,像你有自己的电子邮箱账户,你查看这个邮箱可能是通过浏览器或者其他软件,像苹果手机或者Windows电脑上会有专门的邮件客户端链接到你的邮箱查看邮件,删掉这些客户端并不直接影响你存在电子邮箱的邮件。

存在三进制计算机,理论上有优势但成本过高

计算机爱好者傅嘉英:计算机发展速度迅猛,但其基础还是0和1。《道德经》讲"道生一,一生二,二生三,三生万物"。如果有3个数字组成的计算机,会否超越二维世界?

杨光:在苏联时期,科学家研究过三进制计算机。因为"3"更接近于自然对数函数的底数 $e(\approx 2.71828\cdots\cdots)$,三进制计算机在表达上有一些优势,但是生产上三进制比二进制复杂,最终这个技术并没有被大规模商用。有人研究过,三进制计算机理论上有优势,但是本质上和二进制是等价的,虽然性能上有常数倍数的差异,但是不足以抵消成本更为昂贵的劣势。

会展服务业韩英:在未来的互联网世界里,有密码学支撑的区块链技术、元宇宙、人工智能等多领域介入,会展行业要发展起来需要做哪些准备?

杨光:未来会展行业会有更多内容被数字化后搬到线上。当下在淘宝、抖音这些平台的品牌直播间,晚上黄金时段是真人主播,非黄金时段已经有公司在用数字人直播以降低成本。

现阶段,数字生产力还没有达到真正超越真人的水平,因此最关键的场合还需要线下会展,但同步把一些信息放在线上,便于在更长时间内让更多人以更低的成本参与,就像上海举办"中国进博会"。这样的线上展就和1000多万人同时观看同一个演唱会一样,都大大提高了效率、降低了成本。随着Web3技术的发展,能搬到线上的东西会越多,像签合同等。未来会展业将成为Web3落地的一个很有前景的发展方向。

元宇宙里的资金可否取出？由各地金融监管政策决定

华东理工大学附中高三学生吴毅凡：元宇宙成形之后，人们会不会和现在沉迷到手机一样沉迷其中，或人会开始懒惰，在虚拟世界沉迷于赌博？另外，生病急需要钱，机器突然坏死咋办？

杨光：首先，服务器，即便是银行服务器，也会有两地三中心备份，坏死概率极低。元宇宙里的资金很大程度上应该会用分布式账本、区块链技术，节点数量更多，个别节点出现故障不会影响到整个系统的运行。

至于钱能否取出来，更大程度上是一个合规性的问题。要看当地金融监管政策是否允许把它兑换成法定货币。以现在的技术手段来说，技术上都可以解决，更多是合规性的开放。

作为新生事物，Web3 和互联网刚出来时一样，肯定会有灰色地带或漏洞，如你担忧的赌博、非法信息传播等，因此，Web3 的运行也是需要法律的同步建设的。违法行为并不会因为传播手段变了，违法性质就有所改变。随着社会对 Web3 理解的增强，法治建设也会同等加强或前置部署。

区块链技术
如何赋能全球公共卫生治理

>>>>>>>>>>>>>>>>>>>>>>>>>>>>>>

主讲：

蔡恒进

亚洲区块链学会荣誉顾问、武汉大学计算机学院教授

对谈：

屈 林

上海临港创业中心总经理、
国家技术转移东部中心区块链产业中心主任

（本部分内容根据 2020 年 4 月 1 日第 145 期"文汇讲堂"现场演讲整理，该期讲座为线上讲座）

从区块链到Web3之链

区块链技术重构信任和共识,提升生产力

蔡恒进

解决防疫中的痛点和堵点

新冠感染疫情暴发后,医务人员、政府官员、科学家先后有过方舱医院等各种各样的建议,在对病毒的认识达成共识前,各种可能性都存在,需要听取全方位的建议,但是采纳哪一种?区块链技术拥有的存证(proof of existence)和通证(token)特点就能发挥作用。

1. 核心价值在于存证和通证,增加信任基础和可追溯性

区块链的技术比如加密、分账、哈希等早就存在。2008 年,中本聪发明了具有去中心化特点的比特币,成为区块链第一个成功应用,从此区块链走进了大众视野。简单来讲,区块链就是一种按照时间顺序,将数据区块以顺序相连而成的一种链式数据结构,它是以密码学方式保证不可篡改和不可伪造的分布式账本。区块链的雏形在 1990 年就有了,即让世界上的每个人成为电子文档记录的见证者。比特币是由参与的各个节点一起来管理,10 多年来,它还在正常运行,这是超乎很多人预料的。

这些年的发展表明,区块链技术的核心价值是存证和通证。存证,即不可篡改地维持记录,它其实赋予了互联网空间一个内禀时间,使得它具有独特性而不可复制,这听起来简单,但在物理空间里并没有三维的空间,我们要通过物理手段表明这个文件当时是存在的,数字世界里就有了时间维度,这是一个很了不起的创造,也是大家理解区块链的

关键。

通证可以追溯到陶筹。在文字产生前,陶筹用于计数,它可以替代一头羊或一头牛。今天,通证的基本含义是"符号",代表各种权利和利益。它的功能是让系统富有生命力的保障。区块链技术为主体提供了快速达成共识的有效路径,看作小范围内或者相关范围内达成本地共识的有效载体或介质。在以太坊里曾有个爆款游戏 CryptoKitties,就是利用区块链的通证技术生产以太猫。

在应急机制中,对存证而言,它有事后追溯作用,即对判断正确的人进行额外奖励,对恶意煽动的人进行惩罚;对通证而言,可以起到激励作用,让认知能力强的人、对问题真正有研究的人得到实质性的鼓励。

2. 以存证和通证实现整体态势判断、物资统一调配

如何以这两个特点来排除新冠感染疫情中的堵点和痛点,我从三个方面来说。这里都用到区块链+人工智能的技术。

一是加强对新事物整体态势的判断。对于呈指数发展趋势的新型病毒在流行之初,大家都有个认识过程,依靠单独一方面的意见,很有可能错失应对良机。由于这些意见会按照时间的节点不可篡改地记录下来,事后,跟随正确意见或者补充这类意见的,都能得到激励,获得信用。对于造谣、起哄、夸大的建议,则会受到经济的惩罚或信用的降低。

这样就制造了一个公平参与的平台,有"良币驱逐劣币"的功能,它鼓励有思考有责任的人参与进来。从对新事物的整体态势判断来讲,如果没有区块链里的存证和通证功能,就很难做到。

二是加速应急理论和产品的创新。对于新冠病毒的毒性、传染性,需要专业人员第一时间作基因测序,作蛋白质重构,然后在此基础上展开疫苗研制工作。通常这会通过在权威杂志发表论文和几个实验室之间合作来展开,但对于应急机制来说,这个速度还不够快。如果我们把自己的学术研究分享在网络上,同行可以加速"接力跑",如果以此做通证的话,知识产权的所有权就无法被窃取,基于这一成果而研发出疫苗,就可以根据贡献程度获得对应比例的收益。这个通证机制的关键就在于社会效益的产生速度远远高于传统的运转模式。

在疫苗研制上,各个实验室之间固然存在竞争关系,但是到了动物实验、人体实验、安全生产阶段,引入通证也可以让整个过程更高效。

三是协调全球防疫物资需求的调配。物资无法有效调配的问题,在疫情初期的全球各国都非常突出。实际上要优化物流技术,哈希、通证等技术具有天然的优势。举例来说,我们不妨把口罩单独列出来作为一类通证。口罩最初是东南亚国家需要,随后是西方国家,这就可以建立一个物流、供给多方参与的长链,在短时间内变成一个大家互动的通证,如同自由市场一样高度集中,在同一时间,大家对口罩的成本、需求量、利润都一清二楚。在质量信誉方面,如果有了通证,任何一国的采购都会一目了然,使得流通链里一目了然,对于各国的产品质量、使用习惯也可以在每个流通时间点有所记录,杜绝一些国家的政治化和污名化。

因此,从上述三个方面来看,存证和通证有如下特点:一是建立相对独立的科研共同体,使得突发事件在一开始就得到共同体内部的科学研判,并且这些研判都可追溯,以此得到更多的讨论和重视;二是多节点相互结合、集中处理关键问题;三是各节点围绕关键问题做出贡献,最终可以共同分享收益。推而广之,凡是属于关键问题的关键技术、关键场景、关键产品、关键节点,都可以进行通证化。

3. 在智能医疗、溯源、治安防控上应用广泛

在现实中,已经有不少利用区块链技术的应用例子。

一是智能医疗。2019年,百度与重庆市达成区块链智能医疗深度合作,率先推出电子处方区块链流转平台,医生诊断记录、处方、用药初审、取药信息、送药信息、支付信息都是"盖戳"后记录在电子处方的流转链上,保证了电子处方的可行,而智能合约加密技术保证了业务的公开透明、数据流转的安全合规。可喜的是,百度还在用区块链技术推动医改分离政策的落地实施。

二是区块链与溯源。区块链的溯源能保证食品药品的安全问题。杭州宇链科技提供了以 NFC 区块链安全芯片为核心的溯源方式,以超低的成本实现了非常好的溯源效果。产品的生产、加工、运输、销售整个上下游信息全记录在区块链上,保证了数据的可查和不可篡改。同时,

通过区块链的公开透明,发展了可信分销等新营销模式,通过积分奖励鼓励普通人的参与。

破解信任难题和共识难题

2005年我回国后一直在武汉大学任教,其间思考最多的是人工智能(AI)。我认为,人工智能技术融入区块链技术,即人机协作,将带来生产力极大的提升。

1. 区块链技术发力:人机协作决策应对突发事件

1956年,在达特茅斯会议上"人工智能"被正式提出来。2006年左右,又有了突破性发明——深度学习。如果未来摩尔定律继续奏效,到了2045年,人工智能的计算性能将为初始的10^{26}倍,即超过所有人类大脑能力的总和。届时,人工智能会变得跟人一样,而且我相信,它在某些能力上超过人是没有任何障碍的。

但面对突发事件,人类如仅靠人工智能技术也不能完全应对。首先,因为紧急状况在初期的特征比较离散且是不明显的,可计算性极低,AI是无法应对的;其次,每天的真假信息呈爆炸式涌现,判断正确与否在事前和事中往往难以评估,单靠AI或人类都难以作出及时有效的反应。

因此,我们需要在人工智能技术的基础上融合区块链技术,即在节点上集中多种智慧,既有机器人智慧,也有人的智慧,让机器在作重大决定时和人同步。再把数据变成大家公认达成共识的数据,这就需要在不同节点之间展开竞争,竞争的赢家可以把数据记录上去。

从这种意义上来讲,我们是有可能通过区块链技术来约束人工智能的。把机器节点、人类节点放在同一条链上,我们要求机器完成某些任务后再作记录。那样,就有可能整体提高效率,提高决策水平。换句话说,人机结合协作决策便于掌控平衡点。各类节点通过平时的信用行为积累通证,在紧急情况下,用通证来投票决策。人类节点不会被强计算节点所绕过,机器的感知也不会因为人类的主观性而被完全忽视。

以波音737 MAX两次失事导致机毁人亡为例。737 MAX出事都是同一个原因。它原本是个很成功的机型，但在更改布局时出现了重量匹配问题，有个指定的传感器必须要保证飞机爬升时角度不能超过一定限度，否则时速就会失控，此时这个传感器会发出让飞机向下俯冲的命令。其实飞机上有很多传感器，还有飞行员，在出现紧急情况时，不能只让这一个传感器负责。在飞机向地面俯冲发出警报前，如果其他传感器和飞行员也能参与决断，且飞行员作决定时必然会把自己的信誉投进去，要求机组都听他的，这样就极有可能避免悲剧发生。

因为在紧急情况下，很多不确定因素和未知因素会让你无法在短时间内判断哪一种方案是最优的，而决策者、观察者等大都只能看到身边的信息，所以需要知晓多节点信息，需要拿通证来作信用担保。这种紧急时刻的决定，如同我们人体的应激机制一样，有应急功能但未必能保证作出最优决策。

再说说预防外界的恶意攻击方面。伊朗的核提纯设备曾经受到过"震网"病毒的攻击，因为设备系统对外来攻击没有完整的防御机制，那就需要借鉴区块链技术建立这套机制。也就是说，在有足够的交往历史和信誉之后，才接受你加入本系统。虽然这样也不是百分之一百有效，但这却是我们知道的最有效的一种。在这套机制中，有效攻击不仅涉及算力成本，还有不可跳过的时间成本，只有具备历时性的可信节点才具有参与决策的资格。

这个机制有点类似于人体的免疫系统，它对外来病毒，凡是不认识的，大多有反应。人体作为进化了亿万年的产物其实很先进，有很巧妙的排外机制在里头。未来，只要人工智能系统结合区块链技术，通过深度学习，几乎可以解决人类智慧中所有的难题，只是现在要一项一项来做，谁能做得最好，要以实践来评判。

在企业优化组织结构方面，区块链技术也有用武之地。以保险行业为例，保险销售员要根据每一位用户的具体情况对其进行认知升级。保险公司可以根据销售员的业绩发放销售奖励通证，销售员的收益不仅仅来自一笔保险销售的提成，随着所有销售员为公司贡献的积累，公司规模扩张，保险公司的价值也体现在整个公司的成长上，拥有通证的销售员还可以享受公司成长带来的收益。

利用通证在小范围内(公司、行业)快速达成共识,整个过程对全体用户清晰可见,数据防篡改、可追溯,提供了可信的存证依据,这样的开放性机制有利于公司或行业吸引更多的人才,创造更多价值,实现可持续发展,这就是对企业组织结构的一种优化方式。

其实,在房地产、旅游、文化产权交易、教育等领域,都急需进行链改以解决企业面临的问题并提升竞争力,也就是说都可嫁接入区块链技术。

2. 真正意义在于解决人类的信任难题和共识难题

区块链实际上像一个人体,主链更像是我们的主观意识,即能决策的自我意识,子链更像是我们身体的某一部分,比如心脏,它负责把血液泵送出去,还有肝脏、胆囊、肾脏各司其职,每一个面都参与进来,把自己的潜能发挥出来。在这个超级智能体里有机器智能,也有人类智能。

我认为,区块链的价值,不应该仅仅是一个金钱上或者商业中保证互信的工具,也不应该是"中心化"的替代品。区块链的真正意义,应该是代表了解决人类因为信息鸿沟导致的信任难题,从而重塑整个人类社会共识机制的发展方向。

因此,未来应该是"小而美"的企业更多,在这样的企业中,个人发挥的作用更大,并且会有很多机器与人相互协作,同时不同的人与人之间又处在相互独立、分散的、去中心化分布的商业世界。

中国数字货币将加大金融竞争力

2019年10月24日,中央政治局进行集体学习,把区块链产业应用放在一个很重要的地位。除此之外,区块链对于数字货币的全球竞争也掀开了新的一页。

1. 数字货币成为法定货币的事实竞争者,进而影响金融形态

从数字货币的发展趋势来看,比特币的出现颠覆了人的认知。当下,从中央银行或者说企业的角度看,实际上已有数字货币、货币和电子支付三种方式,它会改变治理结构和金融形态。在全球竞争激烈的情况下,中国必须抓住机遇,顺势而为。

数字货币历来存在与国家层面的金融竞争和对抗维度。历史上,大国之间的竞争有英镑与法郎、美元的竞争,有欧元与美元的竞争。现在数字货币的竞争也会如此。达成如此广泛共识的数字货币,比如比特币、Libra(脸书发布的虚拟加密货币),一旦加入战争则会对法定货币造成极大影响。

2019年6月18日,脸书发布了关于Libra的白皮书,七国集团的财长对Libra持反对态度,美国总统特朗普也持反对态度,背后的理由是法定货币的基础并不牢固。虽然Libra主张不会和主权货币对抗,只是作为支付手段、作为一个有抵押的稳定币,但问题在于,将来金融市场发生风吹草动,大家如果对主流货币的信心产生动摇,那么Libra这种有财富作抵押的数字货币会显得更有吸引力。换句话说,不论Libra想不想成为法定货币的竞争者,它势必成为法定货币的事实竞争者。

2. 未来货币以信用为上,区块链成为衡量财富的另一把尺子

Libra会对人民币形成一定威胁,但其对美元的威胁是第一位的。美元是由政府背书的,理论上看,是通过未来的税收来支持美元。美国政府对公民有庞大的社会保障和医疗健保等承诺,但在未有任何承诺前,不能排除没有大问题爆发的概率。美国已经发展了很多年,作为世界霸主累计欠债颇巨,而中国才发展几十年,负债较少。在世界舞台上,数字货币和美元、人民币会在某种意义上形成竞争,中国现在处于国力上升的历史阶段,中美之间的金融对抗会更为激烈。

在这种激烈对抗下,区块链可能成为另一把度量财富的尺子。随着时间的推移和技术手段的强大,未来世界货币更多的不是以实物的财富来作抵押,而是更偏向于信用本身。而区块链和人工智能技术已经为此

提供了成熟的技术基础。

3. "一带一路"沿线或成为人民币数字货币体系推行点

未来的货币应该具有四种特征:以信用为基础、有一定的通货膨胀、具备使财富向底层流动的机制以及由多币种构成。

由此看来,目前包括 Libra 在内的一些数字货币虽然具有部分优势,可能在短期内有良好的发展势头,但本质上很难作为未来的世界货币持续流通。

中国应该把握历史机遇,推行面向未来的数字货币,并在这场全球金融重构的竞争和建设中占据上风。比如,参照 20 世纪 50 年代出现的欧洲美元(Eurodollar)原理,在"一带一路"沿线或者更大范围内推行人民币数字货币体系,作为与人民币境内流通体系保持一定独立关系的区域流通数字货币体系,又能以人民币信用背书进行国内产能向境外输出,实现终端消费通证的多元化,将有利于以数字货币的形式推进人民币国际化进程。

未来的世界货币将拥有不同币种。比如,美国的食物券可以拿到超市去买食物和日用品,但是不能拿去投资,这实际上就是一种不同的币种。中国则有定向降准、产业政策的倾斜等,这些也都可以通过不同的币种或通证来实现。

目前,大多数主流区块链专家都认为,未来数字货币世界会呈现主权数字货币、可信任机构数字货币、虚拟货币三分天下的格局。令人欣慰的是,中国央行从 2014 年就开始研究数字货币,并取得了积极进展,央行会把数字货币和电子支付工具结合起来,推出一揽子计划,以替代一部分现金。

对话 | 区块链被妖魔化还是观念难转变？

区块链一度被妖魔化，本质是思维方式的创新

屈林：从2008年比特币诞生起，区块链概念进入大众视野，但早期发展并不顺利，断断续续，经历了诸多波折。当我们在探索区块链技术研究路径时，听到了来自社会、学术界、产业界的许多不同的声音，有人将区块链妖魔化，因为它具有如去中心化、匿名性、可追溯性等特点；它在金融和数字货币领域已有许多应用，这给区块链产业的应用和技术发展带来了一些诟病。有人把区块链当作传销，也有人认为它似乎无所不能，成为万能工具。

我们对区块链的技术发展路径进行了许多新的尝试，包括如何促进产业的升级和更新，同时也要为社会进步和产业发展作一些技术创新和应用创新方面的努力和研究。2018年5月，国家技术转移东部中心正式成立了区块链产业中心，推动区块链技术创新，特别是与实体产业的结合。

第一，宣传区块链的技术和应用，同时促进产业规范发展。区块链本身并不是一个全新的技术，而是一个涉及人工智能、大数据、互联网、计算机、加密技术等领域，有多项计算机技术应用的集成创新。它的应用领域非常宽泛，所以导致大家误以为区块链是一种特别复杂、难以理解的新事物，甚至将其妖魔化。我们希望通过区块链产业中心的建设，以正视听，规范人们对区块链的理性认识。

第二，区块链不仅仅是一项新技术，譬如它的"去中心化"或"去中介化"更多是一种思维模式的创新。在区块链系统中，不同主体间的协作方式、通证激励机制、智能合约，将引发资源配置和价值分配体系全方

位的变革。未来产业的发展更多的是"区块链+"或"+区块链"模式,这是一种全新的模式创新,会呈现一个爆发式的增长和创新。

应用亮点:避免谣言散布,以信用激励引导舆论

屈林: 刚才蔡院长对区块链技术解决防疫中的痛点堵点作了具体讲解,我是这样理解区块链技术在公共卫生领域的新应用和发展的:

第一,通过区块链技术,逐步实现公共卫生信息在不同主题之间的互信、互通和共享。

第二,传统的公共管理模式是一种自上而下的模式,即由上层统一部署和下达指令,逐级传达。在新冠感染疫情这种突发性的重大公共事件中,通过"去中心化"的区块链技术,可以使不同主体和社会相关方之间的协作更加及时、准确、高效。

第三,区块链具有较好的激励手段,就是所谓的通证激励。通过区块链技术体现各参与方的主体责任和利益,可以运用区块链中的"智能合约"机制,来提高整个公共卫生治理的效率。

总的来说,在公共卫生治理体系中,区块链的优势突出表现在信息共享、多方协作以及监督和激励等方面。

我想和蔡老师探讨,在公共卫生治理中,区块链技术的发展在哪些方面最切实可行,或最能突出表现其应用成效,能被社会大众、政府相关机构接受?

蔡恒进: 我之前谈到的三大方面(舆论控制、科研激励与公共事务管理)都具有前瞻性,至于政府会在哪方面先行我们并不清楚,但我们面临转型问题。以发表论文为例,现在大家都发现,过度追求在 SCI 影响因子高的刊物上发表文章,并不一定对科研真正有益。又如,现在的舆论信息非常多,普通人到底应该相信谁?有些信息是谣言,但有些可能是正确的,有些一开始看似乎是错的,但最后证明是对的。对此,运用区块链技术可以在引导舆论方面做得更好,这就是区块链的基本价值中的存证功能,即说出去的话不能反悔。

通证激励的方式是区块链技术的另一个重要应用领域。公共舆论

非常重要,而且在很大程度上需要让公众保持一定的警醒意识,这样才能更有利于社会发展。公众可以持有不同的观点,政府可以倾向于表明哪种说法比较正确。公众可以选择依据自己的观点站队,假设这种站队能够决定未来接受惩罚还是获得收益,那么公众在选择站队时就会比较谨慎。最终,那些站队错误的人要为自己的选择付出代价,这样就会形成一个正向的激励和一个负向的惩罚。那些为认知付出代价的人,在下一事件发生时,可能就会变得更加谨慎。

观念上亟待解放:科技成果共享上可弯道超车

屈林:区块链技术的发展已有十多年的时间,特别近些年,区块链技术在产业界引起巨大反响,但至今为止,区块链技术还未真正形成突破性的创新和应用。我们也在分析,这一技术在金融领域、智能制造领域、公共卫生领域,包括食品的溯源等方面,都已经得到一些应用,但力度还不够大,也不够完善。您认为,如果要强力推动区块链技术的应用,目前面临的最大困难或障碍主要有哪些?

蔡恒进:我认为最大的难点还是在于观念的转变。观念是最重要的,假如我们意识不到它的重要性,就不会投入资源。因为在其形成规模前,无法预知它的价值。但更重要的是,希望国家层面愿意投入一定的资源,也希望能够得到各类区块链相关研究平台的支持。很多新技术一开始的价值并不明显,等到大众发现其价值时通常为时已晚。

在具体应用方面,除了舆论方面的信息共享外,区块链技术也可以用于科研。对于科研而言,我们应当更多从其意义上进行研究,而不仅仅追求发表文章。由于在区块链上的操作不可更改,个人的贡献有目共睹,只要有一个简单的想法就可以分享出来,这会促进科研的快速进步,而且是大家一同进步。我们可以直接运用区块链技术去发表论文,实现科技成果的共享。我相信这将会很有成效,也正好给了我们一个"弯道超车"的机会,因为西方的科研体制已经非常完善,所以缺乏改变的动力,而中国具有改变的动力,弯道超车、重起炉灶皆有可能。

另外,区块链技术还可以用来实现发明。一项发明不仅涉及发明者,也涉及专利的撰写、审查、推广和实施。现在所有的这些步骤都是分开的,但若放到区块链概念中,就有可能以最快的速度将它们整合起来。从最初的发明设想一直到最终实施专利的过程,各方可以共同进步,各得其所,每个人的贡献都可以被承认、被奖励。我认为这是个很好的机制,可以尝试去实施。

政府和有公信力的组织应该成为区块链发行主体

屈林:区块链技术的创新应用和发展,在公共管理领域中,政府和相关机构会参与进来,随后责任主体和利益相关主体参与进来,最后广大社会公众也会参与进来。公共治理本身就是一个多方协作的共识机制,从国家层面来说,要达成一个共识。区块链首先作为一项新的技术,有其自身的技术创新发展逻辑,同时它也带来了思维模式的创新,这可能是一个颠覆。区块链可称为"第二代互联网"或者"新型互联网",包括很强的信任逻辑和价值逻辑,可能会牵涉一些社会信任和发展的问题,我们现在正在构建智慧社会、诚信社会,可以说整个人类社会就是一个智慧体或是一个命运共同体。

请问蔡教授,"区块链+"的应用如果没有太多障碍,应当从哪方面入手更加有力?比如是从政府端还是企业端、用户端又或是所有的参与方端入手?

蔡恒进:区块链技术之所以被妖魔化、被诟病,就在于利益出发的主体存在问题,因为变成由个人发起,但个人的能力有限,所以需要通过众筹的方式收集资本,最后很多项目就变成了"割韭菜"。事实上,区块链的发行主体应该是政府,或是基金会这类有社会公信力和资源的组织。

举个简单的例子,为了提倡使用新能源车绿色出行,最初政府通过直接补贴整车的方式鼓励使用电动汽车,但导致真正被鼓励的可能是那些会动用社会关系的人群。假设运用区块链技术,政府可以更精准地实施鼓励,如鼓励提升电池性能,鼓励电能转化成动能的转换装置的研发,这是电动汽车最核心的两个部分。虽然政府愿意投资这一技术领域,但应当是以通证的方式进行精准或是对应用场景的鼓励,而不是通过笼统的方式。

屈林：就区块链生态建设而言，必须由主导方主持或参与主要发展过程，特别是在区块链用于公共管理的过程中，政府应该投入更多的资源，当然也包括区块链产业中心等行业机构，通过提供更多的平台，将许多关联方囊括在整个生态系统中，共同构建，确保整个生态系统的良好运行。

互动 | 中国哪些城市、哪些行业，区块链核心技术走在前列？

区块链研究需要文科学者，尤其是在社会可接受度上

上海文化传播工作者柴俊：听说美国的谷歌公司雇用了一些哲学家、社会学家参与区块链工作，请问现在中国区块链研究中有没有哲学、社会科学领域的一些学者参与？

蔡恒进：区块链技术实际上是一个非常综合性的领域，也可以视为一种理念。它的硬核之处是在数字世界中，将时间概念固定成了独一无二的存在。我们知道，在区块链出现之前，网上的所有文件都能随意拷贝，甚至修改时间，因此没有唯一性。但区块链技术使其变成了唯一，而且具有时间顺序。区块链技术是一个指向未来，甚至改变整个人类生存状况的技术，它使我们越来越多地与数字世界打交道。这其中当然也需要哲学、社会科学工作者的参与，实际上很多人已经参与其中。最早提出区块链技术的中本聪，就有哲学背景。早期的追捧者、参与者，他们拥有的哲学背景有点倾向无政府主义，所以强调"去中心化"，但这不利于社会生态的发展。

我认为，区块链研究需要文科学者，而且作为计算机技术研究者，我们也在思考一些哲学问题，例如，我今天就在谈人性问题。

媒体人李念：对文科生，有什么硬核理由要他（她）了解区块链技术？

蔡恒进：不仅理工科学者，文科学者也需要掌握区块链技术，这是一个未来变革的必然方向，因为它涉及每个人的生存问题。当然，我们不需要每个人都知道怎么写代码，也不需要知道密码学这些非常细节的知识，但我们要知道它能带来怎样的效应，那就是最根本的理念上的变革。

随着 AI 技术的快速发展,未来全球化会更加深入。

我相信文科学者也能在其中做出自己的贡献。事实上,许多事情不是说技术上能否做到,而是说技术上要不要做、该不该做,或者以什么样的速度来做。我们需要探讨的不是科学方面的可实现性,而是社会方面的可接受性,也就是社会价值的容忍度,这方面就需要文科学者的参与。

杭州教师方海泉:未来公共管理专业的本科生,是否有必要掌握区块链技术?公共管理学院是否要开这样一门新课?

蔡恒进:区块链技术本身强调的是一个观念的转变,大家可以对比一下 20 年前和现在的互联网,现在的人多少都了解一点互联网,但它在 20 年前看来也是非常神秘的事物,似乎只有懂技术的人在研究。我认为高校应该开设与区块链相关的课程,并且我建议最好用《区块链:链接智能未来》这本书作为课本,该书较为通俗,曾请新闻专业人士参与审稿,因此也非常适合文科生阅读。

个人可把控经过加密的数据,未来或可实现个人数据资产化

上海通信行业高工柴忠於:以后数据就是资产,资产就有价值,目前 App 大肆收集个人信息,是否可用区块链技术加密个人数据,把个人资产有价化?

蔡恒进:数据一直是区块链从业者希望颠覆的一个方面。确实,原来已经拿走的数据很难再拿回来,但在未来,数据可由个人把控,比如我们的医疗数据、个人轨迹等数据,完全由我们自己掌握。尽管某些数据在特殊情况下需要对政府或相关部门公开,但本质上,我们可以通过加密技术自己掌控。

另外,这些数据本身也可以用来营利。我们可以在不泄密的情况下,给第三方使用,这就涉及所谓的隐私计算。当然,有人说这还是以前的技术,但也可以理解成因为区块链技术的发展,我们才更需要隐私计算这种技术,而且更容易结合进区块链技术中。因此,区块链一旦发展起来,可以让每个人掌控自己的数据,并且又能将自己的数据分享出去,在他人无法获得个人隐私的情况下,参与公众计算,为社会做贡献。同

时，在这个过程中还可以获得一定收益，但其中涉及很硬核的技术。

人民币、美元和数字货币或将形成未来货币的"三国演义"

上海市第五十四中学物理老师李世新：区块链技术是否能助力人民币国际化？

蔡恒进：我们做数字货币时要做多币，就像我们当年通过外汇赚钱一样，我们现在要做人民币的在外流通。在历史上，在美国之外流通的不受美联储监管的美元，叫作"欧洲美元"，实际上有点双轨的含义。人民币也可以这样做，比如在推进"一带一路"过程中设计一种国际化的人民币。当然，人民币国际化肯定会面临美国的打压、Libra 的竞争等，但我们应该要做，也必须要做。

上海工程师黄增宏：中国央行的数字人民币（DCEP）和美国脸书的 Libra 有什么本质性的区别？

蔡恒进：Libra 是一个公司、一个团体，作为多个节点来发行的，它具有完全抵押的性质。人民币是中国人民银行发行的，而央行的数字人民币是由政府信用作为担保，其在价值上是信用货币，三者是完全不同的。我相信，最终应该会形成人民币、美元和数字货币的"三国演义"。目前，美元是世界上最主要的硬通货，数字货币的产生将削弱美元的地位，而人民币可以帮助数字货币对抗美元。我相信会有这么一个过程。

上海投资人付西蒙：虚拟货币是否还具有传统货币的属性？以去中心化为特点的虚拟货币如何保持或者实现一定的通货膨胀？

蔡恒进：未来虚拟货币的设计当然可以实现通货膨胀。虽然作为虚拟货币的比特币故意设计成没有通货膨胀，甚至有点通货紧缩的意味，但它作为一种创新货币，考虑的问题更多的是如何让大家快速接受，然后升值。从货币角度来看，未来将是一个货币充足的社会，货币竞争将变得更加严峻。数字货币、美元、人民币可能会形成"三国演义"的状态，需要竞争，但也可能形成共生的关系，实际上这样的关系更好。

屈林：2015—2019 年，几乎每年从国家到地方层面的法规和监管措施都对区块链在一些特殊行业的应用作出规范，特别是区块链在金融和数字货币等方面的应用是严格限制的。在2019年10月的中央政治局集中学习区块链之后,各地也陆续出台了一些促进区块链应用落地和产业发展方面的政策措施。总的来讲,目前国内对区块链的态度是松紧状态并存。从松的角度来说,政策鼓励区块链作为一个创新的技术应用和产业发展,但针对数字货币的发行来说,国家还是严格监控的。

区块链技术是理念上的完全变革,中国比海外发展更务实

上海金融投资领域工作者朱蕾:在3000多家上市公司中,超过500家公司自称与区块链有关联,但实际上业务真正属实的不到40家。我分析了一下,可能硬核的区块链公司屈指可数,这是否说明区块链技术应用在中国的推广速度比较缓慢?

蔡恒进:这种观察应该说是准确的。很多公司宣称与区块链有关,是因为它们认识到了区块链的重要性,但事实上它们无法立即进入该领域,这是很正常的现象。同时,也因为区块链技术的先期布道者"去中心化"的误导,让大家感觉运用起来较难,短期内并不容易实现。但假如只强调区块链的存证和通证这两个核心价值,实际上很多地方都能有所运用。例如,区块链能让管理变得更加精准,更能适应未来快速变化的场景。海尔公司曾想变革,让内部员工组成小单位,通过小单位的形式销售或者生产产品,如果运用区块链技术就能做到。又如,腾讯公司内部设有"赛马机制",简言之,就是同个产品,由多个团队同时竞争完成,这也可以用区块链技术来运行。区块链技术甚至可以扩展到公司之外,让外人也参与竞争。

事实上,这就是社会治理、公共卫生治理中的方向性问题,即关注的重点是关键技术、关键产品或关键场景的激励。所以,几乎每家公司都能运用区块链技术。另外,区块链技术并非要去中心化,剥夺原来的领导传递方式;反之,这一技术会让领导变得更加宏观,因为他只要把激励做到位,只要把资源放到位,让有能力、有资源的人参与其中。

并不是说区块链技术应用在中国发展得比较缓慢,在国外也是如此。在理念上,国外很多人还没有进化到试图颠覆固有理念的地步,仍然停留在早期状态,过于理想主义。而我们现在的思想更为实际,计划先逐步达成共识,然后再慢慢形成一个更大的共识,从而改变整个社会

的共识。这是我们与国外思路的不同之处。

北京、上海、杭州、海南、武汉是目前区块链的研究重镇

上海科技公司经理俞为民：目前我国区块链的研究重镇在哪里？我国区块链应用的前景可期待的行业与领域在哪里？

屈林：2018年和2019年这两年，各地区做区块链研究比比皆是，但特别突出的地区不多，也出现了几个研究重点地区。如北京，这与现在互联网技术产业、科研院所较多等因素有关，包括央行推动的数字货币等可能首先出现在北京。如杭州，从政府层面来看，杭州应该是区块链技术产业应用和发展呼应最快的城市，同时杭州也是互联网产业中心，杭州最早建立了区块链产业园区，众多区块链企业落户杭州。如上海，上海的国际化、人才和金融中心优势特别明显，所以上海也有一大批的区块链企业项目和研发机构落户。如海南，定位是自由贸易试验港，国家层面对其产业发展政策的支持力度大，区块链领域的人才培训和产业应用方面的企业在海南聚集。还有武汉，武汉作为中部地区的中心城市，也有许多区块链相关的应用研究，包括一些产业的应用落地。

从区块链行业发展看，在2018年之前，区块链技术应用在金融领域或类金融领域应用较多，真正与实体产业结合的应用落地项目较少，或者说没有现成一些具备显示度的应用。未来，很多领域都能应用区块链，比如公共卫生、公共治理领域，智能制造、工业互联网、人工智能、商品溯源、知识产权、数字版权等。我认为，在技术发展相对成熟之后，对区块链技术和思维会有更深入的认识，区块链技术将会应用到生产、生活的方方面面，甚至在所有的产业领域都有区块链的影子。目前还很难说区块链应用在哪个领域会特别强。

用到数据和互联网的企业，都可"+区块链""区块链+"

上海投资人付西蒙：区块链产业中心在助力企业或产业应用区块链技术方面有哪些优势？您对普通企业应用区块链技术有哪些建议？

屈林：东部中心区块链产业中心2018年5月成立，主要从事四方面

的工作。由于区块链的专业人才相对缺乏,从平台的角度,我们首先进行了区块链的人才培养,建立区块链产业学院,开设了全球第一个区块链与数字经济方向工商管理博士班(DBA)。第二是区块链的行业研究,成立了区块链研究院,与不同的学术机构、专业机构合作,在信息通信、人工智能、工业互联网领域的应用方面与不同机构合作,促进产业应用研究。第三是产业投资。任何的新技术和项目都需要金融助力,产业中心将陆续成立关于区块链的投资和创新基金,去助力区块链项目的落地和发展。第四是区块链的产业孵化。区块链产业中心不仅是一个技术创新、资源和技术转移的平台,更是一个产业孵化的平台,我们希望区块链技术和项目能更好地与产业结合,在平台上进行系统孵化、快速成长。

关于普通企业如何与区块链结合的问题,有"区块链+",区块链本身作为一种创新技术,需要寻求行业的结合点才能落地生根。同时,我们也需要"+区块链",许多传统领域,譬如信息通信、工业互联网领域的一些企业或项目,都可以应用区块链技术。现阶段,在信息、大数据产业,数字化程度较高的企业对区块链技术的应用可能更多一些,而传统企业相对少一些。相信未来,只要是用到信息技术、数据和互联网的企业,都会广泛用到区块链技术。

应多用区块链技术促进公益事业发展

湖北华林:区块链的定位,是公益性还是收益性?

屈林:对区块链本身的研究,并不是简单地以收益或是公益来定义。区块链作为一项新技术,既可以赋能公益事业,同时在商业领域中也有许多应用价值。例如,现在有些企业利用区块链技术改造、提升自身的产业发展能力,是收益性的。当然,区块链技术应用过程中,也有一些公益性行业的应用,如一些公益基金、社会募捐等项目,可以通过区块链技术追溯款项流向和使用情况。

今天我们谈的话题就是用区块链技术赋能公共卫生治理体系,本身就是赋能公益事业。我们不能简单地区分区块链技术到底是公益还是收益的,技术本身对不同领域都有促进。从产业研究的角度来说,我们希望更多的是应用区块链新技术去赋能或者推动整个公益事业的发展。

2022年，元宇宙的奋进和渐进

主讲：

沈　阳

清华大学新闻与传播学院教授、新媒体研究中心主任

元宇宙之热

(本部分内容根据2022年1月8日第158期"文汇讲堂"现场演讲整理，该期讲座为线上讲座)

虚拟人、机器人、真人三人行，元宇宙将提升生产力

沈 阳

2021年被视为"元宇宙元年"。相比最初在社会想象阶段元宇宙被"盲目叫好"和"一味唱衰"，近期随着互联网巨头争相布局、各级政府有序介入、网民广泛关注，元宇宙在2022年呈现出"奋进和渐进"的理性。今天和大家分享我们团队的最新研究和观察。

元宇宙火爆的必然趋势

1. 元宇宙遵循科技向善

截至目前，海外发生了两件与元宇宙有关的重要事件。

一是2021年美国军方花费近219亿美元购买微软的AR（增强现实）头戴设备，这是迄今为止与元宇宙相关的最大一笔合同。二是2022年1月，微软花费678亿美元收购动视暴雪公司，这意味着微软通过收购大型游戏公司来完备其元宇宙战略，因为游戏和社交是元宇宙的先发之地，两者一旦结合就可以快速打造元宇宙的闭环生态。

国内元宇宙热尽管存在培训课"割韭菜"、资本炒作等"负面清单"，但仍然促进了实体技术的发展。2021年，华为鸿蒙系统与苹果iOS、谷歌安卓系统的竞争态势引起了广泛重视，大疆发售的无人机与VR（虚拟现实）眼镜进行结合创造出的"实时沉浸"将会日益普及，新华社也成立了元宇宙联创中心并发布了数字藏品。总体来说，互联网研发的一个重

要逻辑是科技向善,适老护幼。我们相信,随着技术的迭代,元宇宙发展最终会更加健康,而这一过程中难免会出现一系列的波动。

2. 思想和探索有源可溯,生产力提升是动力

元宇宙不是一夜间的突袭,思想其来有自,探索从未停歇。

从虚实补偿论的人类文化心理来看,元宇宙印证了中国古代哲学中的"六观",即虚实观、生死观、有无观、天人观、阴阳观、色空观。

从中国科学发展史看,早在1990年,钱学森院士在致汪成为的手稿中就已提到"Virtual Reality"(虚拟现实),并翻译为具有中国意蕴的"灵境",他预见这一应用于人机结合和人脑开发的技术将引发一些震撼世界的变革。

从人类对元宇宙的探索来说,1981年出现了最早的元宇宙构思。1992年,小说《雪崩》中正式提出了"元宇宙"一词,每个人在元宇宙中都有一个虚拟世界的"化身"(Avatar),这个思想奠定了元宇宙的根本属性——时空延展性和人机融生性。电影《黑客帝国》《盗梦空间》中的梦境相当于元宇宙中可再建元宇宙,电影《头号玩家》《失控玩家》中则构建了接近于标准版的元宇宙。这些科幻梦想都是人类迈向元宇宙世界的重要思想源泉。

我个人在2007年撰写论文《虚拟社区与虚拟时空隧道》,从根本上探讨了跨多个元宇宙应用的互操作性问题,无意中与元宇宙结缘。

现实中的动力来源于技术逻辑和社会文化。只有突破视觉和听觉的二维表达,到达元宇宙的三维化互联网形态,才会带来生产力的极大提升。同时,这个提升既能打破当下移动互联网格局中的固化和垄断,也能大幅度改善创造者收益不公的生态,使每个人在合法合规下拥有数字资产。据统计,2020年手机销量较2019年有所下降,民众更换手机的频率已经下降至25.3个月了。区块链技术能使数字ID、数字身份、数字形象相统一,由此把数字资产转化为收益。

综上所述,元宇宙的火爆只是缺少导火线,它的蓬勃发展是必然趋势。

元宇宙三大核心技术带来的三大特性

如何定义元宇宙,至今仁者见仁智者见智,总体上它是一个动态的、不断被丰富的概念。

1. 何谓元宇宙?

我在 2021 年时曾提出,元宇宙是整合多种新技术产生的下一代互联网应用和社会形态。它基于扩展现实技术(XR)和数字孪生实现时空拓展性,基于 AI 和物联网实现虚拟人、自然人和机器人的人机融生性,基于区块链、Web3、数字藏品、NFT(非同质代币)等实现经济增值性。在社交系统、生产系统、经济系统上虚实共生,每个用户可进行世界编辑、内容生产和数字资产自所有。

从这一概念来看,元宇宙包括三层含义。第一,通过 XR(包含增强现实 AR、虚拟现实 VR、混合现实 MR)和数字孪生这些技术实现三维化的互联网。第二,三维时空催生虚拟人和实体化机器人,虚拟人和实体化机器人依靠 AI 引擎实现。第三,虚实空间和个体的本体存在创造经济活动,依靠区块链、Web3、数字藏品、NFT 等技术或机制实现。在三维化的时空里放置虚拟人,然后将虚拟人实体化,变成机器人。元宇宙自然就会出现虚拟人、机器人、自然人三人行模式。

畅想一下十年后的场景。你躺在床上,日常上网由你的虚拟人协助:你可派他到知乎上回答问题,也可派他去爬虚拟长城,拍摄一段虚拟视频去发抖音和快手;你还可以让机器人去拿外卖。如果你在网络中看到一个喜欢的虚拟人,在得到虚拟人的授权之后可以下载,通过 3D 打印或智能制造,第二天就能送到你家。

这是比较完整的元宇宙的三层逻辑——空间、人、经济活动。

2. 如何构建一个标准的、完整的元宇宙?

要想构建一个标准的、完整的元宇宙,可以从以下几个步骤着手:第一步,数字孪生。以清华大学为例,首先把清华大学有史以来所有的校友和在校师生全部做到虚拟世界中去。这就需要大规模、低成本的制作空间、时空环境的软件和工具,包括虚拟人。我们团队曾经做了一个非常真实的虚拟人,成本是 200 多万元人民币。未来希望每个虚拟人的制作成本都降到 50 元甚至 5 元,让每个人都拥有自己的虚拟人。

第二步,虚拟原生。当你的虚拟人来到清华大学虚拟的数字图书馆阅读时,发现左边坐着 20 岁的虚拟林徽因,你可实现与林徽因成为同学的想象。右边坐着 20 岁的虚拟梁思成,你说:"思成兄,没想到你长这么帅,我俩能否合个影?"你们合影的动作就叫作虚拟原生。同理,未来我们可派虚拟人去火星上拍视频。

第三步,虚实共生。你把那张合影照片打印出来放入家中相框,或发朋友圈,就是虚实共生。

第四步,虚实联动。有一天,你在真实的图书馆里发现 20 岁的梁思成高仿真机器人,他正坐在书桌前阅读。你走上前询问:"思成兄,还记得前段时间我们在元宇宙里合过影吗?"他回答道:"我记得,我俩合影时你笑起来还有酒窝呢。"这就是通过一套虚拟人与机器人的统一驱动引擎,实现虚实联动。

从哲学意义上来说,数字孪生的过程也就是人类从实体世界向虚拟世界迁移的过程。

3. 元宇宙属性之一:时空拓展性

元宇宙有三大属性,一是时空拓展性,二是人机融生性,三是经济增值性。严格意义上来说,所有元宇宙的活动都遵循这三大属性。在元宇宙上搜寻,第一可以搜时空,第二可以搜虚拟人、机器人,第三可以搜经济资产。我们需围绕元宇宙的三大根本属性展开研发和运营。

元宇宙实现了四大时空拓展。第一是生存空间的拓展,包括静态与动态空间拓展。现实中一间办公室可能只有 10 平方米,但若戴上 VR 头盔进入虚拟世界,办公室面积可以随意扩大至 1000 平方米,甚至 1 万平方米。这是虚拟空间对真实空间的拓展。AR 在我们真实空间中叠加多个图层,实现了同一空间中多图层空间的拓展。

第二是多感官体验的拓展。元宇宙里充斥着时空流,各种时空信息扑面而来,万般皆备于我,人们可以从特定时空片段切入,查看当时的具体情节。例如,在元宇宙中可以做一个版本,与中国古代历史中的上百个皇帝见面。只见一个个皇帝从你面前经过,你喜欢谁就可以与谁畅谈。时空流会带来一种全新的多感官的交互体验。它的推送是根据用户脸部表情进行,不同于今天的抖音,更多的是根据手机上的交互行为的数据。所以,元宇宙的研发值得我们持续挖掘。

第三是视角维度的拓展。真实世界中都是以第一人称来观察世界,在元宇宙中既有你的真身又有你的分身,人类的视角有所变化。例如,当你看到你的分身与他人吵架时,相比你本人与他人吵架,应当会更具有反思意味。人类也可以变成漫威电影里的蚁人看世界。元宇宙中的个人视野微至原子、分子层级,巨至太阳。

第四是思想向度的拓展。元宇宙告诉我们,探索宇宙和创建一个元宇宙同等重要,当你学会创建一个宇宙时,对探索宇宙也会有更深刻的认知。元宇宙时空架构取决于人的想象力,真实世界中的高楼最多建到1000层左右,但元宇宙里可以建一栋10万层的楼,甚至更高。元宇宙还可以实现实时沉浸,当宇航员登上月球时,地面上的人只要戴一个VR头盔就能进入宇航员的3D全景视角,相当于地面上的人也在月球上漫步。

基于时空拓展性这一属性,我提出了数理、物理、地理、心理、事理、伦理这"六理"模型框架。数理即这些已有的和将有的数字技术;物理是指元宇宙是对现实世界的模拟和超越,是一种有选择的解放;地理是指元宇宙由AI生成,用户参与,具有时间的规定性;心理是指元宇宙里的时间流逝与现实世界不同,过度沉浸在虚拟世界可能难以辨别真实世界与虚拟世界,这就需要人类对元宇宙从认知转向认同;事理是指元宇宙中的事物需要构建起流动、转化与关联逻辑;伦理是指元宇宙中存在诸多风险,需要立法监督。

4. 元宇宙属性之二:人机融生性

人机融生性将会实现自然人、虚拟人、机器人的共融共生。

《西游记》里，孙悟空拔一根毫毛就能变出一个孙悟空，而人类很快就会具备这种能力，创造出一个与自己长得一模一样的虚拟人，在手机、AR 眼镜里帮忙处理一系列事务。可以想象，我现在在做客"文汇讲堂"的同时，我的另外一个分身正在中国信通院的会场做报告，这相当于元宇宙的技术多给了我 20 分钟。对此，我们称之为多空间多线程分身。

仙侠小说中就有分身的情节，涉及一个"神识"的概念，即人的意识离开身体能够探访到周围的变化。这个"神识"通过什么来增强呢？通过虚拟人在虚拟世界的感知。你可以派机器人出去，或者是传感器，把信息收回至你本人。研究元宇宙，本质上是要提升人类本身的能力，让人过得更好，使科技向善。高仿人是作为人的"智械假身"。自然人、虚拟人、高仿机器人，这三身要溯源对应。按照我们国家的法律，前台匿名后台实名，在三身合一的情况下，将会发生效能的跃升。

总体而言，虚拟人是元宇宙的 NPC（Non-Player Character，非玩家角色），机器人是真宇宙的 NPC，自然人是超宇宙的 NPC。

虚拟人是元宇宙的基本生命形态，分成四种类型：卡通萌宠型、真身复刻型、写实型和超写实型。写实是真假可辨，超写实是真假难辨。国内有 80 多个专业的 3D 捏脸师，最高收入是每月 4.5 万元，真实世界的收入在每月两万元左右。捏脸是元宇宙中非常重要的一环。虚拟人的进化路径将是 AI 驱动，从拟人化走向同人化，再走向超人化。

虚拟人主要的三个应用领域，一是传播型、网红型的虚拟偶像；二是专业专家型虚拟人；三是生活陪伴型虚拟人。虚拟人的应用场景非常广泛。虚拟人实体化就是高仿人机器人，它是解放人力的综合技术体。

5. 元宇宙属性之三：经济增值性

经济增值性主要有两条路线：一是虚拟原生的经济将会越来越发达；二是虚实共生的经济，结合传统行业与数字经济产生资本增值。虚拟人及其衍生的使用价值创造很值得大家关注。当个人拥有虚拟人之后，就会考虑它的衣食住行，由此产生虚拟房地产、虚拟装饰、虚拟房屋装修等各方面的衍生价值。在经济体系中，可通过数字藏品来实现元宇宙中的数字价值等一系列的货币交换。

数字藏品有四个价值：一是稀缺价值；二是艺术价值；三是功能价值，如制作应用时，设置好仅拥有某个数字藏品才能使用；四是炫耀性社交价值。元宇宙中有人背GUCCI包，有时价格高于真实世界，因为它是炫耀性社交。如果造假被人举报后会被封号，若此号用得较久，损失会惨重。当然，目前数字藏品本身尚存在金融风险和估值结构不合理、版权和所有权的司法解释不足、资产流动性较弱、价格机制不合理等问题。

在元宇宙经济中，最重要的一项收益是"基于智能合约的累计收益"。在元宇宙里创建一幅画出售，通过智能合约规定，这幅画每次转手，原始创作者都能提成10%。

元宇宙要实现的是在马克思主义指导下的虚实和谐。元宇宙时代带来的是从信息社会到体验社会，再到共生社会的形成，这个共生包括了人机共生、虚实共生等方方面面。元宇宙的实现将带来五大平权：一是外貌平权，即在元宇宙里，每个人都可以选择自己最漂亮、最喜欢的形象；二是性别平权，任何人都可以在元宇宙里选择喜欢的性别；三是肤色平权；四是种族平权；五是语言能力平权。这将是人类历史上首次实现真正意义上的五大平权。

全球布局下的产业大机遇

当前，全球都在布局元宇宙技术与产业链。

1. 美国巨头五路并进，军事应用积极

美国巨头是五路进发，Meta、微软在硬件方面都比较强，软件方面也作了系列部署，生态方面、货币方面、投资方面也没遗留。在游戏引擎方面，美国已处于垄断地位，Unity和Unreal Engine的市场占有率很高。在研发周期较长的脑机接口方面，马斯克的目标是帮助十亿残障人士和神经系统疾病者。谷歌的真人交互技术，很好地利用了裸眼3D技术三维视觉体验，户外裸眼3D显示屏已成为各大城市网红打卡点。

美国还将元宇宙技术应用到了军事领域。美国军方重金购买微软

的 AR 设备,试想迎面开来一辆坦克,佩戴 AR 设备的战士即刻能识别出型号,并给出炸毁方案。利用的就是元宇宙中的信息智能增强系统。

2. 每种技术都能找到新目标定位:AR、VR、XR

元宇宙是目前对于所有信息与通信技术(ICT)的汇总,每种技术都能在其中找到自己的新目标定位。

具体来看,AR 是真实世界的元宇宙的基本技术,已出现过爆款。当下,Niantic 是重要的 AR 真实世界元宇宙的搭建者;华为与谷歌在 AR 领域也展开了激烈竞争,华为的 AR 引擎目前的安装量已经达到 11 亿次,谷歌也在恢复做 AR 操作系统。AR 早期盈利是通过 To B 的方式来实现,C 端市场尚待启动。而 AR 眼镜是元宇宙普及的一个先导性的产品。

目前,VR 头盔是 AR 眼镜出货量的 12 倍。这个行业将会不断出现发展高峰,也会产生泡沫。VR 主要是社交+游戏,当它以游戏为主时,销量超不过游戏机;扩展至工作之中,销量又不及 PC 电脑总量。

在 XR 设备方面,苹果入场会直接改变 XR 市场份额的比例。新能源车市场的增长,可作为未来 XR 市场生态格局的一个借鉴。XR 的研发将造福于近视眼患者。

3. 诸多领域可以与元宇宙结合,养猪公司也可做元宇宙

元宇宙有很多应用领域。比如,VR 和 AR 技术可应用到农业领域——模拟种养,增产提质。最近有一个养猪公司咨询我,能否做元宇宙?当饲养人员想去猪圈里检查时,他可能觉得有点脏不想进去,可以考虑用 VR 技术将猪圈三维化,饲养人员只要佩戴一个头盔就可以"进入"猪圈里了。另外,也可通过 AR 技术识别猪的健康及生产过程中的一系列信息。

元宇宙可以和很多行业结合,如党建元宇宙、政务元宇宙、历史元宇宙、航天元宇宙、文化元宇宙、教育元宇宙、科普元宇宙等。

人类对信息的利用可划分为七个层次。1.0 阶段,通过语言交流。2.0 阶段,运用电子计算机交流。3.0 阶段,开始构建元宇宙。4.0 阶

段,人类创造的 AI 能构建出元宇宙中的元宇宙。5.0 阶段,人类做的 AI 能返回高层宇宙。6.0 阶段,人类在 AI 帮助下,不仅能够往下嵌套子元宇宙,还能洞察现实宇宙。7.0 阶段,人类在 AI 帮助下探索高维宇宙。目前人类还处于 2.1 阶段。伴随着理性的奋进和渐进,在未来的元宇宙中,人类有望达到人机和谐,充分享受科技向善的成果。为了这更加美好的一天,尚需各层面不断努力。

互动1 | 我的分身在元宇宙里犯错了怎么办？

分身参加讲座可实现，而且零成本

媒体人李念：目前可否实现派分身参加讲座？技术上怎么实现？

元宇宙实操专家、清华大学沈阳教授团队成员李祖希：目前有两种类型的分身。第一种叫阿凡达模式，有虚拟的躯壳，真人在背后实时操控，其实只是替换了自己的形象，但可以出现在虚拟的场景和空间中。第二种是AI驱动的虚拟人，又分为两个小类型，一是TTS模式，即文本驱动语音，生成一个虚拟人的形象，提前把我的语音导入，参会中就会自动讲述；二是更深层次的AI应用技术，需要把一个人或者是一类人的专业知识、沟通中的特点告诉虚拟人，完成深度学习后完全脱离人的控制、脱离文稿的控制，灵活地和真人进行交流互动。这一类我们正在研发，还没有特别成熟的应用。通常我们接触到的手机助手或智能客服机器人已能完成日常对话。我们后续会针对专业领域打造虚拟人来应对专业级问答。

李念：设置分身的成本是多少？

李祖希：基本上零成本，相当于对于虚拟形象进行有限的修改，平台上已经内置了很多形象。目前，定制类型的虚拟人成本比较高。其实，四种虚拟人都可以定制，最高级的超写实虚拟人，因为更加接近于人类，逼真度更高，所以对于整个外形、后续自动化的算力要求会比较高。电影当中看到的非常接近于真人长相的就是超写实虚拟人，他们是最贵的。

真人、虚拟人、实体机器人将三位一体，真人是责任主体

在联合国实习的外交学院硕士戴赟：元宇宙空间当中的主体、客体

怎么定义，相关的法律关系是怎样的？

李祖希：这是很有意思的话题。元宇宙当中是允许每个人有多重分身的，我现在的分身是真人在背后，也可以用AI驱动的模式。在不同的虚拟场景当中，我可以让我的分身去演讲、去交流，这些分身都属于我，后续无论是所有权归属还是责任主体，都是我。元宇宙当中，不光是一个一个的虚拟人云集，其实这背后是以每一个真实人为中心，一系列虚拟人作为分身或者是化身出现在其中的。

我们团队也在研究实体的虚拟人，实体的虚拟人也是某一个真人，或者是某一个思想的化身，他们同样也是责任主体的化身。这也是我们后续要呈现的方式，我们把它叫真人、虚拟人、机器人三人行的模式，即三个主体统一在一个真人的身上。

李念：假设我的虚拟人在元宇宙被不少虚拟人追求，我的虚拟人会不会脱离我自己的意志做一些胡乱的承诺，我这个真人可以完全控制我的虚拟人吗？

李祖希：没错，在科幻电影里显示的终极形态，是使得机器人或者是虚拟人拥有自己高度自由的意志，脱离人的控制，但是这一天还是离我们很遥远的。更有可能的情况下是，虚拟人脱离人的控制，拥有自由思想的设定，是提前设定好的。在美剧《西部世界》中，机器人完成了自我的觉醒，拥有了属于一个真人的自由的想法，其实也是在最早期被写入程序的。

我们通常会认为，每一个真实人的意志、思想都是自由的，都可天马行空，但这其实是受每个人的认知所限制的，这一原理同样也存在于虚拟人的脑子里面。我们是虚拟人的上帝，我们创造了它，如果我们写入了一个程序，使它可以在某种条件下拥有一定程度的自由意志，从而会作出一些承诺，但如果这个承诺会引发一些问题，还是可以追溯到创造它的人、拥有它的人。

元宇宙中的法律问题出现了新的内容，需要进一步规范

律师麻国安：虚拟人的法律地位怎么认定？

李祖希：虚拟人其实属于两类主体。对于阿凡达模式，虚拟人是属于我自己的，如果它在网络上说错了话，或侵犯了其他虚拟人的隐私，或做了让别人不舒服的事情，因为是前台匿名、后台实名，所以相关责任是属于我个人的。

如果虚拟人是由 AI 自动驱动，可能是某一个平台推出的人工智能虚拟人，其所有权、责任主体就属于某一个经营主体。网络不是法外之地，元宇宙里也是如此，加上区块链技术，可以更便捷地认证和追溯虚拟资产、虚拟人的责任主体，相关的法律问题也可以更便捷地厘清。

元宇宙当中的法律问题相当丰富，有一些甚至是现实世界不曾出现的。比如说现在一些虚拟社区里的虚拟人很活跃，如果一个虚拟人触碰了另外一个虚拟人，或者是谩骂，或者有一些不合规的动作，同样也要得到法律的约束。在移动互联网时代，所有的法律或者是伦理道德问题，在元宇宙当中会得到更加鲜明的凸显，相关的规则、相关的约束也会延续适用。

自然人和由真实人控制的虚拟人交流很丰富，肌肤可"接触"

海南大学教授傅崐成：自然人和虚拟人之间有没有肌肤接触？

李祖希：这涉及所谓的自然人和虚拟人的接触问题，一般有两种接触形式：形式之一，真实的人以虚拟的形象出现在元宇宙中，和其他虚拟人进行接触。如果虚拟人是由 AI 驱动的，背后有一个真人，两个人可以握手、可以拥抱，此时是通过搭配的手柄，或更加高端的体感设备，会产生肢体接触的触觉。另外一种形式更加普遍，我们在手机、电视或者线下空间中，经常看到一些虚拟人完成一些信息播报的工作，这是语音的接触、眼神的接触，也可以是隔空肢体的"接触"。

除了触觉的接触，还有很多接触的方式，和现实生活当中实体的接触类似。我们现在正在研发实体机器人，可以体验作为虚拟人的智慧，也可以在身体上有真切的感受，实体机器人是综合了真人、虚拟人两种人的分身优势，后续会出现在我们的生活当中。

大学生周雨晨：工作或生活当中经常使用分身，本体的孤独感会不会愈演愈烈呢？

李祖希: 其实我们在互联网当中交流的对象或者说分身,也不一定全是 AI 驱动的虚拟人,大部分还是和真人交流,只不过每个人有了一个虚拟的形象。现在元宇宙当中的 Rec Room、Decentraland、Roblox 等应用或平台,背后都是真人实时交流的,其实能很好地消除我们的孤独感。在全球的平台上,可以和各国人通过这种虚拟人的形象实时语音交流,其实是拓宽了我们的社交圈。

当然,像移动互联网一样,这一类应用,一方面拓宽了我们的社交范围,另一方面则可能使得我们原来的近距离社交、亲密关系,遭遇到一定的缩减,在时间上、强度上可能会增加这一方面的孤独感。但是,它带来的社交体验是前所未有的。辩证来看,这并不意味着脱离了现实,只是意味着我们社交关系的断裂,但换来的是我们社交能力范围的拓展以及不同维度的体验。

积极看待虚拟世界和现实世界的冲突,是变革期和进步期的必然

上海高校教师王亚南: 虚拟世界与现实世界发生冲突时怎么办?

李祖希: 我们可以先区分一下元宇宙和现实世界发生冲突的几种方式。第一种,虚拟世界在很大程度上取代现实世界。比如说我们的讲座或者说线上会议,都在腾讯会议室举办,腾讯移动端是追求效率和形态的,开视频的话,会对空间、人的仪容和姿态作比较严格的管理。如果我是虚拟人的身份,需要仪容相对比较完善,或者是以可控的形态出现。后续如果这种情况变成常态,就会替代绝大部分传统移动互联网,或者是线下的活动。这是一种冲突,我认为是比较积极的冲突。

第二种是秩序上的冲突。线下有比较分明的社会阶层,或企业内部秩序,在元宇宙当中相关规则都可能会被打破,面临秩序的重组,无论是个人还是组织,都会经受一个动态调整的过程,这可能会触犯现实生活当中的既得利益团体,这也是和现实生活的冲突。

综合来看,一个新平台的出现,就像一个新大陆开发一样,都会对原有固化的东西带来新的挑战和冲突,等新秩序得以稳定之后,可能就会

出现一个新世界,带来更多的机会。这一变化的过程是一个振荡期,也是进步和革命的时期。对于目前元宇宙和现实世界的冲突关系,我们需要从积极的角度去解释。

拒绝元宇宙,将会带来生活沟通困难,并缺失美好的沉浸体验

上海通信行业高工柴忠於:元宇宙前景非常好,如果我们不占领元宇宙会被开除球籍吗?

李祖希:元宇宙并不仅仅是一个虚拟的空间,并不像我现在VR里面,只能与世隔绝,沉浸在其中。它有广泛的应用,比如通过虚拟藏品交易的形式,通过日常学习、生活或者是工作中增强现实的形式表现出来,大家后续不论自愿与否都会接触到。可能五到十年之后,元宇宙就会像现在的二维码等一样,应用非常普及。届时,如果大家没有成为它的用户,可能会给生活带来极大的不便利。开除球籍倒不至于,但会使自己比较难以融入有沉浸感、更加美好的虚拟世界。

元宇宙本质是要推进人类在现实生活中生活得更美好

广西高校教师王迴:元宇宙一定能战胜真实世界吗?

李祖希:不会。元宇宙并不是纯粹虚拟的应用,其最大的价值是和现实生活紧密相连,包括虚拟人、AR、NFT等形态,它们是帮助我们在现实生活当中生活得更好。从地球文明而言,人类要拓展元宇宙这样的内生的新世界,同样还要去火星,去外太空征服星辰大海,这两者看似矛盾,其实也是相辅相成的。只有我们在元宇宙当中习得了更多创建的规则,拥有类似"上帝"的全能技能,才更有利于拓展我们外部现实的宇宙空间。同样,我们拓展了宇宙空间,学习更多经验之后,可以更好地建设人类自己内部的元宇宙。这两者不矛盾,这类经验和规则,也有助于我们处理现实空间中存在竞争的关系,总体上有利于我们在现实生活当中,包括在未来宇宙的范围内生存得更好。

互动 21 美国在元宇宙中处于什么位置？资产在元宇宙中如何确立？

美国在底层技术和应用型技术上处于领先地位，中国是最近的跟随者

上海社科院助理研究员刘锦前：在元宇宙这个新兴领域，和美国相比，我们有哪些优劣之处？元宇宙领域的推进是否会在全球层面引发新的垄断、竞争，或者是彼此之间敌我矛盾的深化？

李祖希：这是一个很深刻的问题。美国目前掌握了元宇宙相关的关键的底层技术与应用型技术。底层技术表现为，搭建元宇宙的世界、空间，会用到 Unity 和 Unreal Engine 这两大引擎，它们原先主要是搭建游戏场景的，但在元宇宙当中，相关的引擎是必不可少的，美国在这一市场拥有绝对占有率。在应用层，美国也大幅度领先于世界其他国家，像英伟达推出了元宇宙的尖端引擎，不光涉及空间的搭建，也涉及虚拟人智能化能力的搭建。在元宇宙的入口级技术、产品上，美国也是领先于其他国家的。

在很多方面，中国现在是最近的追随者、比较大的市场的应用者，我们在应用层面进行了不少的创新和市场的培育，但在很多底层能力，或者应用层背后的深度能力、技术上，对美国追赶的态势，可能还要持续很长时间。

元宇宙中社会关系和秩序可实现重建，最后也会出现垄断

复旦大学马克思主义学院博士生汤璪：元宇宙中的社会关系似乎是

可以重建的,重建的社会关系当中是否有相应的社会秩序或者规则存在?是否会存在垄断?

李祖希:是的。新的世界会有新的规则,新的规则会带来整个社会关系的重组,原来在现实生活当中并不成功的人,可能在元宇宙当中拥有自己的一技之长,在新的社会关系当中获得新的角色,拥有权力、资本,也就是说人在新的规则当中找到新的生活状态。

同样,其他的机构或者是主体,也会在新的生活当中找到自己的位置,比如说脸书可能会基于自己的社交网络和移动硬件,打造自己的元宇宙帝国,基于此,它在元宇宙世界当中就拥有了巨大的流量、影响力。技术的壁垒同样也会存在,所以,垄断或者说竞争必然会发生,只是变化了一个发生场景,即在元宇宙这样一个新技术、新平台和市场空间内发生。

元宇宙里的数据资产由区块链赋能确立公权和私权

保险从业者王莹:元宇宙更强调数字资产,它是怎么保护的?是否也涉及公权和私权?

李祖希:首先,数据资产是元宇宙基本的构成要素。元宇宙里对于资产的理解和现实当中略有不同,现实当中资产可能是房子、物品、现金;但在元宇宙或虚拟世界中,虚拟人也属于资产,它本质上不属于生命,但是又和生命体存在绑定的关系。

其次,未来所有元宇宙的资产都会得到区块链的赋能,都会上链,在上链过程中可以通过技术对于公产、私产作出界定,且是不可篡改的,即可以把我的物品标记为绝对的私产。比如我画了一幅画,可以把它放到区块链上进行认证,后续所有人使用或者交易这幅画,都是基于我原始画的赋能,理论上而言,相关的交易我都可以从中获益,这也是现在国际主流的 NFT 的交易或者是经营的方式。

同样,我也可以把某些资产开放为公有资产,只需要我在区块链上进行相关的标记。其他人可以通过区块链的认证,了解到某个资产的属性。这就是公私区分,而且相对于现实环境,更加有利于明确公私界限,无论是公链还是联盟链,都可以更好地区分。

资产可以分为和现实共生的数字孪生与不连接现实的新创造

CPI 统计行业杨福兴:元宇宙提供了无限丰富的世界,其中有区块链技术,虚拟世界的虚拟资产存在价值评估和无形资产评估,虚拟资产与现实资产是什么样的关系?

李祖希:虚拟资产,无论是虚拟人还是虚拟物品,我觉得有两种形式。第一种来自数字孪生,比如说我把我的电脑数字孪生进入元宇宙;第二种是新的创造。第一种不仅仅是外形是否孪生这么简单,还在于数据的互通,我们把制造手机的工厂进行数字孪生之后,现实当中发生的人员、数据的变化,所谓人、货、场的变化都会映射到虚拟空间当中,这种强关联的关系就是孪生的关系,并且是持续共生的关系。

从整体类型上看,通过数字孪生形成的虚拟资产是实时连接的,新创造的则是一种脱离了现实的物理的、数据的束缚,独立存在于虚拟空间当中的创造性产物。

元宇宙里的资源争夺或体现在流量、虚拟人、规则制定上

IT 从业人员谈健:元宇宙里是否会发生战争来争夺资源或者规则制定权,以此快速推进元宇宙的发展?

李祖希:与现实世界不同,元宇宙当中稀缺的资源已经变了,也会有战争,但是战争的形式也会变。比如说,在现实世界中,土地资源、石油资源都很有限,大家容易进入零和博弈,甚至通过各种战争抢夺这些资源。在元宇宙中,这些资源理论上是可以通过算力来无限增长的。所以,资源的争夺对象会变,比如说争夺流量,像互联网平台一样,需要更多的人注册进入某一个元宇宙中。还有就是对于虚拟资产所有权的争夺,比如虚拟的土地、虚拟的藏品、虚拟人,围绕它们的所有权同样也会产生利益的争夺。

所以,元宇宙当中的很多资源,理论上说是可以无限复制、无限增值

的,而平台为了营销的目的,为了发展的目的,会通过制定一系列的规则,使得一些资源变得稀缺,从而形成有争夺或者是竞争的价值。

元宇宙之间的壁垒是人为设置的,互通性要素会随发展越来越多

海口法学研究者苏海平:元宇宙系统之间是否存在壁垒?如果有,如何打通这些壁垒?

李祖希:这个壁垒很多时候是人为产生的,没有壁垒的话,流量是互通的,这样就很难产生经济价值。就像每一个 App 背后的公司其实是相互分割的,这样才能使得每一个壁垒背后的拥有者获得更好的收益。元宇宙当中很多应用之间的壁垒是人为制造的,但是总有一些要素是互通的。除了账号的互通之外,区块链的 NFT、数字货币,或者是其他认证的信息也是互通的。

当然,我们现在的硬件在入口方面也是互通的,这些互通也是竞争之后的结果,相关应用依靠强大的功能、强大的用户体验,使得不同的平台主动或被迫接受这些应用的形态。这使得虚拟人的要素也可以是互通的,也就是用同样虚拟人的形象、技能等穿梭于不同的元宇宙平台。后续那些有最佳用户体验的元宇宙的要素,会打通各个小元宇宙之间的壁垒,成为通用要素。

普通人可通过各种应用参与元宇宙,如购买 NFT 藏品增值

上海市第五十四中学物理老师李世新:普通人可以通过哪些途径参与到元宇宙生活当中?

李祖希:普通人可以便捷地接触到元宇宙。首先是通过一些应用,比如说基于虚拟场景互动的应用,相关的硬件成本性价比其实很高。现在是 AR 爆发的前期,等有好的增强现实设备发布后,会提高增强现实技术的普及。增强现实和虚拟现实不同,会更加深入地融入我们的工作和生活,起到信息增强辅助的作用,所以我们很看好 AR 元宇宙在未来

的应用。

另外就是虚拟人。现在很多社交平台都在推出自己的虚拟人。我们使用一个 App，就可以打造一个自己虚拟人的形象，来参与平台的活动。

包括支付宝在内，一些小程序已经上架了虚拟藏品，新华社也推出了自己虚拟藏品的平台。如果有人爱好集邮、爱好收藏，对数字藏品感兴趣，可以通过不贵的价格，可能就是几块钱，收藏自己的虚拟藏品，未来它不光有审美的价值，还有经济上的增值性。可以说，NFT 数字藏品也是元宇宙典型的应用。

企业或团队找到和元宇宙结合的技术点、应用点，是有价值的投资

退休人员徐海眉、郑州金融从业人员陈志强：个人怎么投资元宇宙？

李祖希：元宇宙的投资分为几个层面。一是个人的投资。个人可以持续研究元宇宙，以增长自己对这个新领域的认知。现在元宇宙有很多概念公司处于快速成长期，在股票市场也非常活跃，在这个领域还是有很多红利的，因此可以进行实际的投资。当然，这也是要基于自己的深刻认知，才能识别出哪些是真正具有成长性投资价值的。

二是企业的经营者或者是团队的运作者，可以在属于自己的领域当中找到一些和元宇宙结合的技术点、应用点，从实际应用的层面推进元宇宙的落地，这也是更加具有长远价值的投资方式。但是，元宇宙领域整体还处在泡沫高涨期，建议大家一定要谨慎投资。

脑机接口：生命进化新高度 BTIT 时代新角色

>>>>>>>>>>>>>>>>>>>>>>>>>>>>>>

主讲：

陶 虎

中国科学院上海微系统与信息技术研究所副所长

对谈：

林龙年

华东师范大学脑科学与教育创新研究院常务副院长

何 静

华东师范大学哲学系教授

（本部分内容根据 2023 年 8 月 26 日第 163-2 期"文汇讲堂"现场演讲整理，该期讲座由文汇报社与上海树图区块链研究院联合主办）

脑机接口：近可治渐冻人，远可憧憬"人体冬眠"

陶 虎

脑科学的研究难度

从进化的角度看，现代智人在 21 万年前走出非洲。经过漫长的时间，人类已进化成为地球的主宰，位于食物链的顶端。重要原因之一是人类大脑选择了一条相对正确的进化路径，朝着更先进、更复杂的方向发展，从而产生了学习、情感、创作、艺术等。与此相对立的是昆虫类，如蚊子、苍蝇、果蝇的大脑是浅层神经网络，大约只有几层，所以它们的大脑进化是为了快速求生。

1. 脑科学研究与神经工程研究形成脑研究队伍

人类大脑是人体最复杂的器官。成人大脑里有 860 多亿个神经元，每个神经元与周围成百上千的神经元进行信息物质的交换，组成了一个非常庞大的网。以它的连接处来说，可能比已知宇宙里最复杂的事情还要复杂。当它运转出问题时，就表现为各种脑疾病、神经类疾病、精神类疾病。从临床上观察到，人类终其一生患上神经病或者精神病是不可避免的，只不过是不同年龄发生、程度不同而已。

对于这个最重要、最复杂、最脆弱的器官，我们了解甚少、开发甚少，导致一方面目前还没有充分发挥大脑的潜力，另一方面对于脑疾病特别是绝症缺乏较好的治疗方式。

2021 年，上海交通大学与《自然》(*Science*) 杂志提出"新 125 个科学问题",其中大约12个问题与脑科学有直接或间接关系,脑科学在所有新问题中也是占比最大的学科。进一步梳理发现,一类是偏前沿的脑科学研究,如意识的物质基础是什么、人类是如何演变的;另一类是偏应用的重大脑疾病的诊治,如神经障碍能否诊治、神经退行性疾病能否诊治。

长期以来,国内外都混同了脑科学与神经科学。按照学科分类,其实一部分是脑科学研究,另一部分是神经工程研究。神经科学家用神经工具进行更前沿的脑科学研究,神经工程学家则为临床医生和神经科学家开发更好的装备和装置,让他们更好地了解大脑,治疗脑疾病。

2. 人脑计划四个关键词:大规模、长期稳定、动态、读写

无论从事脑科学研究还是神经工程研究,都需要底层核心工具。比起原子弹、登月计划、基因工程这过去一百年内的三个世纪课题,"人类脑计划"涉及的学科、影响人群、所需要的学科更广泛,所以从某种程度看,难度也更大。

"人类脑计划"里有四个关键词:

第一是"大规模"。成人的大脑里有860多亿个神经元,当前技术水平只能在百个神经元的量级对大脑进行探索。

第二是"长期稳定"。在脑科学领域需要长期稳定的记录,且需要大且好的数据,这对工程学提出了巨大挑战。

第三是"动态"。需要实时获取大脑活动。对于这么精密且如此脆弱的器官,如何保证实时监测或调控呢?事实上,对于大脑思考的速度到底有多快,还没有准确的证据。

第四是"读写"。也就是不但要能够采集神经元活动,还希望能够调控它。如果只能读不能写,并不能造成闭环。我们要做增强,要做脑疾病诊治,更多的是应用写的能力来调控。

脑机接口的核心思路

脑机接口是人类脑计划的底层核心工具之一,脑机接口的核心思路是什么?

1. 核心是硅基生命和碳基生命的有机融合

核心之一是如何能够充分发挥人脑的优势。在过去几十万年,人类似乎将进化的天赋都放在大脑上,导致五官和四肢并未得到进化。从更长远的角度看,相对于地球上的其他生物,人类的大脑是最强大的。所以,脑机接口的核心思维之一是如何绕过人类并不强大的五官和四肢,用大脑与外界世界、外界装备进行沟通。这也是硅基生命和碳基生命融合的终极疆域。

大模型、合成生物学、人工智能、类脑芯片等新科技层出不穷,脑机接口为何能够承载这么大的希望值,让如此大的科学计划来支持它的研究?脑机接口是标准的交叉学科。随着科技进步,迭代速度会越来越快,而交叉学科是目前开展科研遵循的两条路径之一,尤其是正交学科的交叉,即本身差距较大的学科交叉在一起,更能迸发出许多新活力和新机会。

2. 现阶段拯救脑类重症,后续增强正常人功能

目前脑机接口的研究分两个阶段。第一个阶段是我们正处的初级阶段,预计将较为漫长,主要用于治疗重大脑疾病,包括渐冻症、自闭、抑郁、成瘾、痴呆等。

从物理本质上来说,人就是一堆电信号。听说读写其实都是大脑在放电。大多数脑疾病都是大脑的异常放电所致,即该放电的时候不放电,不该放电的时候乱放电。脑机接口可以深入到大脑中观测其放电状况,进而反过来调控大脑,让大脑回归正常,起到认识脑、保护脑、修复脑甚至增强脑的作用。所以,在别无他法的情况下,脑机接口对渐冻症、重度抑郁、重度成瘾可能有效。

第二个阶段是把正常人变成增强人。目前,人类的五官和四肢还配不上大脑,比如,人类视力有限,而通过红外传感器、微光传感器、X射线传感器,就可看到更多信息,通过脑机接口接入视觉皮层就能获得超视觉;通过各种声音传感器,接入听觉皮层,就可获得超声波和次声波等各种频段的声音。也就是说,通过更为强大的硅基科技,可以增强人类并不强大的五官和四肢的功能。

3. 脑机接口是用好大脑这台超算的两大思路之一

我们已从过去拨号上网的互联网时代，进入当前的物联网、智能物联网、工业物联网时代，我们更想进入的是脑联网的时代——万物脑联、万物脑控。从信息传输处理和存储的效率来看，大脑是高性能功耗比的"超算"，脑机接口无疑是增加信息交互的一种方式。如何用好大脑这个超算总体有两条思路。

第一是类脑，诸如类脑芯片、类脑计算都是希望模拟大脑的计算方式，大幅提升性能功耗比。现在已有许多突破，虽然模拟的还只是皮毛，但在特定场景下已经极大地发挥了潜能。在视觉处理、人工智能驾驶、语音合成、大模型等场域，已取得了许多突破。

第二是通过脑机接口直接把大脑接出来。这样既公平又有时效性。每个人有且只有一个大脑，大脑的公平性与个人的学习成绩、智商都无关。关于时效性，所有硅基科技，包括其他机械科技，待机并不耗精力。同时人只有两只手，但大脑可以控制多个对象，美国这些年实验证明用大脑可以控制多个无人机。

4. 脑机接口与人体冬眠结合或可实现"长生不老"

近来，随着航天技术的快速发展，大家对人体冬眠技术特别感兴趣，人体能量耗损大部分都用于维持基本的新陈代谢，而大脑每天的耗能仅约 20 瓦特。特别提一下，马斯克布局了无人驾驶、星际旅行、星间通信、地底挖隧道、太阳能、人机对话，以及脑机接口，这些组合在一起就是"去火星并活下来"。如果未来移民火星，人体冬眠技术需要把除了大脑之外的其他器官的新陈代谢降低到正常水平的 1/10、1/100，仅保留大脑的活力，并通过脑机接口继续工作、学习、娱乐、交流。

这些都是可期的人类生命进化的新高度。

全球研究进展

全球脑机接口的研究现状如何呢？一方面，整个国际发展水平依然不够；另一方面，我国与国际最高水平依然存在差距。当前，美国引领了整个脑机接口技术的发展。

1. 侵入式脑机接口的性能更好，但创伤会更大

按照使用方式来划分，脑机接口主要分为两大类：非侵入式与侵入式。一般来说，后者性能会更好，但创伤更大。

为何侵入式更有效？从本质上说，大脑神经元放电，要经过脑膜、颅骨、脑脊液、头皮、头发，脑电信号衰减非常大。如果只是信号衰减，通过放大、滤波等方法还可以恢复。但更重要的是，声光电磁热等在不同的组织界面会有散射，信号会拐弯，多次经过不同的组织界面，再进行测试的时候，脑电信号散射极为严重，很难精准地回溯到某个神经核团，更遑论具体的某个神经元放电。所以，非侵入式对特别精细的脑电信号采集能力相对有限，更别说记忆的复制、知识的传递，目前来看都很困难。

比如一种静脉血管支架电极，充分借鉴了临床上非常成熟的静脉血管支架的方式。它在传统的静脉血管支架上缠绕了柔性电极，通过静脉血管运送到大脑，即使不开颅也能达到一定的效果。但缺点显而易见，一方面，只能到血管能到的地方，且必须是较大的血管；另一方面，隔着血管不管采集还是调控都会受到影响。此外，目前还只能做到 8—16 个通道，比较有限。

2. 最前沿：马斯克用集成电路软电极方式切入大脑

"犹他电极阵列"（Utah Array）获得美国食品药品监督管理局（FDA）的认可至今将近 20 年，但临床案例在全球范围内大约只有 40 例。对于一个医疗器械来说无疑是比较失败的，年均 1—2 个病人。但作为科研产品来说是非常成功的。它的具体做法是，把一百根微针阵列插入大脑，获取大脑活动，同时可以调控大脑。但其劣势也显而易见。

近年来，以马斯克为代表，尝试用集成电路技术做脑机接口，目前已成为前沿探索的一个热门研究方向。集成电路最大的优势是集成度高，可以在极小空间集成大规模神经电极，并进一步把电极、芯片、电池、天线都集成在一个微系统里。这就是为什么在很多前沿脑机接口开发中用这条路线的人越来越多。

马斯克的 Neuralink 公司使用的电极跟犹他电极阵列存在较大差别。犹他电极阵列是一百根很硬的微针,而 Neuralink 的电极是软的,它可以是数十根线,每根线上有若干神经电极。在颅骨里的大脑非常柔软,相当于碗里放着一块嫩豆腐。人类正常活动时,这块"豆腐"也在碗里晃动,如果有一百根细针不停地在局部切割大脑,大脑就会受不了。这就是为什么犹他电极阵列自获批以来应用的患例数很少的原因,应用的对象无一例外是难以正常移动的渐冻症或高位截瘫病人。而柔性电极就像在嫩豆腐里放一根线,随豆腐而动但对大脑没有切割,从而可以减少神经疤痕的产生,因此也可以更长久地在人体内工作。

除了脑机接口,还有中枢神经接口。前段时间,瑞士一个团队作了一项研究,通过脑机接口结合脊髓刺激,获取重度瘫痪病人的运动意图,即在脊髓做一个刺激器控制下肢行走,做完手术后不久病人就可以落地行走。我们也期待这项技术能进一步发展。

3. 美、中脑机接口研判一致,均由科研团队发起

美国目前引领了整个脑机接口技术的发展。但从美国脑计划 2.0 中对脑机接口技术的展望和指标来看,中国部署与此大体一致且具有中国特色。中国在电极、材料、植入方式等个别点上并不落后,但在系统性和工程性上看差距还不小。

美国脑计划 2.0 侧重于神经环路、大规模动态网络,包括对临床疾病应用的追求。其中,对脑机接口技术有五大展望和指标。第一,达到超高通道、高密度采集。希望未来能在一万甚至十万通道的情况下进行采集,目前大概能做到几百最多几千通道。第二,实现长期稳定采集,即希望从原来的几周扩展到几年。第三,可以用于自由行为动物。当可以自由行动时就可以做更高级的行为,比如社交。第四,能够多脑区同时记录。第五,从硬质电极转向柔性材料电极阵列。

很遗憾,美国在加大对创新神经技术支持的同时,进一步限制了出口管制。2023 年 2 月,美国在华盛顿召开了一次脑机接口出国管控会,美国政府与科研机构、企业的观点非常对立。美国政府一再强调加大管控,而科研院所和企业则希望更加开放。

无论美国还是中国,脑机接口的研究多数还是由科学家或科研团队发起。所谓的大玩家,包括阿里、腾讯还没有自己的脑机接口公司,因为这是一个前沿科技。包括美国在内都是率先由科研团队进行研究,包括 Blackrock Neurotech、BrainGate、Synchron、Neuralink 等商业化公司的技术都承延自高校及科研机构。

商业化通常比较关注两个标志性元素:一是融资和估值;二是临床效果。马斯克的 Neuralink 公司目前融资已超过 7 亿美金,估值已超过 50 亿美金。2023 年 5 月,Neuralink 公司获得美国 FDA 的批准,可以进行首次人体植入物临床研究。

4. 上海有责任、有基础承接重大研究任务

毫无疑问,脑机接口是 BTIT(Biological Technology & Information Technology,即生命科技和信息科技融合)时代的新角色,涉及微电子、神经科学、材料机器人、心理学和临床医学。而上海有义务、有责任、有基础也有信心引领脑机接口这项重大技术的研究方向。

首先,脑机接口是标准的交叉学科,差距较大的学科交叉在一起,更能迸发出新活力和新机会。

其次,国家很早就布局了脑科学和脑机接口研究,不同地区有不同特色,主要研究高地集中在北京、上海,浙江、广东也有很好的基础。

同时,上海在微电子等几个领域都有很好的学科优势。上海是中国重要的对外窗口,集科技、人才、经济、金融之优势,而这些也都是脑机接口研究的优势。脑机接口现在站在科技最前沿,需要最尖端的人才、大量的资金投入和稳健的政府支持。

最后,从上海自身发展战略来看,三大先导产业集成电路、人工智能、生物医药,其重合交叉点就是 BTIT,也包括脑机接口。现在我们用集成电路的方法来做脑机接口,包括电极、芯片、植入机器人;用人工智能的方式做大规模神经编解码;我们针对的应用场景是临床脑疾病诊治。上海有复旦、交大、华东师大在内的一大批高水平大学,有像华山医院、瑞金医院、上海市精神卫生中心等一大批神经和精神疾病领域排名靠前的临床医院。当然,还有一大批病患愿意做这样的新兴技术的临床

试验,可谓"产学研患医用"俱在,所以上海有义务、责任、基础,也有决心信心承接这项重任。

5. 脑机接口必须研究脑机接口的接口

突破常规需要非常规思维。脑机接口的难点在于不同组件之间的接口,比如电极和芯片间的接口、芯片和算法间的接口、算法和无线通信的接口。并不是说一万通道的电极就是最好的,关键是后端整个系统能否匹配,才是它能否大规模使用的决定性因素。例如,芯片能否匹配一万通道电极的处理,无线传输能否传输如此之大的数据,数据功耗有多少,电池能否撑住等。

虽然马斯克从集成电路方向切入,给脑机接口带来了重大的突破,但是从技术架构来说也极富挑战,它包括用于信号采集、调制的电极,用于信号处理的芯片,用于神经编解码的算法,用于电极植入的机器人,用于供能的电池,用于无线通信的天线,所有都要集成封装在一个非常小的微系统里,并且整个功耗不能太大,这是极其困难的。

综上看,脑机接口技术的核心挑战是,如何能够最大限度地发挥脑机接口的优势,同时最低限度地损伤大脑。即希望达到侵入式脑机接口的效果,但只需要接近非侵入式脑机接口的损伤。为此,我们每天都在做系统级别的优化。

未来发展趋势研判

神经科学和神经工程共同服务于人类脑计划。从神经工程角度看,我对这项前沿技术的前景充满期待。但我们必须接受三个关键挑战:第一,安全高效获得高质量信号;第二,深刻理解神经编码机制;第三,合法合规、公平运用此项科技。

1. 我们的成果:0.1毫米柔性电极包裹蚕丝蛋白

我所在的中国科学院上海微系统与信息技术研究所团队也选择了集成电路的方向,作为神经工程领域的团队,成功研制了基于蚕丝蛋白的微创可植入的柔性脑机接口。它与马斯克方案有何区别?

马斯克的植入方式是用一根钢针把柔性电极带进去。这样，每打一针都会有血窟窿，对大脑创伤特别是急性损伤较大。同时因为针太硬，一旦蹭到血管就会造成颅内出血，必须先观察颅内哪里有血管，提前做好植入路径的部署，再用机器人自动植入。那打开的这个孔如何塞回去？马斯克的方法是把脑机接口微系统做得和打开的颅骨一样大，以便能塞回去。但这实际很有挑战性。因为力学性能与颅骨不同，它会受到挤压，存在气密性、水密性以及感染的挑战，临床效果还有待观察。

我们选择的是相对巧妙的植入方式，在柔性电极外面有一层可控溶解的蚕丝蛋白做的包裹物并精确控制电极强度，使其硬度介于血管和脑组织之间。插进去时一旦碰到血管就会滑过去，没有碰到血管就插进去，这意味着可盲插。我们制备的柔性电极直径仅 0.1 毫米，中医针灸针一般为 0.25 或 0.3 毫米。大多数临床上 0.5 毫米以下创口被认为人体可自愈。这就是我们的创新。

创新系统不但体现在电极方面，在芯片、植入体、植入机器人、算法、数据云方面要全面做，才能往前推。因此，我们成立了一个脑虎科技公司，希望借助社会资本的力量做全链条开发，包括电极、芯片、植入体、机器人等。

2. 脑机接口技术有望帮助渐冻症、高位截瘫人群

在小动物身上的实验证明安全性，在大动物身上证明有效性，在人身上证明安全性和有效性之后，我们现在能够真正应用到重大脑疾病诊治中。我们希望从治疗绝症患者开始，然后到重症、轻症病人，再到正常人。

这种创伤性的治疗方式对于绝症患者来说，从其本身的接受程度和性价比上说都是较高的。

以渐冻症为例，目前医学界并未完全搞清楚渐冻症的病理，可能是由于运动神经元的凋亡导致的。对此，脑机接口至少可以在三个不同的层次发挥作用。目前全球七十多万患者中，中国患者约有十几万人。从发现到死亡，大约只有两年半到三年时间。每年新增患者三万到五万人，死亡三万到五万人。目前，脑机接口技术还没有成熟到可以大规模推广的程度，但我们时刻在努力。

对话 | 硅基融入人体，意识、灵魂如何变？

何静：从 2014 年巴西世界足球杯开幕式上，一位高位截瘫的青年球迷用脑机接口技术踢出了巴西世界杯的第一脚，到 2020 年马斯克把脑机接口技术推向了风尖浪潮，精尖高深的脑机接口技术逐渐进入了公众视野。陶老师深入浅出的技术讲解，不但让我们对脑机接口技术本身有了更深刻的认识，同时也引领我们进入一场关于人、世界和技术的人文对话。

意识和大脑的关系

何静：脑机接口技术原理是从大脑中读取信号并加以利用，这就涉及意识和大脑神经元或大脑活动的关系。从哲学的角度来说，意识是大脑通过感官所获得的丰富多彩的体验。一部分哲学家会认为，所谓意识不外乎就是大脑神经元的活动，只要了解大脑是怎样工作的就行了。也有一部分哲学家持反对观点，比如查尔莫斯（D. Chalmers）认为，仅通过大脑神经元的活动无法充分反映大脑丰富多彩的意识体验。林老师，对此您怎么看？

1. 只要技术足够先进，意识可以通过神经元活动得到解释

林龙年：作为脑科学家，我可能更倾向于第一种观点，因为无论脑子里产生什么样的精神活动，既然是大脑产生的，如能看到大脑里意识过程中的各种信号变化，理论上当然可以重构出意识过程，这取决于技术的进步程度。就像如果有灵魂照妖镜，的确可以把灵魂照出来，只是目前在技术上还未掌握这个手段。即使在神经元放电层次不能解析，如果

能进一步观测到大脑中所有的化学过程和电过程,也许就能解释了。

这里可进一步追溯到另一个哲学问题,即精神是否独立于物质？如果回答"是",那就不能还原。如果它是脑子的产物,只要观测手段足够,就能实现。

何静：林老师作为脑科学家非常乐观,从本质上意识活动能通过大脑神经元的活动得到解释,我们所谓的解释鸿沟可能现在存在,但并不意味着一直存在,有可能是我们现阶段认识的局限或者设备的局限等。陶老师您认为,脑机接口技术除了能够解读大脑意念、欲望,是否能够解读情感这样复杂的东西？

2. 国外已初步做到让猴子等通过"读写"获得相同记忆

陶虎：脑机接口目前研究最多的是运动和感觉的重塑和修复,这两方面是由神经元放电产生特殊固定的图案来形成的,我们的工作就是捕捉和理解它们。它的精细、准确、实时程度,就是工程上的挑战难度。

一方面,关于记忆、情感,关键是找到特定的神经环路的可重现方式。已有外国研究表明,包括猴子甚至较为低级动物的记忆可以被发现。不同记忆的内容,在大脑里会产生相应的神经元放电方式,所以理论上可以通过写入类似的方式让实验动物获取同样的记忆。但目前的实验还很粗浅,只有字母、数字的记忆内容,未来随着技术的进步,理论上有可能实现更高难度的目标。

另一方面,短时间内捕捉时很难做到穷尽每一个神经元,我认为也没必要,因为通常是一群或环路中的关键部分在起作用,我们抓的是它的规律。

人与工具的边界

何静：现在脑机接口先抓主要矛盾,以治疗功能性为主。陶老师刚才您讲到在脑机接口技术里,所读取的大脑信号是依赖于人工智能技术的介入甚至解码,那我们如何理解数字时代人和工具、智能体之间的复杂关系？尤其您描绘的数字生命时代,他们的边界是否不清晰甚至可以被抹平?

1. 人自身仍在进化,大脑不是极限,更主张生命的数字化

陶虎:数字生命概念包括数字的生命化与生命的数字化。所谓生命的数字化,就是把记忆、知识、经历用数字方式存储起来;而数字的生命化就是如 ChatGPT 可以进化出自己的智能与想法。也就是说,前者需要肉体,后者不需要肉体。

我目前坚定地认为需要肉体。一方面,我们没有充分发挥身体的潜力,现在还处在较原始的状态,我不认为大脑数字化是极限;另一方面,人本身在进化,速度未必比电脑、数字世界慢。

目前大家都在想人工智能具有可解释性,一个东西如果不可解释,那更多是经验和技术。只有可解释可预测那才是科学。脑科学更多是科学,我们做的很多是技术,无论行不行,脑机接口领域就试图把之前觉得不可解释的事情通过科研实证解释清楚,这样才能真正利用好。

2. 从 20 世纪 80 年代开始,具身认知发展迅速,强调身体的作用

何静:赫拉利在《未来简史》中讲到未来人类发展的三个途径,早期是生物路径,然后是半机械人路径,之后可能就是非有机的生命工程。20 世纪 80 年代以来,在心智哲学领域兴起了具身认知的观点,它强调除了大脑以外,身体也在认知中扮演重要的角色和作用。从哲学史的角度来看,它起源于梅洛-庞蒂(Maurice Merleau-Ponty)、海德格尔(Martin Heidegger)等哲学家对于身体的思考。目前,认知科学界越来越强调身体在认知中所发挥的作用,包括身体的结构、本体感受、身体图式等,并据此理解我们的认知是如何被塑造的。

陶老师刚刚讲到脑机接口肉身到底需不需要的问题,似乎隐藏着一种张力。一方面身体可以被超越,如高位截瘫或者渐冻症患者可通过脑机接口技术进行修补;身体也可以被延展,比如脑控无人机,可以带领我们到几十公里以外看世界等。我们的身体还是发挥了重要作用。另一方面,脑科学所主张的脑机接口技术是可以"去身体化"的,没有身体也

能够作出行动。不知道两位专家如何看待身体在我们认知中的作用,它到底是不是一个必要条件?如果是,它与大脑之间是什么关系?如果不是,是不是意味着身体也可以用进废退?

3. "去身体化"的灵魂永存目前不现实,人脑机理研究尚未突破

林龙年: 人类依靠对身体的认知来获得自我意识。但是,我们的身体是不断进化的结果,在环境适应下,用假肢来弥补缺陷自古就存在。至于马斯克所说的把他的灵魂数字算出来,我个人觉得目前还不太可能,因为你根本不知道脑子里的意识是怎么一回事,大脑里的记忆又藏在何处。这些基本原理目前还没有突破,即便突破了,也可能会发现不可复制,你照样不能闪存你的意识。

把灵魂抽出来以求永生,是个体强大的求生本能所产生的愿望。所有生物个体的身体最后都无法永生,这是对所有人的公平。有些狂人一旦有了资金,就希望他的灵魂能永存,即便脑机接口技术进步超快,在我看来也几乎难以实现灵魂永生。

何静: 从广义上来说,身体包含了大脑,林老师讲到身体带给我们的边界,对于自我意识来说起到非常重要的作用。在认知过程中,以自己为中心的方向感、时间意识,可能也离不开我们的身体。

陶虎: 我非常同意林老师的观点。在没有科学证据、科学知识的情况下,意识也好,其他更高级的东西也好,在短时间内还是很难突破的。需要有清晰的技术路径,比如更长的时间、更稳定的采集刺激,以对大脑进行调控,帮助理解我们之前看不到的东西。技术工程领域目前要为两类人提供很好的服务:一是前沿的脑科学神经科学家,为他们更好地探索大脑采集数据或图形;二是为临床医生、病人提供更好的医疗器械,让他们获得更好的医疗支持。

4. 硅基智能的出现让碳基智能不再是唯一

林龙年: 说到身体的边界,必须明白人和动物的区别是什么。唯一区别是语言,在语言中我们构筑了另一个世界,就是人类感受的精神世界,形成智能、意识等,因为人类比动物除了共同的身体输出外,多了一

套语言输出系统。

ChatGPT 也叫大语言模型，表现出了智能。AI 工程师发现，模型参数达到一定规模之后，就会"涌现"出智能。而我们至今也不知道我们的大脑是如何产生意识和记忆的。如此看来，这个世界上有两套智能系统，一套基于硅基，一套基于碳基。

碳基接收信息非常慢，靠感官输入来改变大脑结构中神经元的连接强度，也即大脑神经元网络节点的权重，一般一起活动的神经元，它们的连接就会增强，因此，从这个角度来看，人类其实是一个很慢速的智能体。但人生下来并非是空白的，作为一个物种，我们前面有着漫长的生物进化史，通过适者生存的进化规则，使得我们的大脑中内嵌了许多高效的功能神经网络。人类的神经网络耗能非常低，效率远远高于人工智能。

人工智能依靠的也是节点权重可变的神经网络，但它可以通过训练快速地修改权重，它是个很快速的智能体。但它耗电巨大，数据库也巨大。人类的数据库则很小，与人工智能相比差异巨大。

原本人唯一区别于其他生命体的是智能，现在另一个智能体也产生了，很难预料它会如何发展，会如何反过来影响人类的进化，最后是被人类控制还是控制人类。这波人工智能的发展让我觉得世界未来的发展存在诸多不确定性，让我感到深深的担忧。

伦理如何站岗？

何静：我们不但关心这个世界是什么，还关心这个世界应该是怎么样的，这就需要伦理规范。随着技术越来越快地发展，脑机接口的信息进入环路，到底是人控制机器还是机器控制人？

1. 连上脑机接口的有独立意志的人类对机器失误负责

何静：我曾经看到一则报道，一位无法正常行动的老人坐在智能轮椅上想按键过马路，但智能轮椅注意到了对面是红灯，它通过脑机接口技术发射信号到老人的大脑，从而抑制老人想要过马路的意愿。由此延伸,如果机器反过来控制人的行动,由谁承担相关责任呢?伦理学的重要性体现在要有前瞻性,为未来脑机接口作规范或规避一些风险。

林龙年:永远是人类个体负责,不会是机器负责。以过红绿灯为例,只是以前获得信息的是感官,现在是可以把信息直接给到脑子里,最后作出行为判断的必须是有独立意志的人,如果人类个体没有独立意志,安装脑机接口意义也不大。

陶虎:在科学界,伦理和道德存在很明确的界限,我们做的所有动物实验,包括临床实验室都有严格的伦理审批,这方面的伦理和法规基本在一个数量级。但是,道德更多是约束和共识,很多时候大家把伦理与道德搞反了,觉得只要遵守道德底线就叫合格,因而不停突破伦理上限。我在不同的场合说过同样一句话:"不要让伦理管控成为科技进步的阻碍,但也不能让科技进步作为伦理失控的借口。"

2. 桑德尔提出的"跑鞋案例"对治疗增强边界的启示

何静:道德规范和科学技术密切相关,到底把它作为道德的制高点还是研究当中的底线,这是非常有意思的问题。我们如何守住从治疗到增强之间的边界?有没有能力通过伦理规范的角度对它加以约束?

举一个例子,美国哲学家桑德尔曾经提出"跑鞋案例",很多人一起跑步,其中一人穿着跑鞋跑步,其他人光脚跑步,跑鞋就是他的增强,他可以跑得更快。但是一段时间后,人人都穿,它就不再是增强而是必需品了。对于今天所讲的脑机接口技术来说,它似乎也有跑鞋这样的隐喻。

林龙年:我有几个认识。第一,人类在实践过程中总会提出规范,规范会相对滞后于实践。第二,规范永远针对大多数,对于突破底线的行为只能依靠法律手段。第三,不光脑机接口领域,所有科学都一样。所有人类科学的进步都是由人类发展史决定的,就看用的人怎么用。

中美竞争态势

何静:陶老师您有没有信心或者您是否认为,在以脑机接口为代表的数字生命研发方面,中国有望走上超车道,走到世界的前面?

1. 个别点有优势,系统合成上需要各领域开放合作

陶虎:我对于包括脑机接口在内的硬科技的认识在不断地校正中。我曾一度相信中国的脑机接口会做得比美国更好,但做着做着觉得难度并不小。比较客观的评价是,脑机接口是一个系统工程,包括我们团队在内的很多科研人员在某些点上可能会做得很好,但整个系统与美国还有很大差距。马斯克的 Neuralink 公司在每一个点上并没有完全不可替代的技术,但是合在一起,系统优势就很大。

你说有没有信心?我非常有信心。因为脑机接口是一个前沿科技,无论美国还是中国,目前多数还是由科学家或科研团队发起。中国在这个领域并没有落后太多,如何追赶和超越?最关键的是开放合作,与神经科学家、材料学家、机器人学家、医生合作,与企业、资本、政府合作,和一切能做这件事情的机构合作。

如果说在哪个地方有突破的可能性?其中一个突破点是植入方式。中国在临床手术上病人基数大、依从度很高,在临床试验方面比国外具备更大的优势。如何把这个优势转化为脑机接口领域能够加速发展甚至超越的机会?技术开发方与临床医生、神经科学家一起探讨如何在创伤性、性能上取得一个平衡,这可能就是我们突破的机会。

2. 上海团队比 Neuralink 公司更早获得临床伦理批件

还有一个优势,我们的临床伦理批件比马斯克公司更早获得。从技术上来看,人体试验上的迭代是最快的,但伦理要求也更高。我们与马斯克公司都在做侵入式脑机接口,都属于医疗器械。我们团队在 2022 年 2 月就已拿到柔性脑机接口相关临床伦理批件,领先国外一年多时间,并且在 2023 年 7 月 6 日的世界人工智能大会上公布了我们人体试验的进展,使用柔性脑机接口技术成功记录到人类大脑单神经元精度神经活动信号。

互动 | 脑机接口的芯片为何难做？

脑机接口缘起：美国军机高速飞行导致飞行员手脚失控

上海应用物理研究所科研工作者韩立欣：科学认识、工程实践，是为了对外物的控制，而对外物的控制是因为人受到外界的控制，这往复与无止境的艰辛循环，是不是人类的宿命？

林龙年：这不是人类的宿命，这归结于人类的好奇心。人类有大脑，就会产生大脑能否控制外部世界的念头。脑机接口发展的最初起源是：四五十年前，美国军方发现飞机在高速飞行时，由于加速度很大，飞行员的手脚包括眼珠都无法动弹，他想发射导弹，但手无法按键，而大脑是清醒的。在高速飞行情况下，如果有脑机接口就可以发动攻击。这是当时军事上提出的要求，所以美国军方开始资助脑机接口研究。最早都是军方资助的项目，现在慢慢拓展到民用、医疗等各个领域，尤其是马斯克将此推到一个风口上。

这项技术整体上还属于未来技术，尤其是在正常人身上使用可能更是未来的梦想，即使现在用于疾病治疗，多数也是试探性的尝试。

人类大脑只能被一个东西控制，那就是信息。大脑本质上是信息处理器，把人类所有感官带来的以及成长经历中的所有信息汇集于此，基于这些信息作出判断。这个判断实际上很有意思。人类的记忆包括两种成分，一种是外显记忆，另一种是内隐记忆。内隐记忆本身不进入意识范围，但在人作决策时却起着非常重要的作用。很多时候都是内隐记忆的信息促使我们作出判断，但我们却以为是外显记忆在帮助我们作出判断。

目前脑机接口技术对正常人的增强功能有望突破

上海电力系统林玮：脑机接口作为外来设备，对大脑本身是促进还是退化？

林龙年：现在脑机接口技术还谈不上对大脑是有利还是退化。对病人来说，只是通过读取大脑的信息来控制外部的机器，它对大脑的发育没有任何影响。目前，脑机接口与正常人的关联度并不大，因为经过漫长时间进化出来的产物——大脑还是挺够用的。对部分病人如截瘫、抑郁症患者而言，它是医疗手段的一种。有时也不尽完美，比如治疗帕金森病，脑起搏器治疗效果很好，但是不能停，一停就会失效。在临床上，脑机接口的技术有待进一步提升。

陶虎：对于脑机接口用于正常人的增强功能，我对技术发展很有信心。第一，在这个赛道上，它是非线性加速发展，过去几年体现出来的成果与技术能力相比过去几十年都更让人震撼。第二，我们做了许多动物模型，但都太粗糙。为什么强调要在人身上合法合规地应用？因为无论是语言、交流、记忆、芯片，在人这里都可以得到快速的迭代，所以，我对技术比较乐观。

如发现植物人意识所在的靶点脑区，治疗就会有突破

某自媒体运营者：脑机接口这个技术能否运用在治疗植物人身上？

林龙年：植物人和其他脑疾病最大的区别是没有意识。现在所有深度脑部治疗必须有一个靶点脑区，才能实施大概方位的介入。我们目前对意识产生脑区的了解还非常有限，导致难度直线上升。对脑科学家来说，虽然有模型理论在解释意识是如何产生的，但实际上我们并不清楚意识产生的整个过程和机制。有观点认为，意识是大脑皮层的广泛激活，当我们有意识时，总感觉脑中好像有一个意识指针，指向听觉就有听觉，指向视觉就有视觉，因此，所有皮层在有意识状态下是处于一种大面积的激活状态。假如能够发现意识所在的靶点脑区，那就很有希望用脑

机接口技术来治疗植物人。

治疗癫痫，脑起搏器只能刺激，有效设备需采集功能

社会工作者李国霖：癫痫病人发作时，大脑神经元异常放电造成短暂性脑控失调，导致抽搐、大小便失禁，目前内科和外科治疗效果都不理想，可否通过脑机接口的植入手段进行预测，甚至调节调控病患的放电？

林龙年：癫痫是神经元拼命放电导致。目前临床上癫痫症状分类较多，也有很多的药物治疗手段。至于通过脑机接口治疗，从目前看，没有比药物治疗的效果好，它还需要探索。例如，要弄清哪个脑区是癫痫发作的原发区，才能埋藏电极，发作时给予一个电流刺激，抑制一下这个区域。理论途径是存在的，但需要大量病人的试验。

陶虎：脑起搏器是较早期的脑机接口产品，在大脑跟癫痫相关病灶区进行电刺激，抑制异常放电从而减缓癫痫发作导致的外部运动抽搐，这是脑起搏器应用较多的场景。

为什么大家觉得目前的脑机接口有可能做得更好？有两个关键挑战，第一个挑战是闭环。现在很多早期甚至广泛使用的脑起搏器只是纯刺激，不能起到采集预测刺激的闭环效果。第二个挑战是效率低。这是因为现在的脑起搏器是比较粗糙的脑机接口电极，很难做到精准针对数个神经元精度刺激，一刺激就是一大片，在治疗癫痫的同时会产生很多富足。

目前头部的厂商都在发力，相信脑机接口在癫痫治疗中大有可为，而且应该作为一个切入点来研究。我对这方面很有信心，相信很快会有更好的产品提供给医生和病人。

脑机接口采集的是电信号，到单细胞级别有效性就强

信息通信行业自由职业者雷政：脑机接口植入脑部的电极，它采集的信号到底是什么样的？这个信号怎么解码？解码出来到底有哪些信息，解码之后的信息有没有可解释性？怎么判断解释的信息是否准确？

如果不准确如何对这些疾病进行治疗？

陶虎：植入脑机接口采集的是电信号，有时候也有光信号。电信号分两大类：电生理就是神经元放电信号，电化学主要是多巴胺、谷氨酸等神经递质。泛泛来说，电生理对于很多神经疾病有直接反应，但对于很多精神类疾病则需要和电化学相结合。

信号可否解释与实验设计的范式相关。有时测神经元放电动作的电位，电极不够精准或者特别大，测到的是一群神经元的放电行为的平均值。如果能够更加精准地采集和刺激到单细胞，就可以做更多的事情。

林龙年：这个牵涉到解码问题，对于工程来说，把一组电极植入到某个脑区，记录到几十上百个神经元的活动，让被试重复一个行为模式，也许来上个一百遍，再把这一百遍的反应数据拿来分析，看看可否抽提出一些特征以与其他行为模式相区别，如果有区别，就算解码出来了。工程上只要能达到这个程度就可以了。但这不是真正意义上的神经科学解码。脑科学解码是真正找到解码的神经元，以及这些神经元的编码规律。

蓝牙采集大脑数据带宽还不够，商用无线方式还有待开拓

上海职业经理人邱根荣：是否也在考虑用类似蓝牙技术与大脑连接？

陶虎：蓝牙传输速度还可以，但是相对做高通量实时全数据的传输，蓝牙带宽远远不够。我们现在在做的工程化中有一个很重要的点，就是如何做特殊提取和数据压缩。不是把所有原始数据全部传出来，而是把某些跟应用相关的特征数据压缩做出来。我们期望用蓝牙或者其他商用无线方式兼容的数据量作开拓，否则为了这个专门开高通量的无线传输，一方面需要等待技术提升，另一方面功耗也受不了。

脑机接口的无线芯片为何难做？研发周期长

上海文化传播工作者柴俊：您的团队在做马斯克线路上类脑机接口，可方便分享一下吗？

林龙年：我们科研团队目前在研发 64 通道的无线芯片，它可以进行实时神经元活动数据采样，并且无线传输数据。我们也正在做对标 Neuralink 2020 版 1024 通道的芯片，希望这个芯片能够先记录神经元活动信号，最后变成闭环，把刺激给出去。

芯片打磨需要时间，目前我们已做到第六版流片（Tape-out）。流片是指设计完整的芯片电路后，将其转换为物理芯片的过程，是整个芯片制造过程中的一个关键步骤。我们自己实践后才知道为什么芯片制作难度那么大。一般的计算机软硬件随时可以调整，修改代码，但芯片代码不能随时调整。流片做好后要进行功能测试，可能要花很多时间检验，但凡发现一个问题就得重新流片，研发周期较长。

马斯克从成立公司到推出第一版脑机接口芯片，两年时间进行了八次流片，我们团队需要六个月至一年才能流一次片，公司操作和科研团队操作非常不同。我们未来也可能进入公司化的操作来推进国内脑机接口事业的发展。

在科学上的超车没有捷径，唯一的捷径是投入。

陶虎：这和国人的科研方式有关，包括我在内的中国人不太喜欢硬科技，更喜欢研究软科技。脑机接口相对来说硬件体量较大，投入比较大，回报周期较长，导致研究人员较少。但若不啃硬骨头，永远是在挠痒痒。现在我们强调建制化的攻关、长期稳定的投入，以及学科交叉，想在点上寻求突破还是非常有可能的。

使用脑机接口设备出了医疗事故谁负责？非常明确

企业人力资源王伟：三甲医院使用脑机接口设备给精神疾病患者治疗，若不幸造成严重的医疗事故，民事赔偿责任应该由谁来承担？医生还是设备厂商？如果是设备厂商，应该由算法工程师承担还是大模型数据产品的工程师承担？

何静：这是一个非常尖锐的问题。我仅从哲学的角度尝试探讨。谈到谁该负责的问题，我们需要区分道德责任和因果责任。比如一条狗打翻了家里的咖啡，把地毯弄脏了，谁负有责任？我们说狗负有责任。但事实上狗没有办法真正帮忙清洁地毯或者作出赔偿，因此狗对这个事情负有道德责任，但无法承担因果责任。

在思考关于脑机接口所引发的医疗事故时也是一样，尽管可以说因为机器的问题或者设计上的缺陷导致了不可避免的不良后果，但是人应当为此承担因果责任。人把自己的意图和欲望拓展到工具上，让工具来延展人应该完成的事情。因此，在整个过程中，人应该承担因果责任。

具体而言，事故可能涉及医生、设计者等不同的人，因此这不是一个个人责任问题，而应当是集体责任。如果不是人为的，就应该由集体共同承担相应的因果责任，进行相应的赔偿。

陶虎：这个答案很明确，每次做手术之前有手术风险告知书，在病人或家属自愿签署以后，按照协议进行的手术，风险由病人自己承担。没有按照协议进行的手术，风险由医院承担。如果按照协议操作，厂商设备或者性能没有达到其宣称的性能，那就由厂商负责。

林龙年：所有病人都会签知情同意书，否则每个人都要负责。出了问题一般来说不太会追究团队责任。就像基因治疗导致一个病人死亡后，全世界的基因治疗停滞了一段时间，现在又恢复了。技术进步是有代价的，有一些人可能要以牺牲作为贡献。这个过程对病患本身也有好处，对医院也是如此。

联合国教科文组织和中国国内都在制定相关法律

上海高校老师王园：您说脑机接口也要用法律规制，现在技术和产品主要用于医疗，如果将来拓展到商业用途并大规模应用，如何在立法上作出针对性的规定，以确保人的生命健康？

陶虎：非侵入式包括情绪头环，更多当作消费品在出售，本身对大脑没有太多的调控,危害很小。侵入式更多作为科研临床探索,或者是注册为医疗器械。

在法律法规方面,2023年7月13日联合国教科文组织召开了一个神经调控会议,征集各国科学家和政府关于神经技术行业建立共同的伦理框架的意见。在国内层面,由不同单位牵头开展脑机接口临床共识论证,希望尽快填补该领域的法律空白。

第三篇

数智技术的基础设施

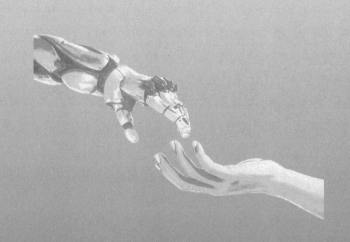

策划之眼：自主与坚持

　　一旦有了从0到1的突破，就会有从1到10的发展和繁荣。科技的自立自强历来是国家强盛之基、安全之要。本篇所选取的五期讲座就遵循这样的叙事逻辑。作为数智技术的基础建设，两条主线在此展开：一是作为新生产要素的数据的新发展；二是广义的移动网络6G的有效组成和应用——卫星互联网发展的新轨迹。自主与坚持是其支撑灵魂。

　　2023年10月25日，国家数据局挂牌成立，距宣布组建才过去7个月。2024年7月，上海数据交易所副总经理、上海市数商协会秘书长卢勇描绘了此后的行业景象：国家数据局等17个部门联合印发《"数据要素×"三年行动计划（2024—2026年）》，聚焦12个行业和领域，提供政策支撑。此后，国家数据局举办了"数据要素×"大赛，并会同生态环境部等部门发布"数据要素×"典型案例，进一步明确发挥数据要素价值的典型场景，积极激活数据要素潜能。在着力进行数商生态建设的上海，从基础的数据治理到数据形成产品化后的流通，直至数据资产化后的创新应用，各类数商企业都在新赛道找到了自己的新机遇。"上海数据交易所2024年的交易规模可望达到50亿元人民币，数据资产化及创新应用也在同步加速发展。"一个赋能数字经济高速发展的多层次数据要素市场正在快速增长。

　　而在法规建设领域，上海政法学院教授张继红说，重大的利好是2024年3月22日国家网信办制定的《促进和规范数据跨境流动规定》正式施行，除了对数据出境豁免情形作出明确规定外，最大的亮点是赋予自贸试验区在数据出境方面制定"负面清单"的自主权限，加大了数据跨境依法有序流动的实现范围。在地方实践上，5月9日，天津第一个发布省级自贸试验区数据出境管理负面清单——《中国（天津）自由贸易试验区数据出境管理清单（负面清单）（2024年版）》。5月17日，上海自贸试验区临港新片区数据跨境场景化一般数据清单及清单配套操作指南对外公布。首批一般数据清单包含智能网联汽车、公募基金、生物医药等三个领域,涉及智能网联汽车跨国生产制造等11个场景。张继红说:"这些规定的出台,较好地解决了长期困扰企业的'哪些数据可以出境'的问题,进一步减轻了企业数据合规压力。"

在包含卫星互联网的6G领域更有一番新景象,与四个讲座关联的领域均有新进展。

首先在移动通信领域,7月11日新华社报道,中国成功搭建了国际首个通信与智能融合的6G外场试验网,这项关键技术的新突破,使得4G、5G通信链有望具备6G的传输能力。截至5月底,中国累计建成5G基站383.7万个,占全球5G基站总数的60%,5G用户数也占到全国移动通信用户总数的50%以上。今年年底,中国的5G连接数据将突破10亿大关,成为全球最大的移动通信市场。至2030年,中国的5G连接数将占全球总数的近1/3。

目前,各地都在积极推广5G-A。中国电信上海公司副总工程师许浩介绍说,5G-A是5G技术的演进版,也可看作5G到6G之间的中间版,技术发展上应当坚持5G-A/6G一体化推进。在全球竞争中,中国在5G和6G的标准制定中做出了重要贡献,5G-A将延续这一显著优势。同时,5G-A对正在如火如荼发展的低空经济也具有巨大的推动作用。低空经济市场巨大,涉及1000米以下空域的民用航空活动,包括无人机物流、农业、监测等,预计到2030年,市场规模有望达到2万亿元人民币。中国拥有全球最大的无人机产业群,在低空领域,5G-A结合AI手段,可以识别、监管无人机。全球各国都极为重视低空经济,中国2024年《政府工作报告》中将此视为新增长引擎,上海市也通过了《上海市低空经济产业高质量发展行动方案(2024—2027年)》,同时将完善低空经济产业设施配套。这些政策的落地,将大力推动低空经济的发展,而在与5G-A的结合过程中,也会产生大量新的领域和新的应用。

低空经济对于卫星互联网有怎样的影响呢?北斗三号卫星系统总设计师林宝军认为,低空用户有更广泛的网络覆盖和高数据传输速率需求,这将增加对天基通信导航基础设施的需求。这势必会带来两方面影响:一方面,国际互联网服务的竞争将更加活跃和激烈;另一方面,在全球服务连续性、技术标准化以及全球网络互联互通方面将有更多合作机会。

中国改革开放的大门只会越开越大,对于国际合作,作为中国科技创新典范的北斗卫星导航系统在2020年完成全球组网后,积极践行"服务全球,造福人类"的发展宗旨。中国卫星导航系统管理办公室国际合作中心主任王莉告诉记者,一方面,持续参与卫星导航国际多边事务,促进全球卫星导航事业健康发展;另一方面,在推动北斗国际应用的同时,还鼓励企业开展产业合作,帮助合作国发展自己的卫星导航产业,"授人以渔",助力合作国的科技进步和经济发展。

从卫星功用而言,有通、导、遥、科四种功能。在科学实验卫星上,2016年8月,全球首颗量子科学实验卫星"墨子号"成功发射。在2017年"墨子号"专题讲座后的七年中,中国在量子研究领域成果丰硕。已是中国科学院院士的王建宇告诉记者,量子信息研究领域主要分量子通信、量子计算、量子测量等。在量子计算领域,7月10日,潘建伟团队在《自然》杂志发文,已成功构建了求解费米子哈伯德模型的超冷原子量子模拟器,这是量子计算领域第二阶段的里程碑式进展。在量子通信领域,2023年7月,中国在"墨子号"的基础上又成功发射了世界第一颗微纳量子卫星"济南一号",进一步优化了量子保密通信。目前主要在攻克星地实用化问题,因为密钥产生时间、地域都在增加,而距离越远难度系数会呈平方级上升,同时也在新一代量子科学实验上继续努力。王建宇说:"在量子通信领域,中国目前是全球领先,按照目前正在研发中高轨量子卫星预测,我们希望能持续保持领先的优势;在量子计算领域,中国与美国同步领跑;在量子测量领域,中国大部分方面正在逐步达到国际水平,部分将达到领先水平。"

在卫星工程领域,微纳量子卫星的重量和载荷重量都降低至墨子号量子卫星的1/6,但量子密钥分发的能力却得到了进一步的提高。在自主研发之路上中国会再接再厉,"或许十年后系统和核心元部件都能走到世界前列"。

北斗组网、量子实验卫星、数据生产要素……讲座涉及的自主创新只是彰显了中国"新型举国体制优势"的部分成果,它们既能展现新质生产力的综合效应,也将成为新质生产力研发的法宝。其中关键词之一是"自主创新",其二便是对"新型举国体制优势"的坚持。

李念(文汇讲堂工作室主任)

数据：
高质量发展的新生产要素

>>>>>>>>>>>>>>>>>>>>>>>>>

主讲：
卢 勇
上海数据交易所副总经理、上海市数商协会秘书长

对谈：
张继红
上海政法学院教授

沈 巍
上海市算力网络协会专家

杜 乐
武汉东湖大数据科技股份有限公司总经理

林镇阳
时任北京易华录数据要素科技创新研究院院长，现为软通智慧数据要素首席科学家、副总裁

高 鹏
Convertlab 联合创始人兼 CEO

（本部分内容根据 2023 年 10 月 15 日第 163-4 期"文汇讲堂"现场演讲整理，该期讲座由文汇报社、Convertlab、上海树图区块链研究院联合主办）

作为新生产要素，数据迎来万亿级市场

卢 勇

2019年党的十九届四中全会后,国家第一次把数据上升到继土地、劳动力、资本、技术之后的第五大关键生产要素。后来习近平总书记在考察中又提出了"新质生产力"的概念,具体指大量运用大数据、人工智能、互联网、云计算等新技术与高素质劳动者、现代金融等要素经济结合而催生的新产业、新技术、新产品和新业态。今天交流的核心就是数据在数字经济中的作用。

核心引擎　从数字经济来看数据的重要性

新质生产力和传统生产力必然有很大的不同,它不是靠资源的投入和堆积,而是靠创新的应用提升生产效率,进而让经济有更大的成长性和韧性,形成高质量发展。其中,数据发挥着重要的作用。

1. 数据在生活、GDP增长、人工智能发展中的贡献

先看看生活中数据的功能。

因为数据的作用,我们日常买菜越来越便利。传统的菜市场,菜品的损耗率是30%。有了超市这种运营模式,它依靠数据支撑采用集约化采购,将损耗率降至10%。到了网上买菜模式,像叮咚买菜这种平台,则可以将浪费降到5%以内。

再看GDP增长中数据的贡献。在整个经济结构中,如果把GDP拆成数字经济和非数字经济两部分,现在每个国家的数字经济在GDP中

的占比都在不断地增长。据中国信通院统计，我国2022年GDP中，41.5%来自数字经济。我国未来几年GDP增长速度预期在5%左右，而2022年我国数字经济的增长率超过10%，高于GDP的增长速度。数字经济依靠的是创新的技术、数据资源的驱动。

视线放长一些，比较一下2000年和2022年全球十大市值公司排名。到2022年一些传统公司都不见了，基本都是数字化的公司，包括苹果、微软、沙特阿美（即沙特阿拉伯国家石油公司）、甲骨文、亚马逊、特斯拉、Meta、伯克希尔·哈撒韦、台积电、英伟达，它们都经过了数字化转型，因而在全球资本市场有良好表现，并具备全球竞争力。

最后看自2022年年底至今不断迭代的生成式人工智能技术（AIGC），ChatGPT应用几乎是带来了全新的操作系统。从归因的分析来看，在这个大模型当中，20%的贡献来源于大模型的能力，10%的贡献来自一些专业领域的特殊技能，70%则来源于数据，即训练后的语料。可以看到，即便是新型的生产工具，数据在其中也产生了极大的作用。而2023年7月的世界人工智能大会之后，国内很多企业都推出了大模型，我认为未来它们会具有全球竞争优势，因为这些模型会运用到大量的高质量中文语料训练数据。这里又是数据给予了未来增长的潜能。

由此看，数据已成为重要的生产力和关键生产要素，渗透到生产、生活的各个环节。

2. 数字经济的"四化"

《"十四五"数字经济发展规划》提到数字经济具有"四化"，即数字产业化、产业数字化、数字化治理、数据价值化。其中，通信、互联网都是属于数字产业化，当前我国在这方面已走在世界领先行列。产业数字化是接下去的重点工作。所谓产业数字化，是指传统领域如何利用数字化的技术，利用数据的赋能，提升它的效率和竞争力。这里有巨大的发展空间，按中国信通院的估计，产业数字化的规模是数字产业化的4倍，也是未来数字经济更大的成长空间所在。数字化治理，非常重要的一点是如何体现数据的价值化，数据只有被使用、流通之后，才能产生更大的效益。

像我所在的企业——上海数据交易所就是承担了数据流通工作。事实上,不光是数据交易所,整个要素市场中不同的企业都需要进行更好的协同,只有数据生态做大之后,数据价值才会更容易体现出来。

在数字经济时代,因为有了数据的加持,未来发展可能是按照数字经济1.0的模式展开。和工业经济时代最大的差别是维度差别,数字化的发展会在高维度演进。在数智融合的阶段,数据会起到非常重要的作用。

3. 数据从资源阶段到资产阶段具有不同使命

数据如何成为生产要素?"要素"是经济学上的概念,所谓要素,强调它低成本、大规模可得。在经济学的函数里,如果输入端是数据,那么输出端可能是一个巨大的增量。当然,数据不能单独作为一项要素去使用,它还要结合传统的要素,通过数据要素的加持之后,才能让我们的生产效率得到更大的提升。

数据作为生产要素,可以用我命名的"三步蒸馏法"发挥作用,即原始数据首先要成为数据资源,这是其使用价值;再成为数据产品,这是它的交换价值;第三步是通过流通完成货币化的艰难跳跃,继而变成数据资本。

在不同阶段数据的功能完全不同。在信息化阶段,数据是一系列信息化的结果;而到数据资源化阶段,往往是数字化转型的开始,数据是一个起点;最后到数据资产化阶段,数据会成为企业的资本。

目前,国家财政部已颁布《企业数据资源相关会计处理暂行规定》,对数据资产化是巨大的利好。从2024年1月1日起,企业可以尝试把自己所拥有的数据资源,通过入表的方式进行列式披露表达,这对企业在资本市场上的估值会产生巨大的推动作用,由此,未来还会衍生出一些基于数据资产化的新的金融服务和金融产品,这也是我们在推动整个数字经济发展中的一些创新点。

从数据到数据资产的内在逻辑来看,呈现出金字塔形,即数据—信息(处理后有逻辑的数据)—知识(具有行动能力,能完成一定的任务)—智慧(具有预测能力)。

4. 数据与连接、算力、算法、边缘计算的关系

数据作为一个关键生产要素，必然与连接和算力等相关。连接更多的是指网络，国内目前的城域宽带网络都做得非常不错。但未来在"一带一路"倡议下走出去时，是否能有一张自主可控的网络？这是新的挑战，或许可以用更加新的技术手段如低轨卫星构建新的网络。生成式人工智能的推出对算力的要求越来越高，"东数西算"实现跨地域的算力分享是目前的一个应对方式，未来要求会更高；更多的应用场景需要算力更加地贴近应用，尤其无人驾驶普及后，有了聪明的车，还需要聪明的路、车与车之间的协同，需要贴近的算力，边缘计算又变得非常重要。

随着时代的变迁，关键的生产要素也在变化。农业时代，以土地和劳动力为主；工业时代，技术、资本是重要的变量；到了数字经济时代，必然是数据、算力、算法等一系列的关键要素唱主角。业界已形成共识，数据要素是数字经济深化发展的核心引擎。

走在前列　数据要素的顶层设计与制度推进

在2016年的G20杭州峰会上，与会国共同对数字经济作了定义。从目前各国陆续推出的数字经济发展政策来看，背后的重要驱动就是数据作为关键的生产要素。我国在这个方面走在世界前列。

1. 数据要素市场化：公共数据开放、场景应用尝试

从国家数据战略布局历程来看，分为酝酿阶段、落地阶段和深化阶段。2014年3月，"大数据"首次写入政府工作报告，此时是一个技术层面的表述。到了2019年，党的十九届四中全会提出数据作为生产要素参与分配，进入落地阶段。从2020年至今四份文件的出台搭建了"四梁八柱"，是深化阶段，对数据的要素市场化、产业化发展、数据创新都提出了很好的顶层规划。

依据《中共中央 国务院关于构建更加完善的要素市场化配置体制机制的意见》，上海在数据要素市场化的政策实践中，有以下一些理解和

亮点:

首先,数据流通,开放先行。约八年前,上海就提出了公共数据开放的概念,不仅是政府的公共数据,也包含一些企业的数据,通过 SODA 大赛(即上海开放数据创新应用大赛)的形式,把它们开放给社会团队,由此形成了很多创新,找到很多发展途径。

案例之一,三四年前开始推动的普惠金融业务。中小型企业贷款时一般无法提供抵押物,因此,银行做配套资金支持时成本相对要高。上海市大数据中心按照《上海市公共数据开放暂行办法》,给参与试点的银行提供相关企业在政府侧的数据,银行利用九个委办的 386 个数据项,从企业的税收数据、社保数据等关键指标,即能判断企业是否可获资金的支持。这样可使银行的成本大降。

案例之二,非常经典的商业银行政采贷服务。所谓政采贷,是指企业拿了政府的采购项目,银行愿意做配套的服务。传统的作业模式是企业需要申请、需要自证,银行获取相关材料后进行审核,作业周期相当长。有了开放的公共数据,银行就可以做到"线上秒批",只要财政局的三个数据项就能证明企业是否拿到了政采项目,银行就可据此作实时判断,效率大增。

在此基础上,可以衍生出更多的应用场景。比如公共数据的授权运营。"随申行"就是拿到了公共数据的授权,和交通数据汇总后形成的产品和推进服务。

在更高的层面,各地都成立了数据集团,数据集团主要的工作就是受托于市政府,把公共数据进行加工、处理之后形成一些服务,为企业的数字化转型赋能。

其次是场景应用,标准先行。因为有了场景可倒推需要怎样的资源,以此制定标准。

最后,还有安全保障,细分先行;交易培育,治理先行等。

2. 制度建设:"数据二十条"提出"三权分置"

2023 年 2 月底,中共中央、国务院印发《数字中国建设整体布局规划》,"数字中国"建设被列为有关党政领导干部考核评价的参考,为的就是释放商业数据价值潜能,建立数据要素按价值贡献参与分配机制。

体现数据基础制度建设的是2022年12月发布的《中共中央 国务院关于构建数据基础制度更好发挥数据要素作用的意见》(以下简称"数据二十条")。这是一份深改委的意见,让创新找到了更多的途径,有此制度保障,从现在各种不同渠道判断,目前千亿级的市场,就容易过渡到万亿级的市场。

数据归属到底是属于企业、个人还是政府?有些场景下非常难区分,权属问题无法解决,数据就难以流通,这是大家长久的困惑点。"数据二十条"创新性地提出数据的"三权分置",即数据资源持有权、数据加工使用权、数据产品经营权,更多地淡化数据资源的所有权,强调使用权和用益权,尊重持有者的既定利益,鼓励最大限度地进行数据采集、加工与流通。

这份文件不仅是我们探索改革过程中的指导性意见,也将构建起国家的竞争优势,因为释放出的潜能,能同时解决生产力和生产关系当中的一些矛盾。因此,这份文件是整个业界划时代的一个顶层规划和设计。

3. 上海落实:三年行动方案及千亿级市场目标

针对国家的"数据二十条",上海利用浦东地区立法的优势,率先推动落地。从技术层面到业务层面均作了一些制度性安排,同时上海还积极地推动整个国际大循环当中跨境数据流动的制度性安排。

围绕数据的全生命周期,我们设计了它的产生、采集、加工、处理、分析、应用,直到最后的流通。对三个权益的表达作了理论上的探索。比如,数据资源的所有权,可以通过数据资源登记的方式实现;数据产品的经营权,可以通过数据产品在交易所挂牌、上架的方式实现。未来在一个多层次的要素市场当中,交易所不仅要满足企业数据流通中撮合的需求,也可以作为数据产品登记的重要平台,让数据产品的经营权有一个表达的途径和方式。数据加工使用权,往往基于企业和企业之间的委托合同产生,可利用合同方式表达归属。

目前,上海颁布了"数据三年行动方案总体目标",即《立足数字经济新赛道推动数据要素产业创新发展行动方案(2023—2025年)》。到2025年,数据要素市场体系基本建成,国家级数据交易所地位基本确立,其中,数据产业规模达5000亿元,年均复合增长率达15%,引育1000家数商企业,打造1000个品牌数据产品等。未来,我们会积极推动更多的数据产品在数据交易所挂牌,每一个挂牌的产品,背后对应的都是要解决的具体业务问题。挂牌的产品数量越多,代表可推动的数字化转型落地更多。

总体来说,整个数据要素市场和体系建设是分步走的方式。目前我们在积极地推动数据要素市场建设,包括数据的流通、交易、开放、授权运营等。

需求推动 数据流通交易的内容、推动的方式

数据要素市场是很宽泛的概念,包含数据交易、数据开放、数据授权等各个方面。目前,欧美数据要素市场的规模、体量较大,相较而言,我国大量的数据要素平台都是以国资为背景,是政府部门在推动,海外更多的是来自企业,如以云服务为代表的亚马逊、垂直领域的CRM平台服务商等。

这里以上海数据交易所为例,来介绍我们目前所作的核心探索。

首先是数据流通交易的内容。我们认为,数据集等可作为一个最基础流通的标的物,在此基础上可能会形成一些数据的服务。比如,运营商做的三要素、四要素核验的应用,在万得终端上查询的数据服务,输入企业名称后通过算法给企业作出征信评估等数据应用。有了数据产品之后,还需要提供数据产品的说明书,以表明能解决怎样的业务、更新频率、参考价格等。数据产品合规上架之后,通过质量评估、合规评估之后,数交所会颁发数据登记书。

其次是如何推动数据的流通交易。上海数据交易所在这方面作了很多尝试。比如,积极发现各种需求。我们分析了所有的金融机构,整合了外部数据,这样任何一家商业银行都可在这个平台找到它所需要的数据,有助于其在管理成本、采购成本、人力成本等方面降本增效。我们

逐步形成了"一站通金融数据交易板块",对金融的获客、风控、征信等不同的使用场景数据都作了大量的汇聚。此外,我们推出了"航运交通板块"信息平台,赋能更多应用;我们也在积极推动国际板块数据产品建设,已有30多个数据产品挂牌,围绕跨境流通的需求,让企业获取全球的数据。随着大模型需求的产生,2023年世界人工智能大会发起成立了中国大模型语料数据联盟,我们也建立了语料数据交易板块,以期以高质量的语料数据集来赋能模型训练,服务更多的大模型企业。

独立赛道　数商:大生态圈中包含新业态、未来转型方向

整个数据要素市场的建设,其实是一个大生态的概念。如同在证券市场有券商、电子商务时代有电商,数字经济时代需要有数商。2021年上海数据交易所成立之时,我们就提出了数商概念。数商,就是数据的服务商,它主要的加工对象、生产组织、创新方式、最后交付的成果,都是数据。这是一个全新的概念,也是一个全新的赛道。

数商一般可分为十几个类型,主要有数据资源型、技术驱动型、服务类型等。

数据资源型数商,是指企业有非常多的数据资源,可以加工形成一个产品对外提供服务。最典型的就是三大运营商。举例来说,要了解各个商圈客流的活跃程度,移动运营商就掌握相关数据,做地理空间的提供商就需要采买它们的数据,来提供给有此需求的商圈主运营者。这就是典型的数据资源型企业。

其实,传统企业也可能成为数据资源型企业。比如"随申行"应用中的一个重要的数据来源方是上海久事公交公司,它可以把公共交通信息提炼成一个数据产品,无论是供商业市场,还是供政府作决策分析,都能发挥重要作用。

技术驱动型数商,比如云服务厂商有云的应用和数据的托管两块业务,本身拥有做数据交付的通道,使得交易有天然优势,只需要进一步提升数据合规。又如,目前很多企业的数据不能直接融合,即A企业的数据只能在A企业的数据中心,B企业的数据只能在B企业的数据中心,

可以通过拥有隐私计算技术的厂商，将企业所需要的数据价值提炼融合，进而交付使用。

关于服务类型数商，任何一个数据产品在挂牌之前，首先要进行合规评估，谁来做比较合适？律所可以提供合规的第三方评估。在服务类型数商当中，我们更需要类似房地产的数据中介、数据经纪人角色，解决信息不对称问题。它们是活跃市场的重要组成部分。

围绕整个数据流通交易，数字化、信息化的企业，都可在其中找到业务发展的机会。因此，我们称数商是独立的赛道，是一个新业态，是一种新的商业模式，也是未来企业转型的重要发展方向。

大势所趋　数据交易流通，最终将迈向资产化路径

随着数据不断交易流通，未来的趋势必然会通向资产化阶段。我们来看几个真正的数据交易场景。

金融领域替代数据使用场景。银行放贷后需要为大客户配备客户经理，实时了解企业是否正常运转，这样的模式成本较高，效益较低。银行在做数字化转型时，可用一种替代数据的方式。比如，客户是制造型企业，可以通过观察用电状况来跟踪企业状态。国网电力把该企业用电数据加工形成产品，设置好评分、等级、同业对比后，银行就可依照数据作相对的实时精准对比，以此观察变化趋势。这个过程中，数字化转型对银行、电力公司都是重大的利好。

又如，中远海科是一家上市的科技企业，主要是为航运的上下游企业提供更多的数据支撑的保障。有了数据业务之后，它可以延伸提供新服务，比如它的数据产品是基于500吨级以上商船的GPS数据，在其上叠加舱单信息、货运信息、港口信息、实时海况数据、气象数据、地缘政治风险等一系列要素，就能形成新的数据产品或服务。在高危海况场景下，可帮助船运业主判断是否购买保险。这就是传统服务之外的新服务。

还有在大宗商品领域，数据的使用方尤其是投研机构、资产管理机构可通过多维度数据的融合，进行一些精准的判断。

目前在上海数据交易所的平台上,大概有 1600 多个产品,之后会更多。未来,数据随着不断的流通交易,会形成资产化的趋势。总体来说,我们可以看到数据资产化实现的途径,是从资源化到产品化再到资产化。未来服务的方式,也从传统的集成式服务转向数字服务。在数字经济时代,企业都可以找到新的发展路径。

对话 1 | 制度立法护航,从"数据二十条"到国家数据局

"数据二十条"突破了哪些难题?

1. 数据归属问题非常复杂,搁置是一种智慧

张继红:2021年3月,我正式到上海市人大财经委挂职,成为《上海市数据条例》立法专班的一员。我们走访了大量的企业、人大代表,并与市民面对面交流,被问及最多的问题是能不能解决我们数据权益的保障问题。比如,我的数据资源被收集、加工处理了,但立法上没有规定它是属于我的。数据具有复杂性,它的归属问题并不像常规事务那么简单。

我举个例子。我们去某餐馆品尝了一道菜,觉得不错,就拍照写评价上传到大众点评。这个数据归属是我所有,还是大众点评平台所有?是受《中华人民共和国著作权法》的保护,还是受《中华人民共和国反不正当竞争法》的保护,还是要纳入《中华人民共和国民法典》框架内?这在学术界引发了非常激烈的讨论,也发生了一系列的司法判例,对审判一线的法官提出了尖锐的问题。

到底数据权益属于谁?这就是一个难题。

2021年11月25日,《上海市数据条例》正式通过。同一天,上海数据交易所揭牌成立。《上海市数据条例》中关于数据权益的保障性条款是第12条,其中规定:"本市依法保护自然人对其个人信息享有的人格权益。本市依法保护自然人、法人和非法人组织在使用、加工等数据处理活动中形成的法定或者约定的财产权益,以及在数字经济发展中有关数据创新活动取得的合法财产权益",部分回应了企业和市民的关切。

卢总刚才讲了国家出台的"数据二十条"就提出了数据资源持有权、数据加工使用权、数据产品经营权的"三权分置"方案。面对权益难题，我们搁置了所有权的争议，聚焦到怎么来促进数据要素市场的经济价值上，这就是"数据二十条"的意义所在。

想请问杜总，你们是2015年第一批成立的数据交易机构，"数据二十条"的出台及"数据资产入表"政策的实施等，对之前存在的数据交易的确权难、定价难、入场难、互信难、监管难这"五难"问题，有没有相应的突破和解决呢？

2. "数据二十条"的颁布为解决数据"五难"问题提供了方向

杜乐：东湖大数据交易中心是2015年第一批成立的数据交易机构，我们很欣喜地等到"数据二十条"的颁布。从某种意义上说，这从制度层面帮我们厘清了困惑，同时指出了一种解决"五难"问题的方向。

第一是数据确权难。我们先搁置所有权，更多探讨数据的持有权，围绕并强调数据资源的持有、数据加工使用、数据最终产品的经营等，用好"三权分置"这种形式。

第二是数据定价难。在顶层设计上，"数据二十条"提出我们可以按照企业和个人信息的数据市场自主定价。此外，目前各地都在关心和探索公共数据如何开放使用，"数据二十条"也提出我们可以通过数字化发展公共数据，从而引导政府定价，有偿使用。最近我们已经看到部分地区开始探索公共数据有偿使用。

第三是交易主体互信难。当我们参与到一些具体市场的时候，发现数据市场交易核心的难点体现在两个方面：一是数据在交易过程中卖方和买方互相之间不信任，比如买方不确定自己买到的数据是否合规；二是对于数据的质量无法作出判断，不管是大模型的数据训练，还是平常的数据接口，去验证某类数据质量时成本往往非常高。而数据只有在真正应用过程中，才能发现它的质量好坏。因此，这就需要找到一个富有公信力的平台。"数据二十条"构建了数据流通准入规则，注重数据质量体系建设，进而建立起整个数据交易的互信平台来解决互信难题，实现前面卢总介绍的数商体系的建设，还有第三方专业服务机构的功能体系建设。

第四是数据交易入场难。我认为,场内交易和场外交易同样重要,按照现有的数据零级市场、一级市场、二级市场的开发体系架构,数据交易所或者交易平台在数据交易过程中充当的是数据一级市场开发的角色,也就是说交易平台可以在法律明确规定的前提下,基于知情同意或者法律适用的要求,以数据可以流动使用的模式,通过授权聚合个人和企业零散数据,再将其通过数据开发或者应用来变现。目前也有地方在探索数据信托,就是这类很有益的尝试。

第五是数据交易监管难。过去我们是以数据超市模式在运营,可以理解成我们既是数据的裁判员,又是数据交易的运动员。从监管的角度看,我们推动数据交易场所数商功能的分离,能够更好地厘清数据参与主体的责权利,从数据的权责划分层面解决数据交易监管的难题。过去数据交易中心作为新型基础设施,定位侧重在公益和公共服务层面,当前市场的需求,需要更好更多的用数据+技术服务客户的数商,因此我们要回归到数据服务的商业本质,用我们自身的场景、数据和技术经验更好地服务现有的数据交易所,助力全国数据要素统一大市场的建设。

从各地数交所到国家数据局的跃升

张继红:目前全国已经成立了几十家数据交易所,每一家都有不同特色。刚刚杜总提到了身份上的分离,这也涉及东湖大数据交易中心的定位问题,能否具体介绍一下?

1. 武汉东湖模式:技术驱动下提倡产业数据赋能产业

杜乐:我们是从2015年起开始探索数据交易,最早以政务数据运营中心和大数据交易中心的模式来推动政务数据运营。

2018年我们决定去"找市场而不是找市长",向技术转型。我们发现,一方面数据交易非常低效;另一方面,95%的客户需要基于采购数据来解决其自身遇到的问题,即解决数据交易的"最后一公里",提供数据服务才是客户真正需要的。因此,我们躬身入局,直接入场参与交易,作为签约主体以数据超市模式面向数据市场参与方,一是提供一套可信数据准入的标准;二是基于对场景的理解与技术能力,解决数据参与方对数据合规、数据质量的不信任等问题;三是基于多源多模态数据的融合认知技术来实现数据的应用。这样,我们就解决了数据定价的问题,即不同场景不同定价。

同时,我们也一直探索和推动融合数据,就是不同的数据集经我们加工后形成数据产品,能够变成衍生数据,在现有的知识产权规则保护下进行数据交易服务,目前在产业数据+招商赋能、气象数据+交通、气象数据+农业、遥感数据+金融等领域形成了丰富的场景。

在全国的数据交易同行里,东湖一直以产业数据为主导方向。我们坚信,数据要赋能到产业链里才能够产生它的价值。我们也是通过这种赋能形式,再反哺数据,形成正向的循环,形成我们特有的"东湖模式"。

2. 最缺的是知道需求方业务痛点的数据产品加工商

张继红:杜总用了几个关键词来概括:技术驱动、数据融合和场景应用。数据流动一定是结合具体的场景,才能够真正地发挥它实际的价值。

卢总刚才提到要打造一个独具特色的数商生态,能否也敲一下小黑板,画个重点呢?

卢勇:"数商"就是数据服务商。数据真正要发挥作用,确实要在融合的场景下。

我们最缺的是什么?是数据产品的加工商,它不是简单地对数据进行处理、分析就能成为一个产品,需要真正知道需求方业务的痛点是什么、是解决什么样的业务问题,倒过来找到数据资源,将此做成数据产品。因此,数据产品的开发商目前来看有大的发展潜力和市场需求。

张继红:总结来看,企业和市场都非常期待数据权益分配及保障方案的落地。即在具体的实操层面,怎么发挥数据的积极作用;在制度层面,不管是中共中央、国务院一系列的纲领性文件,还是我们的地方立法,如何形成合力来推动数据这一新型生产要素价值的挖掘,这也为我们现有制度提出了一些挑战和问题。

3. 期待数据局推动产业发展，推动数据绿色化

张继红：2023年3月，中共中央、国务院印发《党和国家机构改革的方案》，提出组建国家数据局，归口到发改委进行管理，给行业带来了利好。请大家从自己行业的角度谈谈国家数据局成立的意义。

卢勇：我觉得国家数据局的职能更多的是推动产业发展，而不是纯粹地强调监管。相对其他四个生产要素来说，数据目前明确让国家数据局牵头，负责协调政府内部的相关事务，所以它更多的是要推动产业发展。

杜乐：我觉得国家数据局的成立有两个作用。在监管层面，解决"九龙治水"的问题。从技术角度来说，将推动数据技术和现在的第一产业、第二产业深度融合，比如说隐私计算、数据空间、融合认知计算等技术能够进行示范和推广，推动产业的数实融合。结合具体的应用场景来说，比如通过数据和农业、金融行业的结合，来推动生产力的提质增效等。这些对于以大模型为代表的新质生产力"蓄势赋能"会有很重要的作用。

高鹏：过去差不多8年左右的时间，我们一直在帮助国内企业去获得互联网的能力，以此运营客户、生态、渠道。我们帮助它们如何大规模生产、大规模营销。这个工作正变得越来越专业，而且非常依赖企业在数据资产方面的管理能力和应用能力。比如，任何一个成功的产品，都首先要研究消费者行为和特征，甚至需要挖掘一些现象背后的内在逻辑，而数据是所有此类工作的基础；其次，要在各个渠道上面能够持续地用个性化的方式跟消费者打交道。怎么样让整个组织或机构进化成以客户为中心？和消费洞察、业务洞察类似，这些任务和数据都是一体两面的，都属于"数据驱动"的业务过程。

沈巍：我个人非常期待，国家数据局的成立能推动数据的绿色化，包括推动相关标准的制定。

林镇阳：目前全国一体化的数据要素市场建设迫在眉睫，需要国家层面的统领。各个地方还存在发展不均衡的问题，像上海的基础设施、信息化、数字化已经达到很高的水平，但是对于西部地区，可能还处在信息化发展的初期。这时候就需要有效统筹资源，让全国其他的城市能够

快速地在数字经济时代"弯道超车"。

具体而言,我希望国家数据局在一些技术层面标准的制定和业务规范上面有统筹,比如由国家数据局成立类似于不动产全国数据资产登记中心的机构来进行数据登记确权。另外,"数据二十条"也是框架式的,还需要更多的细则去完善。

张继红:在数字经济时代,如何去塑造、培育一个有序、健康的数据流通交易市场,如何在个人信息权益的保护、数据安全保障两个底线之上,最大限度地激发数据要素的经济价值和社会价值,这是一个开放式的命题。我想不仅需要技术上的变革,也需要颠覆性的理论创新。

对话 2 | 下一代算力出现前，"东数西算"如何站好岗？

张继红：今天请到了两位算力方面的专家。算力对算法和数据提供了基础性的制度支撑。中国的算力规模位居全球第二，每年的增长量是30%。请沈总介绍一下，在我国"双碳"政策目标之下算力的基础性布局和规划。

全国数据中心算力消耗等于京沪两地用电之和

沈巍：我长期从事数据中心和最新的算力中心的规划设计，以及节能减排方面的工作。这几十年的变化确实翻天覆地，曾对我们非常重要的那些设备都已慢慢消失了。比如我小时候学英语、听音乐要用到Walkman，它的下一代是CD机，后面又有Mp3播放器，现在都没人用了。在这些随身音乐数据存储设备消失的背后，是算力设施的一代又一代建设和升级演进。现在没人担心数据会突然消失，这也是因为以前叫作数据中心，现在叫算力中心的这些基础设施在迅猛发展。相对于第一代计算机，最新一代计算机的算力性能有300万亿倍的提升，人类没有任何一个生产工具能够发生这么大的变化。

过去5年，我们的数据中心都是以超过30%的增速在发展。截至2022年年底，全国的数据中心机架总规模已经达到650万标准机架。2022年一年消耗的电量约2700亿度，正好是当年北京和上海用电的总量。如把这些数据中心集中建在京沪两地，约占10万亩土地，约等于京沪土地总量的3%。相当于全国数据中心占用了3%的京沪土地资源，消耗了100%的京沪用电资源。

所以，国家推出了"东数西算"工程，把东部一部分对时延要求比较低的或者灾备性质的数据中心部署到西部去，性质上与"南水北调""西电东输"相同。以内蒙古和贵州来作对比，我们发现全国数据中心2022年的耗电量，等于贵州加上内蒙古这两个省发电量的30%。这两个省加起来一年发了8800亿度电，实际只消耗了5900亿度电，多余的2900亿度电正好是全国数据中心需要消耗的电量。这其实就是国家开展"东数西算"工程背后的逻辑。

使用算力要如用水用电般便利，有待下一代发展

张继红：在国际大背景下，中美在技术方面发生了多次的冲突和摩擦。我们在算力方面也会面临一些技术性难题，上海市算力网络协会会发挥什么样的作用呢？

沈巍：上海市算力网络协会现在一共有95家会员单位和9个个人单位。理事长单位是上海超算中心，理事单位有9家，主要是上海的三大电信运营商，还有我本人所在的上海信产通服公司，以及商汤科技、悦科数据、云赛智联等一系列数据服务商和技术商。协会的宗旨，是面对现在算力发展的挑战和今后发展的趋势做一些横向拉通的工作。协会的定位是，成为政府重大决策的参谋，成为整个算力网络体系里面供方和需方之间的桥梁，成为政府和企业之间的纽带，成为算力网络高质量发展的齿轮。

传统狭义理解的算力，就是计算的能力，从算盘开始到计算机，到现在各个智能设备都具有计算的能力。如今算力网络已经把概念扩大化，指算力资源。目前的各种计算资源，包括各种各样的云，都是比较分散的。怎么样把计算资源进一步综合化？现在我们有新的提法，就是把算力分解为三个力，一是信息的计算力，二是网络的运载力，三是数据的存储力。目前的算力把这三种都包含了。我们希望能把分散的数据中心、算力中心里每一台计算设备、存储设备、网络设备的能力综合起来，提供给大家像用电用水一样很方便的综合的算力，或者我们称为的下一代数据能力或算力，这是我们发展的愿景和目标。

上海是数据中心重镇，并成为全国第一个制定 PUE 标准的城市

张继红：您多次提到"东数西算"工程，上海在其中的角色是什么？

沈巍：关于东数西算，工信部、发改委、网信办和能源局四部委分两批发了文件。第一批是在 2021 年年底，批复的是西部的内蒙古、贵州、甘肃和宁夏四个枢纽节点的建设。第二批是在 2022 年 2 月，批复的是东部地区和中部地区八大枢纽地区，即京津冀、长三角、粤港澳大湾区，还有成渝等。这八大枢纽的成形，相当于正式宣告了国家"东数西算"工程规划的落地。

其实，早在 2012 年我国就开始建设这些西部节点，最早做"东数西算"的企业是三大电信运营商和一些互联网企业，它们对成本非常敏感，一度电在上海接近一块钱，但在西部地区可能只需要两三毛。所以，像中国电信 2012 年到 2014 年就启动了内蒙古和贵州两个数据中心园区的建设。三大电信运营商都是同步跟进的，接着是国家队，包括金融行业、政府。现在几大国有银行的灾备中心或者大数据中心，也都放在了西部地区。未来，我相信在国家"东数西算"工程引导下，会有更多的企业把数据放到西部去。当然，类似于人工智能这些计算中心还是会在东部进行计算。

上海一直是数据中心的重镇。最早的数据中心都是放在通信的枢纽楼里面，开设一个小的房间放一些服务器，提供一些数据应用的服务，因为它离不开网络。随着数据中心的规模越来越大，上海市政府对于数据中心产生的能耗、GDP 占比细算了一笔账。数据中心对于效率有一个专用名词"PUE"，叫电能利用效率。简单来讲，数据中心除了要供电给服务器用以外，还要给到它的配套设备。配套设备的用电占比越小，说明我们数据中心的绿色程度越高。一般数据中心的 PUE 指标大概在 1.5 到 1.8，实际可能做到 2 左右，相当于一半的电是给服务器使用，一半的电是给配套的设施使用。

上海是全国第一个通过政府发文的形式，把 PUE 指标降到 1.3 的城市，可以说打响了全国数据中心节能竞赛的第一枪。随后，包括北京、广

州、深圳等各个地区都开始了制定本地数据中心的PUE准入策略,现在最低的像北京可以到1.15以下。实际上这在技术上是非常大的挑战,因为数据中心还要实现安全、稳定运行的要求。

一方面,像东数西算,我们要看哪些地方的资源禀赋更好,气候更低,更有条件利用自然冷源进行制冷。另一方面,我们也要通过制定标准的方式,更多地从宏观的角度,形成算力的随时可调度、可分配,来保障数据中心和数据中心之间的互相备份,这样才能够一步一步实现"数字强国"的大战略。

以冷存储布局城市数据湖,实现数据应存尽存

张继红:林院长,作为算力领域的龙头企业,北京易华录公司的存力、算力情况,包括数据运营方面怎么助力"东数西算"工程,能否请您介绍一下?

林镇阳:北京易华录的母公司是中国华录集团,是国务院国有资产监督管理委员会直接管理的一个央企,20世纪90年代为了抵御国外文化入侵而成立,强调中国要制造自己的录像机。录像机是传播文化的基础设施,因为要存储数据,所以有了中国华录公司(Hualu)。2001年成立了北京易华录(e·Hualu)。2011年,北京易华录在智慧城市领域以央企国家队身份上市。

怎么理解东数西算?工业经济时代的核心在于瓦特,数字经济的核心是比特。从瓦特经济到比特经济,结合过程中就包含了三个力。

第一是存力,实际要实现数据的存量存储。之前提到数据中心是一个资源资产,要对这些数据资产全量地存储,安全可靠长期地保存。

第二是算力,数据本身没有直接价值,要赋能实体行业才能产生价值。所以,它需要有相应的算力模型来挖掘它的价值。

第三是用力,用力的核心就是模型。大家能感受到我们通过算力、算法加模型的三维整合,实现了数字经济发展的高峰。我们的核心在于如何用好这样一个新的要素。

在"东数西算"工程中,北京易华录主要做了以下一些工作:

在基础设施层面,目前中国易华录拥有国际领先的冷存储能力,一张光盘能存储 500G 并已商用。光盘存储不需要耗电,一个机柜能存储 2.7 个 PB(1TB 等于 1024G,1PB 等于 1024TB)。目前存储机柜待机时只耗电 0.06 千瓦时,工作时只耗电约 0.1 千瓦时。在"东数西算"工程布局层面,一方面要用好地域资源的配置;另一方面要从根源上降能耗,先进的冷存储直接把耗电量降了两个数量级。

从 2015 年开始,我们推出改革城市数据湖战略,目前布局了 30 多个城市数据湖,其中有 8 个在国家"东数西算"的节点上。节点上的城市要发展数字经济的基础设施,需要解决三个力,即存力、算力、用力。我们帮助各地新建数据中心,帮助原有数据中心做低碳化改造,实现数据资源的全量存储即应存尽存,而非覆盖存储。这称为"一湖基础"。

很多地方的安防用摄像头都是三个月覆盖式存储,这代表一个城市的记忆只有三个月。如果三个月之前发生一起刑事案件或者交通事故,你是无迹可寻的。对一些关键的数据资源,我们要让它全量存储,百年之后,后人还能看到上海所发生之事。为此,我们提出"数据考古"的概念,它需要可全量存储这样的基础设施去完成。这也是实现国有自主可控的数据要素发展最重要的基础。数据湖的建设相当于给一个地方建立可称为数据的"中央厨房"的基础设施,数据存进来后对其进行价值化。我们称为数据的"收集、存储、治理、使用、交易"五部曲。

收和存解决之后,就要对数据进行治理。这时候就需要搭建围绕数据的基础设施,像刚刚东湖大数据的杜总说到的围绕数据的技术能力,以及像上海数交所的数商,相当于到中央厨房的厨师,他们带着秘籍加工食材,使用我们的存力、算力,把数据的价值挖掘出来,从而支撑大量的应用场景。

在数据使用环节,除了政府自己用,这是数据的内循环,还有数据的外循环,我们自己不具备开发能力,就邀请具备开发能力的数商一起开发,我们只要在存储上有授权的过程即可。

未来的导向是数据交易,全国有近 60 家数据交易所,要解决好数据入场的问题,实现场内场外互补。

所以,"东数西算"工程,本质上是要追求瓦特经济的平衡,更深层的逻辑是实现比特经济的协调,形成全国一体化的数据要素市场。按照这样的逻辑,我们围绕数据要素的"收、存、治、用"的闭环,展开多层次、多主体的数据要素市场建设。

助建四大抓手:定价中心可能是打开 10 万亿元级市场的金钥匙

林镇阳:这里跟大家分享一下我们围绕数据要素市场建设的一些探索性的经验。

从发展角度看,多层次、多主体的数据要素市场建设有四个抓手。

第一是数据登记确权中心或机构,要明晰权力主体和合规建设,为未来的发展提供有力的法律保障。

第二是数据资产评估定价中心。数据从资源化到资产化再到价值化,终极目的是成为资产。2024 年"数据资产入表"政策的实施,对于有数据资源的公司以及能开发数据产品的公司都是巨大的利好。评估定价中心,是在数据要素的一级市场完成对它的评估定价,使之具备有效流通的资质。我们认为,数据要素的定价,可能是开启 10 万亿元级市场的一个金钥匙。

第三是数据运营服务中心。它包括两个层面:一是自身具备能力对它进行运营加工,形成产品;二是授权运营,将数据产品授权给相应的主体,请其加工和运营。

第四是数据流通交易中心。数据流通起来才有价值,未来评估定价可能不仅仅是一个价值,而且是有资本价值的可证券化,使之能进入二级市场进一步流通,这才是开启 10 万亿元级市场更有价值之处。

互动｜数据银行、数商，数据要素时代有新收入？

鼓励全面使用国产助推研发，各界合力建设应用场景

东华大学传播学院教师徐敏：我国数据建设的最大挑战是什么？

沈巍：挑战很多，尤其是在当前局部地缘冲突的国际形势下。对于算力，平时较易接触到的是它的上层应用，但它的底层技术包括架构、基础设施的自主可控的程度，还有很长的道路要走。这需要我们社会全体群策群力，形成一个良好的生态。一方面要有自主的研发，另一方面对国人研发出来的芯片、软件、产品，我们要更有信心地去使用，这样产品才会不断地丰富迭代，继而一步一步地走出自主可控之路。

林镇阳：除了沈总说的基础设施的自主可控需要存力、算力、用力三个层面的努力外，围绕制度的应用场景也比较薄弱。

第一，全国性的围绕数据要素的细则尚未出台。作为企业方并不清楚如何作为法人参与到这么伟大的时代，同时还要规避财政上的问题。

第二，应用场景。场景可能不仅仅是知识层面的储备，更多是对纵深行业的理解。每个行业都有很高的行业壁垒，未来怎样有效地协同？把有效场景激活起来，应用到政府的数字化治理、企业数字化转型、民生的便捷生活，这些都需要社会各界投入人力、物力、智慧，共同打造未来的数字中国。

兼顾"双碳"目标和算力发展的有效方法是分解降耗

媒体人李念：国家已经公布了"3060"碳达峰、碳中和目标，目前算

力有这么大的需求,这两者间怎么平衡?

沈巍： 这是一个重大挑战。我们整体碳排放的来源主要是能源行业和重点行业,如钢铁行业。这些行业的趋势是在2030年碳排放总量达到峰值后迅速下降。但算力中心需求还在不断增长,前五年的增长率是30%,未来五年的增长率预测将不低于25%,这就是一个巨大的矛盾。刚才提到全国的算力基础设施在2022年的用电量已经等于京沪用电量总和,到2025年,可能相当于京沪深广四个一线城市的用电量总和。这是"双碳"目标不能接受的。因此,整个行业都在呼吁要找到一条绿色发展的道路。但这并不意味着有一种灵丹妙药能一下子解决所有问题。这可能需要理论创新和实践探索。

经过许多探索后,最好的方法是将其分解开来。首先,我们将计算能力设施进行拆解。从物理角度来看,算力基础设施目前最常见的形式是园区,不论是内蒙古的算力还是上海临港的算力,都采取的是园区形式。我们首先要将园区建设成零碳园区。

其次是建筑物,我们将采用国家绿色建筑标准进行建设,包括装配式建筑和海绵城市等的应用。以前很多使用的是民建标准,现在更多地要使用厂房标准。

再次是机房,涉及PUE指标、机电设施、液冷技术和储能技术等。这些措施旨在降低机房层面的碳排放。

又次是硬件,涉及网络设备、服务设备和存储设备,这些是算力、存储和网络基础设施的组成部分,我们将其称为绿色云网。通过使用这些绿色高效的主设备,来降低算力中心的能耗。

最后,从总体角度来考虑,通过高效的网络,使每个人或每个用户都能够灵活地使用所需的计算能力,避免浪费。可能需要算力本身赋能算力设施,AI赋能AI设施,形成循环,才能应对这个重大挑战。

上海数交所的KPI将和促进数据流通的初心融合考虑

金融行业从业者谈佳隆： 您的KPI和实现上海数据交易所未来的战略定位、上海三年计划怎样匹配的?

卢勇：在传统企业中，只要完成 KPI 就好。然而，作为数据流通交易的新机构，我们正在进行开创性的工作。在评估工作优劣时，业务指标是重要的一方面，但更重要的是我们最终的目标——推动整个产业发展，对数字经济起到推动作用。

作为交易所，我们的主要任务是促进数据流动。为此，我们需要进行数据产品的组织、数商生态的构建、规则制度的确立以及与各地交易机构的合作等一系列综合性指标建设。因此，我们将围绕上海市制定的"数据三年行动方案总体目标"，努力实现构建成为国家级数字交易机构的目标。这是我们所看到的未来的重要方向。在这个宏大目标下，我们进一步细化，通过在不同领域实现更高效的数据流通来实现整体目标，这是我们设定业务目标时需要考虑的重要因素。目前，我们的交易量、数商数量、挂牌产品数量等都有具体经营指标。

个人如何享受数据红利？数据银行目前已在设计个人业务

退休企业老总钱荣华：因为数据比较抽象，自然人在分享数字化给个人带来的红利时可能会不知不觉触碰一些法律问题，怎么办？

张继红：在数字时代，我们怎么保护自己的个人信息？现在《中华人民共和国个人信息保护法》已经生效了，地方层面的《上海市数据条例》也兼顾了个人信息的保护，其中第二章"数据权益保障"的第二节聚焦个人信息特别保护。在立法层面，同时建构了民事责任、行政责任和刑事责任的法律责任体系。

在保护自身个人信息的同时，我们如何共享数据要素的红利？"数据二十条"里提出了一个非常重要的数据信托的思路，指出要建立公共数据、企业数据、个人信息数据的确权授权机制。其中，在个人信息数据确权授权机制方面，我们可以把数据授权委托给专业的机构，由其代表个人监督市场主体对个人信息数据进行采集、加工、使用。也就是说，我们可以把个人数据交给专业的机构去更好地开发利用，你支付给我相应的对价，可以是货币，也可以是比特币，也可以是积分折扣的方式。当然，这在未来还需作进一步探讨。

林镇阳：我们团队在 2021 年提出了数据银行模式，类似于银行对资金这个要素做相应的收储，或者设计金融产品在一级市场、二级市场流通。数据银行旨在帮助政府和企业做政务数据的归集，将数据的产品经营权授权给数据银行，由其加工运营数据产品，往市场上服务，呈现数据价值。

我们落地的全国第一个政务数据中心在江西省抚州市，政府的一些数据资源对市场进行外循环，形成价值从而进行服务。目前我们团队也跟一些高校、部委在聊数据银行、数据信托。我们个人的很多数据，比如衣食住行这些数据在授权情况下可以上传到数据银行，个人数据和政府多余的数据融合后可以形成一些数据产品服务。某些机构可以通过上海数据交易所的微平台来到政府的数据银行申请使用相关数据产品，如果商业价值上产生了 100 元利润，可能有 50 元回到财政，50 元回到个人账户上。

这就是数字经济时代的共同富裕，让每个人按劳分配、按贡献分配，我可以通过个人数据资源享受到相应的红利。

不断丰富的立法有助于跨境数据流的安全保障

法律从业人员戚若音：一方面数交所已在发展国际板块，另一方面国家也出台了出境安全评估办法，请问如何在保证数据安全与促进国际交易发展中达到一种平衡？

卢勇：这是近期极为困扰企业的问题。在上海有 6 万家以上的外资企业，很多外资企业的总部都在海外，所以分支机构和海外的数据，在管理上天然有流动的需求。2023 年 9 月 28 日，国家网信办发布了《规范和促进数据跨境流动规定》征求意见稿（该法已于 2023 年 11 月 28 日通过，现已正式实施）。立法的出台和规范，可以让我们有更便捷的方式，通过数据的跨境流动，赋能企业本身的发展。

我觉得，在数据的跨境流动方面还是要赋能企业应有的发展。尤其是像数字贸易、国际贸易、航运交通，数据天然要流动，否则业务无法开展。

跨境流动愈加频繁,也是数据能赋能企业的好机会,包括国内企业走出去,海外企业走进来,对营商环境的打造、数据流通都可提供相当好的环境支持。

上海人事管理谢超君:上海的医疗数据将来会怎样加强运用,企业方如何能获得相关的数据?

卢勇:医疗行业可以探索创新的空间确实很大。医疗行业相对敏感性较高,而它的实用价值也非常高,其中又牵扯到垂直领域应用。围绕医疗大数据,我们已经有国家健康医疗大数据北方中心、南方中心,在小生态范围中已经形成数据的流动。我们可以借助公共数据开放和授权运营的平台产生的数据,在其中找到更多的发展途径。

总的来说,以应用的场景为牵引,可以找到更多的数据资源需求,在合规合法的前提下,更高效地赋能,包括和医疗服务相关的机构如药企、研究机构。

通过大模型为哲学家冯契做数字人,是中西双向赋能

昆山同翻牛旭林:当前科技的迅猛发展,主要是西方现代科技的结果。中国拥有阴阳、易经等传统文化优势,如何应用到现代的科技当中?

高鹏:2023年5月,我们开始尝试检索增强生成,来提高大模型在问答过程中的准确率。过程中我们尝试为提出"智慧说"的中国20世纪著名哲学家冯契先生做了一个数字人,可以基于冯先生的11卷文集内容,回答类似"中国哲学、印度哲学、西方哲学有什么差别"这样的问题,这也许是回答您问题的一个极好的例子。

另外,国内现在正在推动的数字经济,正在落地过程中的国家数据局体系,都是西方没有走过的路。所以,我们不仅仅是兼收并蓄,还有各种推陈出新。

卫星互联网：
让天地一网来到身边

>>>>>>>>>>>>>>>>>>>>>>>

主讲：

林宝军

中国科学院微小卫星创新研究院资深研究员、
北斗三号卫星系统总设计师

对谈：

许 浩

中国电信上海公司副总工程师

卫星互联网之景

（本部分内容根据 2023 年 11 月 26 日第 163-5 期"文汇讲堂"现场演讲整理，该期讲座由文汇报社与上海树图区块链研究院联合主办）

卫星互联网，中国与世界共同攻克制高点

林宝军

"卫星互联网"近年来是个热词。就在讲座举办前三天，马斯克的美国太空探索技术公司（SpaceX）发射了23颗小卫星，我国西昌卫星发射中心成功发射了中国科学院微小卫星创新研究院研制的卫星互联网技术试验卫星。2023年7月9日，我国酒泉卫星发射中心也成功将卫星互联网技术试验卫星发射升空。

今天来和大家聊一聊什么是卫星互联网，它为何在这几年火起来，它如何造福人类，中国在该领域内的坐标和挑战。

何为卫星互联网？

什么是卫星互联网？以大家熟悉的地面光纤网来看，卫星互联网就是以强大的计算机加光纤网络把全世界连起来。

展开讲就是，卫星通过空间中的无线通信链路相互连接，并与地面站点配合，形成高效的通信网络，把地面光纤网络覆盖不到的地区，如海洋、空中、沙漠都连起来，组成天地一体的网络，这就是我们理想的卫星互联网。

建立卫星互联网不仅仅只是连接，它有几个特点：

一是覆盖广，就是解决无处不在的问题，突破了传统网络覆盖的局限性。

二是带宽大，即用户不仅能发信息、通话、看电影，还能迅速访问大量的数据，比如从纽约图书馆里直接检索与访问大量的图像、视频资

料等。

三是时延低,卫星和卫星之间的通信是在真空中进行的,距离600公里的卫星之间通信约2毫秒时延,从上海到纽约相距约1.5万公里,就有约50毫秒时延。光纤网通信比星际传播速度大约慢1.67倍,因为信号要通过地面的核心网传输,这个过程需要绕路。相反,在理想的卫星互联网通信过程中,可以直接在美国上空的卫星上进行加密、合法性验证、计费等处理,从而使通信过程更加高效和迅捷。

现在低轨卫星互联网火热的原因之一就是"时延低"。地球同步轨道3.6万公里就是高轨轨道,时延是120毫秒,距离远、带宽小,无法满足高密度地区如上海2500万人口的需求,但三颗卫星就可以覆盖全球;中轨是距地1万至2万公里,比如我们的北斗三号卫星大多在此距离,要6—7颗才能覆盖全球;低轨是距地163公里至1100公里,一般距地五六百公里的轨道,需要几百颗小卫星才能全面覆盖,好处是能实现大带宽即通信量大,实现低时延即速度快。

现在高轨卫星居多,包括电视卫星、通信卫星等。"嫦娥工程"下一步要实施载人登月了,地月通信甚至地球到火星的通信也在同步研究。深空探测范围会不断往外拓展,整个人类的视野会越来越宽广。不远的某一天,花上千天来回至月球、至火星就会实现。

卫星互联网为何火起来?

先回顾卫星发展史来看小卫星的出现和繁荣。

1. 卫星发展四阶段,2003年中国发射第一颗微小卫星

1957年10月,苏联发射了第一颗人造卫星"卫星1号"。20世纪90年代我访俄时还参观过该卫星模型,俄罗斯科学家骄傲地说,当时世界上有40个"第一",苏联占32个。卫星发展第一阶段就是美苏争霸的结果。

第二阶段是20世纪80年代至21世纪10年代。1981年,由英国萨里大学建造的"UoSAT-1"小卫星发射成功,虽然它不太好用但造价特别

低,开辟了小卫星概念先河。1998年前后,第一代低轨道全球通信卫星系统铱星星座和全球星星座部署完成。2003年,中国首艘载人飞船"神舟五号"上天后,中国科学院上海小卫星工程部成立。与此同时,中国发射了"创新一号"通信试验卫星,是中国科学院自主研制的中国第一颗100公斤以下的微小卫星。

从2010年至2020年是第三阶段,马斯克的SpaceX起了带动推进作用。原先航天是很费钱的事业,马斯克引入了商业机制,依靠原先专业队垄断才能实现的技术成果,最终实现低轨卫星的低成本研发、生产和应用。在中国,像传统的五院(中国航天科技集团有限公司第五研究院,即中国空间技术研究院)、八院(中国航天科技集团有限公司第八研究院,即上海航天技术研究院)、中国科学院微小卫星创新研究院、中国航天科工集团等国家队之外,随着政策的开放,2014年起银河、天仪、微纳星空这些商业公司像雨后春笋般起来了,整体带动了国内外技术的发展。

从2020年至2030年,将是一个新的阶段,包括低轨卫星在内的航天领域的发展方向一定是规模化、智能化、网络化。在不久的将来,大家使用卫星互联网或许会像现在用互联网一样方便好用。

2. 全球态势:SpaceX、OneWeb、俄罗斯"球体"、中国"星网"

马斯克的"星链"计划,距地300至1100公里,第一代星链计划已发射了5000多颗卫星,没有星间链路,第二代计划发射约3万颗,加上第三代,最后要组成4.2万颗通信卫星网链。英国的OneWeb是由几百颗卫星组成的卫星通信网,其特点也是星和星之间没有链路。

一般来说,早期的卫星都是透明转发式或存储转发式,贡献在于以极低的成本做成卫星。UoSAT-1是存储转发式卫星,OneWeb是透明转发式卫星,俄罗斯的"球体"卫星、中国国内的"星网"早期也是透明转发式卫星。

"星网"公司即中国卫星网络集团有限公司,成立于2021年,是一个以商业模式为主的国家互联网公司,它将各机构的探索计划统筹起来,这是中国团结起来干大事的做法。它参考统筹了虹云、鸿雁等已有的低轨卫星方案,计划 10 年内发射约 1.3 万颗卫星。民营的独角兽企业银河公司已招标成功,计划 2025 年前发射 1000 颗卫星。上海市也有很多计划,11 月 23 日我们单位成功发射的就是"星网"的试验星之一,目前已经发射几颗星了,之后还会提速。

3. 星和星之间联网技术,中国与世界在同一起点

目前中国的"星网"还在试验性阶段。从发展角度来说,关键技术、核心技术都已解决,制约发展的因素是运载能力。2019 年,马斯克的 SpaceX 一箭 60 星,拉开"星链"组网序幕。我们的同类卫星可达 20 颗左右。待试验成功且整个体制完全成熟之后,很快会批量发射。

从思路上来讲,马斯克的"星链"、英国的 OneWeb,都还是弯管式转发器,即透明转发,星和星之间还没有通信,要想连成网,星和星之间必须能够通信。我经常举例,中国的"星网"相当于把地面强大的计算机搬到卫星上,每个卫星就是一个强大的计算机系统,用激光通信把星和星连起来,激光相当于地面的光纤,把整个天上连成一个网,同时地面和天上也有效地连起来,组成一个天地互连的强大网络。

从这一点来讲,中国和美国、英国的起步都差不多。我们正在试验星间激光通信,它比微波难在哪儿?距离长,像北斗组网中星和星之间要 7 万公里,星间激光通信终端对指向精度的要求非常高。天上有高能粒子,有太阳风暴产生的宇宙粒子,一旦打到光纤上,就会发生性能下降等负面效果。只有突破这一系列技术难点后,才能真正实现理想的天地一网。

4. 轨道、频率资源不可再生,各国存在竞争和创新

各国在技术上争相攻关,一个客观原因在于轨道资源、频谱资源都是有限的,即为不可再生资源。轨道分低、中、高,必定有布满之时,轨道运行过满要防止碰撞。频率划分上,因为都是电磁波,相互之间有干扰。目前 ITU 规定,轨道、频谱是先申请先获得,申请之后如 7 年不用,须让给第二家。

从通信角度来说,有 L、S、Ka、Ku、C 等频段。一开始 3.6 万公里高

轨以 C 频段居多，后来 Ku 和 C 几乎都占满了，开始启用 Ka 等频段。中轨、低轨也是一样，频段和轨位自然非常拥挤，一方面要用各种形式把频率分得更开；另一方面，要研发更高的频段，比如 Ka 频段就是新开发的。

现在原则是"低让高"。比如低轨卫星飞到赤道附近，如果它播的信号与高轨卫星播的信号一样，低轨需关闭让给高轨。

通、导、遥、科的下一步？

对于卫星分类，通常用"通、导、遥、科"来概括，融合发展是趋势。

1. 通、导、遥三结合，在日常生活中发挥更大作用

"通"，就是平时打电话、信息交互。

"导"，是时间和空间的属性，与我们生活息息相关的 85% 的信息，都与时间和空间有关。以大数据为例，如没有时间和位置属性，这个数据就等于乱数据、无用数据。因此，通导结合会非常有用。

"遥"，如某国森林着火了，遥感卫星立刻能捕捉到。但光有一颗遥感卫星，一般还不能及时完成星地遥感信息数传和图像解译，地震等灾难信息要 16—17 小时后才能发送回国内，如果结合卫星互联网技术，把遥感信息通过卫星网络传输，绕地球一圈传输才几百毫秒，一秒之内就能知晓何时何地出事、如何应对。

遥感卫星分很多种，按光谱划分有可见光卫星，像相机照一样；而可见光只占光谱的很小一部分，因此就有夜间使用的高光谱卫星，它能把电磁波分成几段，不同物品对不同的谱段敏感度不同，比如红外相机，可以在漆黑的夜里把人和物都看清楚；还有一种是微波遥感卫星，白天、黑天、雨天也可以看得见，甚至可以穿透地下。因为不同的东西有不同的光谱，据此可以作农业估产，寻海洋污染物，探某海域鱼量多寡，观测大气碳排放量，这些都属于遥感卫星范围，通过遥感卫星能看到的东西确实很多。

如果通、导、遥功能合起来，会有更多作用。

2. 科学卫星探索黑洞、暗物质,为人类离开地球做准备

"科",就是科学实验卫星。"悟空号"卫星就是专门探测90%多我们所不知道的暗物质。"墨子号"就是量子通信卫星,目前手机通信都采用传统的数字加密手段,而量子通信是未来的理想加密手段,理论上破解不开。

未来中国要发射的地球2.0-ET巡天卫星,是为了寻找第二个适合人类生活的地球;已经发射的"太极一号"卫星是为探测引力波;还有卫星观测黑洞、瞬变天体。终有一天,我们要离开地球而生活,所以,很多宇宙、天文现象都在通过发射天文卫星进行探索,在中国科学院这些都属于先导计划。

未来通信卫星一定最多,其次是遥感卫星,导航卫星最少,科学卫星数量会随着国力增强而越来越多。

3. 依托三颗高通量卫星的"全球网"福泽"一带一路"沿线

中国是一个大国,更是一个负责任大国,不能只为自己做事,要站在人类高度考虑问题。"一带一路"沿线国家和地区的很多地方尚无互联网,中国的"星网"建设就可为它们提供方便。实践表明,使用北斗卫星的200多个国家和地区很多在"一带一路"沿线。

"全球网"是中国卫通依托中星16号、中星19号、中星26号三颗高通量卫星形成的我国首张完整覆盖国土全境以及"一带一路"重点地区的卫星互联网。作为我国首个"走出去"的卫星宽带通信服务系统,"全球网"已成为给"一带一路"沿线用户提供卫星通信服务的基础平台。

依托"全球网"的"海星通"也在福泽"一带一路"沿线国家和地区,可以实现高速网络服务、语音通话、高清视频监控等功能。

从这点来讲,中国航天人非常自豪,我们不但为了自己,也为人类提供更多实实在在的中国服务,这是一个负责任大国在全世界应有的作为。

上下游产业还有哪些挑战？

卫星互联网产业链很长，上游包括卫星和火箭的制造，中游基本是卫星发射、运营管理，下游主要是应用端的应用等。

1. 创造未来需求最重要：地球飞到月球手机导通功能不变

卫星互联网、北斗组网、载人航天，都涉及一个大国的综合实力。如果没有微电子技术的发展，就没有天上这些卫星的存在。北斗导航的厘米级、毫米级甚至亚毫米级的精度之所以成立，是因为有了像氢原子钟的高精度，氢原子钟已经做到 300 万年中只差一秒的量级误差，而钟差乘以光束就是距离，所以北斗导航能达到亚毫米级精度。

我经常呼吁，我们不但要满足需求，更要创造需求、引领需求。我给团队提了一个要求，拿一个手机，从地球往月球去的整个过程中，手机功能都不能改变，随时都可以导航和通信。我觉得是时候提"中国创造""上海创造"了，希望在各个行业里把"中国创造"发扬光大。

2. 上海在载人航天等领域贡献颇多

从卫星研发角度来讲，我们单位在上海有多条生产线，一天可以生产一颗卫星。对于长寿命、高可靠业务星的北斗卫星我们北斗 81 人的团队，实现了一年发射 8 颗业务星的纪录，创造了中国的北斗速度，也是世界的航天奇迹。相比较而言，美国的 GPS 一年最多发射过 6 颗卫星，欧洲的伽利略系统一年最多也发射过 6 颗卫星。当然，有时候不能仅以发射数量来判断水平高低，卫星的类型及功能也是评价发射水平高低的综合因素。

我们的微小卫星创新研究院主要研发科学卫星，包括北斗导航卫星、"星网"里的各类通信卫星；上海技术物理研究所在研制遥感设备等；上海八院在载人航天的推进舱、对接机构等方面做出了很大贡献。其他如多媒体通信卫星、碳排放卫星、遥感卫星、几公斤的微纳卫星，都有人在做。

可以说，上海在卫星互联网、遥感卫星、载人航天和卫星导航等领域做了很多出色的工作。

3. 降低成本，更多是通过观念改变来推动技术创新

降低成本是目前的挑战之一。在上中游产业链中，力学试验、热试验、真空罐等耗资巨大，要想降低成本，必须简化、优化卫星研发和制造工艺，优化试验和运行手段，提高可靠性和性能。要像生产汽车一样，即便不经试验发射也不出问题。

一方面，要节省元器件和材料制造过程的成本；另一方面，应该通过观念创新来推动技术创新。做北斗卫星时，我就提出了功能链的理念，以此大幅降低卫星的重量、体积和成本。原来一个卫星需要24台计算机，其中任何一个计算机崩溃，整个星就报废了。现在计算机发展了，1台可以代替24台。我现在用3台，重量减到原来的1/8，体积减到1/8，功耗降到1/8，成本降到1/8，而可靠性提高N倍，这就是效果。

创新非常重要。我认为创新应从需求入手，瞄准需求才能做到颠覆性创新。以减轻重量为例，中国科学院上海微系统与信息技术研究所用集成电路芯片实现了氢原子钟减重这一目标。现在我们的导航卫星正因为有了它，从理论上看，时频精度比美国GPS高了一两个量级。因为时频是导航卫星的制高点技术，从达到的效果看，这就属于颠覆性创新。

对话 | 上天落地的 6G 通信随时随地随愿

6G 较 5G 有何突破？

许浩：业内基本的共识是卫星互联网将作为 6G 的一部分。前几年 5G 是一个很热门的话题，现在又开始谈 6G 了，5G 和 6G 分别是什么概念？为什么要有 6G？

我们知道，在移动通信领域，1G 实现了移动电话语音传输；2G 引入数字通信，逐步实现了全球范围内的多人电话场景；通过 3G 实现了上网；4G 大幅提升了速率和容量，并引入了物联网。在制定 5G 愿景时，提出了三个可以同时满足的方向：一是大带宽，就是利用更高的频率、更大的带宽，实现更快的网速；二是大连接，使海量的终端通过 5G 实现万物互联；三是低时延、高可靠，适用于工业、医疗及车联网等需求场景。根据用户或者终端所需要的场景，选择性适用 5G 特性。

6G 相比 5G，提供了更快的网速或更大的带宽、更海量的接入，真正实现了全球万物智联。6G 还提供了更可靠的网络，现在许多愿景都需要确定性的网络来支持，比如在工业领域、医疗领域。过去的无线网络是一个不确定性的网络，信号非常不稳定，而 6G 通过更加低时延、高可靠的能力，实现了一个"确定性"的网络。

此外，6G 还实现了三个能力：

一是更好地与 AI 进行结合。网络变得更加智能，更能满足用户的需求，可以更加主动地为用户、终端提供服务。例如，家中小孩所有的学习用具、智能家居，都可以通过网络满足需求，并且每个用户、每个业务所需要的网络都能智能满足。

二是通感一体。网络不仅仅是通信工具或通信媒体，还是有感知的媒体。就像雷达，可以感知一个网络。一个有趣的问题是，以后车联网是否还需要卫星？我个人认为，虽然车联网对卫星通信一定还有需求，但是汽车会感知所有的物体，现在大多通过拍照技术实现感知，今后可以通过网络就能实现感知，车对车有感知，车对人、基础设施、障碍物也都有感知，这就是通信感知一体化。

三是多维度、全方位的通信网络。今后，除了地面网络还有空天网络，即空天地一体化，实现更全面、更好的覆盖。

根据权威统计，目前全球移动网络已投资数十万亿元进行建设，全球绝大多数发达和发展中国家都有移动通信网络，全球近70%的人可以随时随地使用移动通信网络，但使用的面积较小。众所周知，地球上约30%是陆地，其中只有约1/3的区域覆盖移动网络。换算一下，地球上只有不到10%的面积可以使用地面移动通信网络，余下的通信只能依靠卫星。

现在移动通信可以让城市用户以更好的感知和服务体验使用移动网络，但若走出了城市，走进了海洋、沙漠，飞上了天空，或者去往南极、北极科考，或是碰到地震等自然灾害，导致地面网络瘫痪，此时就非常需要卫星网络了。

从移动通信来说，2019年，中国开始商用5G，各国也陆续进入5G时代。之所以现在我们开始谈6G，是因为全球各国的企业都希望在移动通信方面实现全球引领，在产业领域拥有更大的话语权。

在移动通信领域，中国已走在世界前列。国际上有个3GPP标准，第15个版本到第20或第21个版本属于5G，然后才是6G。现在只到第17个版本，后面还有18、19、20至少3个版本，5G的协议和标准其实只发展了一半。那么，我们如何走向6G？现在许多人都在提5.5G或5G-A（5G Advanced）技术，2023年上海市也发布文件提出，要推进地面网络和移动网络向"双万兆"探索演进，即地面用地面万兆技术，移动网络主要用5G-A网络，并慢慢走向6G网络。华为的某款手机和中国电信的天通手机都可以直连卫星进行通信，可以看作走向6G的过渡方案。

基于这些技术，我们可以慢慢走入5G-A，再过几年会进入Pre-6G的时代。在这个过程中，大家会逐步感受到5G的应用，如元宇宙、车联网、以及用得较多的 MR（混合现实）、AR（增强现实）、VR（虚拟现实）等 XR（扩展现实）技术。预计 2024 年、2025 年能陆续看到许多 5G-A 的技术，2030 年左右进入 6G 时代。

未来网络终端：或淘汰手机

许浩：请教林总，从产业链角度来看，当前 5G 和卫星网络除了某款终端以外，未来还有怎样的发展空间？

林宝军：目前的终端设备相对还比较大，要让用户愿意使用，一定是像手机这么小的终端。举个形象的例子，通过手机就能随时知道我在地球与月球之间的某处，随时可以通话。下一步发展一定是手机智联，只要下载一个手机 App，就可以随时随地随愿。发展到一定程度，说不定还会淘汰手机，只通过手表就能实现手机的所有功能。

假设通信和导航里所有的位置和时间信息都融合在一起，通信与导航的概念可能就都没有了，从而产生一个未知的新词。目前发展形势较快，尤其是感知技术，手表、汽车未来都可能感知许多事物。

相较于人来说，计算机在很多方面会做得更好。因此，只要计算机可以做的事就都交给计算机。随着网络技术、电子技术、遥感技术包括微操作技术的发展，没有做不到的事情，只要努力，一代会比一代发展得更好。

6G 与卫星：互补无缝

许浩：只要人类可以理清规则，计算机就可以做得比人好。人与计算机、计算机与计算机都一样，需要一个团队才能完成一件大事。团队之间需要联系，人与人之间需要交流，计算机之间需要通信，这就是通信的事情。

1. 美国优先发展 6G 的启发：少建基站

林宝军：从目标来看，6G 需要解决的通信问题是全球覆盖的问题。

美国优先发展 6G，并不是因为 5G 落后了。美国与中国不同，中国人口较多，城市较为密集，而美国人口没那么多，城市也没那么密集，若按照 5G 的做法，可能每隔十几米、二十多米就要设一个 6G 基站，设置那么多基站成本过高。因此，美国很自然地想到，通过天上的卫星无缝连接。这就是 6G 为什么一定要与卫星结合起来的原因。

许浩：这点我同意。我从 2G 研究到目前的 5G，现在已经开始涉及一些 6G 的工作。在此过程中，网络发展一定是由用户需求决定的。随着技术的发展，每个用户的需求不同，需要的网络也不同。因为用户不仅仅是个人，也可能是一台医疗设备、一台工业设备、一辆马路上行驶的汽车。移动网络从以前同质化的网络发展为个性化的网络，通过网络切片等技术，对不同的业务提供不同的能力。

林总提到要在不同的区域按照不同的方式部署，反过来根据不同的需求，我们也会因需选择不同的网络，比如室内网络、工业专网、医疗专网或者室外的公众大网，甚至卫星网络。

现在有些通信需求，比如海面上的通信，在近岸可以通过地面网络实现，离岸较远则可以进行卫星通信。随着上海航运中心的发展、我国与周边国家邮轮业的发展等，远洋通信对于网络和终端需求越来越大，每位船员和游客都希望低价、方便地在海上与家人通信。目前普遍使用的通信卫星主要用的高轨卫星，后续我们会用中轨和低轨进行填补。

关于高轨、中轨卫星，现在主要依靠卫星与地面信关站，以及和地面卫星终端（大大小小的锅盖）相连工作，以后各轨道的星与星之间一定会做大量的网状互联。

请问林总，一颗星同时对接前后左右甚至上下的星，会有什么样的技术难度？有什么解决方案吗？

2. 卫星通信使用最多的还是大城市

林宝军：卫星间通信也就是互联起来一般不难。就像北斗从手牵手的通信方式，变成面对面的通信方式。做北斗三号的通信时我们曾遇到一个困难，因为找太阳卫星要转，一圈最多转 180 度，转 180 度时，星自己就挡住了自己，怎么办？我们把设备对地装，星怎么转都往下看，不看相邻的星,相当于隔一个星往下看其他的星,对着地球挡不住的那些星看,北斗一颗星能见到10—15颗星,同时往下联通可以看到低轨卫星,这就是一种很好的通信方式。

卫星互联网希望达到什么效果?比如在新疆沙漠里,通信的带宽和数据率很低,此时尽管分配资源少但不丢用户。如果出事,可以通过北斗给出用户位置,然后通知车队进行救援。上海、合肥等人口集中的城市可以分配更多的通信带宽。

有外国专家曾说过,建设卫星互联网、光纤网等,目标本来是把边远地区统合起来,但现在真正使用卫星最多的其实还是法兰克福、巴黎这些大都市。这些用户需求量大的地方,就多分配一些资源。

许浩:这与移动通信的方式一样。在更广大区域让用户可接入,在用户需求密集的地方有更多资源的投入。

3. 时差问题或对卫星影响更大

林宝军:对卫星互联网的应用来说,可能也有一个观念上的变化和思维上的拓展。最初地面通信专家说,卫星通信上去是2毫秒,下去2毫秒,一共4毫秒,对自动驾驶来说可能不行。"去时延"的概念不能是绝对的量。比如,汽车刹车理论上距离应该是100米,开车时就不能低于100米,否则就会撞吗?会开车的人都知道,前后车安全距离大约5米。尽管刹车距离100米,但只要前车刹车,后车也跟着刹车就不会撞上。这是什么概念?尽管卫星有2毫秒的延迟,如果大家都有2毫秒的延迟,时间差就是一个纳秒或者一个皮秒量级,这就能用了。这就要解决脑中自我设定的桎梏。刹车100米,包括时延必须精确到多少?只要前车和后车相差一定的距离,前车刹车时,后车及时刹车,就不存在碰撞问题。

卫星有很多固有的特殊性,这些特点不应成为限制6G应用的桎梏。那么,这些制约因素到底能不能解决?从通信应用角度看,考虑绝对时延,不如考虑时差,可能对整个应用影响更大。

许浩:我比较同意相对时延的观点,相对时延可以优化很多问题。但是,真的想要实现无人驾驶、无人控制这些业务,车辆、机器自身的判断和感知,类似于视觉感知、通感一体技术和人工智能的结合,应该更为重要,网络只是次要因素。我认为应该地面网络先用,其次再用卫星网络,这些相辅相成,实现无缝覆盖。另外,无人驾驶以车行迹的维度来说,一方面考虑前后距离,另一方面考虑相邻两个车道的距离,一般应在1米左右。这些光靠网络探测后的判断再避障,我觉得会避让不及。

林宝军:再拓展一下思路。如果无人驾驶的每辆车都统一管理,就不存在相撞的问题,也不用考虑时延的问题,每辆车都是按照统一的步骤运行。某种程度来说,现在还是用无序、低级的观点在思考,整个系统的智能化程度更高时,就不用考虑这些问题了。

我们经过了机械化时代、信息化时代,现在已经步入智能化时代。许多人还是用机械思维、信息思维来考虑智能化时代的事,我们还是需要在理念上有大尺度跨越,否则会落后于时代,落后于别人。

许浩:在码头堆场、工厂货运、地铁车辆方面,我们一定可以做到统一管理,但是对于老百姓在马路上开车,像对天上的卫星一样,是否需要统一管理,还需要做大量的论证,如果真要做,实现起来难度不小。

4. 6G 时代各取所需,各类网络协同

许浩:未来 6G 空天地一体化,如何实现卫星网络和地面网络协同通信呢?当前,手机直接与卫星通信采用双模终端,即手机日常用地面移动网络进行通信,当没有地面网络时,可以切换到卫星网络进行通信。在不远的 5.5G 时代,应该会实现地面网络和卫星网络的融合通信,随时可以进行网络优选。

在 6G 时代,要着重通过低轨卫星之间的组网,真正实现低轨卫星和地面网络协同,甚至是高轨、中轨、低轨卫星和地面网络同时使用。地面网络可以通过 6G 网络实现比 5G 更大的带宽、更大的连接、更低的时延、更高的可靠性、更智能的网络应用等。高轨卫星可实现这个区域内所有高可靠业务可达,低轨卫星可以实现高通量、高流量业主的应用。高低协同,可以使用户完全可达,提供更高速率保障,使用户感觉更好。

未来的场景是,地面移动通信上天与卫星联合组网,卫星互联网落地走向大家的生活。

互动｜轨道频段布满卫星会产生太空垃圾吗？

卫星网络安全由谁守护？量子密钥可实现绝对安全

公共文化行业秦臻：卫星互联网已纳入"新基建"范围，一些科技公司开始涉足卫星互联网行业，地球低轨道可能会被大量卫星覆盖。由此是否会导致网络信息安全问题甚至"太空战"？

林宝军：就像地面上的5G通信技术在中、美、欧也有竞争一样，太空竞争是必然的。为了让互联网技术实现"天地一张网"，和平竞争是良性的，可促进技术的进步和创新。

教育退休者薛忠庆：未来新一代卫星互联网问世后，是否有相应的网络安全防护措施？

林宝军：我们现在研究的量子密钥就可以做到绝对安全，理论上无法破解，可以实现"完美通信"。现在也有通过专用信道进行加密、解密的手段，安全性是可以得到保障的，用户不必过于担心。

华东理工大学附中高三学生吴毅凡：卫星达到一定数量后，如果其中一颗损坏，是否可能产生连锁反应导致大量卫星损坏，从而使网络瘫痪？

林宝军：卫星不像在地面开车一样自由，一旦到达既定轨道位置，很难再大范围机动。如果发现卫星有碰撞的风险，可以通过精确的喷气推进操作来规避。一颗卫星损坏，并不会导致几百上千颗卫星像多米诺骨牌一样产生连锁相撞，无须担心。

光学行业退休者吕海庆：如果其他国家试图破坏我国的卫星，请问我们有何防卫措施？

林宝军：如果想要破坏，要先接近我国的卫星。由于卫星的运动是有规律的,因此当其他卫星接近时,我们的卫星可通过预先计划的机动来提前躲避,避免潜在的威胁,这种操作并不是特别困难。

高密度人群通信信号为何弱？5G 全面覆盖后或可解决

出版社编辑徐明：观看演唱会或球赛时,现场经常无法收到网络信号,或者网络质量很差。这是否有解决方案？

林宝军：这个问题与室内通信有关,实际上并不必依赖卫星通信,因为地面 5G 网络已能充分应对这一需求。随着我国 5G 技术的发展和普及,人们会发现,在国内使用 5G 网络的体验往往优于国外,这正是技术发展带来的优势。解决这个问题并不难,相信随着 5G 的全面覆盖应用直至未来的 5.5G 和 6G 普及,情况会越来越好。

许浩：首先,每一代移动通信技术的网络容量都是以 1—2 个数量级增长的。3G 时期走进一个比较繁忙的超市,在移动支付的时候,网络就有可能卡住；到了 4G 就好很多,瓶颈会出现在人多的地方看视频时会出现卡顿现象；到了 5G,这个问题也得到大幅改善。

其次,运营商会增加体育场等热点区域的网络密度,通过增加应急通信车进行分流,或者增加周边的基站频率,比如普通区域用 100 兆带宽的网络,热点地区可能要用 200 兆带宽的网络。

最后,现场还会使用 WLAN 对业务进行分流,让观众尽可能地接入网络。

目前的缓解措施还是比较丰富的。可是如果用户想在足球场这种可容纳约 20 万人的地方一起刷视频,目前来看还是有些困难的。但如果只是接打电话、完成移动支付、扫码和聊天,难度不是很大。后续运营商一定会通过各种技术创新和网络建设,为用户提供更多缓解局部区域网络拥堵的办法。

卫星轨道批准后倒卖,法律如何跟上？

通浩律师事务所陆建：一些国家没有发射卫星的能力,但也申请了几千个轨道资源,然后向其他国家销售。请问向国际电信联盟申请轨道资源,在法规层面需要做哪些工作?

林宝军:这是各个国家的智慧。在卫星同步轨道等资源的分配上,采取"先用先得"政策,许多国家通过早期申请,成功获得了宝贵的轨道位置。至于为何存在轨道位置的买卖,这基于互惠互利的原则:一方拥有轨道位置但缺乏发射能力,而另一方则能够提供发射服务,从而保留前者的轨道位置。尽管这些规则一直未有显著改变,但随着越来越多的国家申请卫星轨道,现在已经需要进行排队了,中国也在积极申请并获得了许多轨道位置。

针对未来月球轨道的分配,我也主张应建立明确的规则,否则还会出现"拥挤"的问题。

各国卫星网络可否互通？目前有竞争未来必通

国家移民管理系统职员胡烨亮:未来卫星互联网系统能否整合到小型军事系统中,形成一种"战场革命"?

林宝军:可以民用,自然也可以军用,这已经变成现实了。在乌克兰危机中,卫星互联网技术已经得到了广泛应用。技术是把双刃剑,既能用在正能量上,也能用在负能量上。

信息系统安全行业徐俊:中国发射了很多通信卫星,是否可以考虑与其他国家的卫星进行互通？国际上有无统一的卫星通信标准？

林宝军:目前各国的卫星之间还不能互通,但我认为互通是未来的大趋势。就像手机一样,最初每个型号的充电器都不一样,现在逐渐都使用能够互通的 USB Type-C 接口。短期内各国为了保护自己的市场规模,还会有一些利己思想。要想统一设计卫星的接口和协议,还有很长的路要走。

太空环境问题须重视,太空垃圾暂无好的处理方案

国关研究员潘文渊:在太空中部署许多卫星,是否会对空间格局带

来负面影响,如干扰气象卫星和天文观测卫星的运行、污染环境等?

林宝军:这的确是我们应当考虑的问题。卫星失效后势必变成太空垃圾,各国科学家也提出了许多回收废旧卫星的方法。用詹姆斯·韦布空间望远镜观测宇宙时,看到的人造卫星可能比星球还亮,确实会有一定影响。幸好每颗卫星的位置都很确切,各种干扰、影响也都有办法消除。

太空垃圾问题是最要紧的,目前还没有很好的办法。有人提议用激光烧掉、用网兜回收,这些还停留在设想阶段,实现难度很高。

5G 到 6G 存在交叉过渡时期,天地网是互补

曹阳二中高一杨梓琪:5G、5.5G、Pre-6G、6G 之间是否存在明确的界限?我国从 5G 发展到 6G,是否有明确的规划?

林宝军:这个界限不会特别明显。从协议和规定层面来看,它们之间一定有明确的不同。但是,从应用层面来说,一定会有一段交叉过渡时期。

许浩:从应用来看,它们会逐步改变社会生活和通信方式,应该没有很清晰的界限。但是会有一些明显不同之处:第一,从 5G 到 6G,会使用新的标准协议,要使用 6G,很有可能得换新手机;第二,和以往发展一样,5G 和 6G 要并行很长时间;第三,6G 会使用新的频段,会有明显不同的感觉。

华东师大宝山实验学校初一叶准一:卫星互联网和地面互联网是互补的关系,还是说卫星网络将取代地面网络?

林宝军:天地统一,一定是互补的关系,不存在谁取代谁。

许浩:4G、5G 问世前,一直有说法称 4G、5G 将取代 WLAN 网络,但现在的事实告诉我们,WLAN 和移动网络是长期共存的协同关系。未来地面网络和卫星网络也一定是这种协同互补关系。地面网络出现异常时,卫星网络可以补充。在海洋等领域,卫星网络有很好的专业应用前景。

中国北斗走向国际舞台

>>>>>>>>>>>>>>>>>>>>>>>>>

主讲：

王 莉

中国卫星导航系统管理办公室国际合作中心主任

卫星互联网之景

（本部分内容根据2020年6月10日第147期"文汇讲堂"现场演讲整理，该期讲座为线上讲座）

与强者共舞，中国北斗向国际舞台再迈进

王 莉

北斗卫星导航系统是我国着眼于国家安全和经济社会发展需要建设和运行的卫星导航系统，是为全球用户提供全天候、全天时、高精度的定位、导航和授时服务的国家重要空间基础设施。北斗按照系统建设、应用推广、国际合作"三位一体"推进工程实施，自立项论证之初，国际合作工作就相伴而行，贯穿始终，在北斗系统建设发展过程中，发挥了非常重要的作用。

天然属性和使命：北斗国际合作旨在服务全球

"中国的北斗、世界的北斗、一流的北斗"是北斗系统的发展理念。可以说，国际化是北斗全球系统的天然属性，是北斗系统建设发展的内在要求，也是北斗服务全球、造福人类的使命任务。

北斗系统建设需要空间频率轨位资源、海外建站等全球资源的支持；星座全球部署、信号全球覆盖，系统功能需要面向全球提供服务；进入国际标准、协调国际规则，需要积极参与国际事务；应用全球推广，服务全球落地，需要不断提升北斗国际影响力，打造一流国际品牌，推动北斗走出去。因此，北斗系统自立项论证之初，国际合作工作就相伴而行，贯穿始终。

2016年，国务院新闻办公室发布《中国北斗卫星导航系统》白皮书，其中对北斗国际合作进行了明确阐述：中国将持续推动北斗系统国际化发展，积极务实开展国际合作与交流，服务"一带一路"建设，促进全球

卫星导航事业发展,让北斗系统更好地服务全球、造福人类。

白皮书指出:北斗将加强与其他卫星导航系统的兼容共用,按照国际规则合法使用频率轨位资源,持续推动北斗系统进入国际标准,积极参与国际卫星导航领域多边事务,大力推动卫星导航国际化应用。下面我们就按此脉络进行展开,聊一聊北斗国际合作的那些事。

与强者共舞:和世界其他卫星导航系统展开合作

20世纪末以来,随着我国北斗系统、欧洲伽利略系统等全球卫星导航系统和区域系统的建设发展,世界卫星导航系统由单一的GPS时代向多系统时代转变。卫星导航国际合作中倡导"兼容与互操作","兼容"是指两个或多个卫星导航系统可各自独立提供服务,系统之间的导航信号互不干扰;"互操作"是指用户可以同时使用多个卫星导航系统,能够比使用单一系统获得更好的服务性能。

加强兼容与互操作,就是要实现卫星导航系统间的共存共享、优势互补,共同为用户提供更加优质多样、安全可靠的服务。为此,我们与俄罗斯、美国、欧洲分别建立了以推动兼容与互操作、推动联合服务为主的双边合作机制。

1. 中俄开展全方位战略合作

中俄两国高层高度重视卫星导航领域合作,2015年在中俄总理定期会晤框架下成立了中俄卫星导航重大战略合作项目委员会,中俄两国先后签署了《中国北斗和俄罗斯格洛纳斯系统兼容与互操作联合声明》《中华人民共和国政府和俄罗斯联邦政府关于和平使用北斗和格洛纳斯全球卫星导航系统的合作协定》等重要文件,启动10个标志性合作项目,为深化后续合作奠定了良好基础。

2. 中美实现信号兼容与互操作

自2010年起,中美双方借助多边、双边平台,商议建立政府间合作机制相关事宜,并于2014年5月19日召开中美卫星导航系统合作首次会谈,共同签署了《中美民用卫星导航系统(GNSS)合作声明》,向国际社会表明两系统合作共同服务世界的意愿,也标志着两系统合作机制的正式建立。截至2020年,中美卫星导航合作共举行了三次正式会谈,2017年签署了《北斗与GPS信号兼容与互操作联合声明》,并持续推进两系统在兼容与互操作、星基增强、民用服务等领域的合作。

3. 中欧持续开展兼容与互操作协调

2008年,中欧成立了TWG(Technology Working Group)工作组,开展北斗与伽利略系统兼容与互操作协调,先后开展了七轮会谈。2015年,中欧在国际电信联盟(ITU)框架下完成了首轮频率协调,并将基于两系统最新技术状态深入开展双边协调。

齐力开守资源:有效期前4小时守住频率资源

导航卫星发射上天的前提是要拥有合法的频率,即需要按照ITU规则,向其申报并与相关系统进行协调,获得频率轨位资源使用的合法地位。北斗系统向ITU提出申请时,原先分配的"黄金导航频段"——L频段,早已被先发建设的美国GPS和俄罗斯格洛纳斯系统所占用,为此,北斗系统要向ITU申请新的导航频率资源。频率协调是一项非常艰巨的工作。为了拓展新的导航频段,具有共同诉求的中欧联手推动多轮次的协调,终于在2000年得到了ITU的认可。中国自2000年以来,先后与20多个国家、地区和国际组织,以及300多个卫星网络开展了频率协调,为北斗赢得了合法的频率资源使用地位,实属来之不易。

在2000年成功拓展国际卫星导航新频段后,北斗即于当年的4月17日向ITU申请了该频段资源的使用权。依据ITU"先用先得"和"逾期作废"规则,有效期限为7年。也就是说,北斗系统必须在2007年4月17日之前发射卫星并成功播发导航信号,否则所申请的频率将作废。要保住频率就要把原定发射时间提前大半年以上,这在中国航天史上史无前例。对于北斗人来说是一场硬仗,需要调动全国300多家单位、近10万人开展大系统协作;且这场硬仗还是背水一战,只许成功不许失败。北斗团队夜以继日地工作,终于赶在 2007 年 4 月初进入最后的发射阶段。

就在发射前的总检查时,突然发现星上一台应答机发生异常。决策层当机立断,对卫星进行拆解、抢修,三天之内修复卫星。这对北斗团队是个巨大的考验,但是他们做到了!

2007 年 4 月 14 日 4 时 11 分,肩负重要使命的首颗北斗二号卫星成功发射。三天后静待北斗信号传回地面时,所有人都捏着一把汗。当信号传回并被接收机成功接收的那一刻,距离 ITU 的"七年之限"仅剩不到 4 个小时,在场的所有人都喜极而泣。北斗卫星导航系统工程总设计师杨长风先生至今提及此事,仍会十分动情:"那三天说句实在话,心情紧张、沉重、压力也很大,72 小时基本上没合眼。"

北斗人就是这样争分夺秒、齐心协力,保住了宝贵的频率资源,赢得了生存发展空间。

担当和作为:参与多边事务,进入多个国际标准

中国作为负责任的卫星导航大国,始终践行"自主、开放、兼容、渐进"的发展原则,积极融入世界卫星导航大家庭,共享卫星导航发展成果。

1. 成为国际四大核心供应商,实现 ICG 联合主席席位零的突破

近年来,北斗系统活跃在联合国全球卫星导航系统国际委员会(ICG)、ITU 等多边平台和美国导航学会(ION)全球卫星导航系统年会、慕尼黑卫星导航峰会、莫斯科国际导航论坛等国际会议上,每年举办中国卫星导航年会(CSNC),深度参与国际事务,参与国际学术交流,为世界卫星导航事业发展贡献中国智慧,为北斗系统发展营造良好环境。

ICG 是于 2005 年 12 月正式成立的联合国框架下政府间非正式组织,是推动卫星导航领域国际协调与合作的重要平台。北斗系统是 ICG 认可的全球卫星导航四大核心系统之一。多年来,北斗积极参与 ICG 框架下的系列活动,在推动改革的过程中,有效地推动形成了主席轮席机

制,一定程度上推动了机制的公平性,提升了我方权益。中方从最初在ICG中联合主席的零席位,到陆续有5位专家出任工作组、子工作组、任务组的联合主席,积极参与并推进ICG各项议题,表达北斗声音,协调各方立场,成为推动国际全球卫星导航系统发展的重要力量。

2. 积极协调,推动形成北京宣言和西安倡议

2012年,ICG第七届大会在北京召开,这是中国首次举办ICG大会。会上,中国积极与各大卫星导航系统供应商协调,成功推动首次发表全球卫星导航系统共同宣言(称为"北京宣言")。宣言赞扬ICG成立以来在促进卫星导航国际交流与合作中发挥的重要作用,认为世界卫星导航领域已进入多系统融合应用阶段,各卫星导航系统应进一步加强合作,更好地造福人类。联合国外空司时任司长奥斯曼(Mazlan Othman)女士称赞道:"中国在卫星导航领域发挥出领袖和榜样作用。"

2018年,ICG第十三届大会再次来到中国。会上,中国倡导各大卫星导航系统供应商支持卫星导航系统的技术创新,面向陆地、海洋、大气和空间应用对卫星导航系统的需求,共同促进构建完全满足民用定位、导航和授时(positioning, navigation and timing, PNT)应用需求的下一代PNT体系架构。会前,已就该倡议与各方沟通协商达成共识。大会举行期间,一供应商突然提出要修改文字,而另一供应商则表示,任何文字修改都需重新走国内审批流程,需时几个月,协商一时陷入僵局。我方一边积极协调联合国外空司,请其力促各方达成共识;另一边,积极与各大供应商沟通协调。最终,倡议得到各方认可,成功写入大会联合声明。

3. 维护北斗形象,国际会议用数字驳回质疑

随着北斗系统建设的稳步推进,作为后发系统,在广受关注的同时也会受到一些西方代表的质疑。在早期的一次ICG会议上,某个外国代表直言北斗系统对世界没有带来更多贡献,只会增加太空噪声。为了及时纠正这种错误观点,中国科学院院士、北斗卫星导航系统工程副总设计师杨元喜果断站了出来,他没有与外国代表进行争论,而是展示了一组数据,在对比美国GPS、俄罗斯格洛纳斯与欧盟伽利略卫星导航系统

数据后,指出由于北斗系统的加入,在兼容共用条件下,对于用户的可见卫星数和观测几何的改善至少有20%以上的贡献!这一用数据说话的举动,让各国代表心服口服。

4. 十年努力,进入民航、海事、移动通信等国际标准

进入国际标准是北斗系统融入国际体系的重要标志,也是北斗系统进入国际重要行业领域得以应用所必不可少的通行证。经过近十年的努力,北斗国际标准化工作取得了突破性进展。

在国际民航标准方面,2011年国际民航组织(ICAO)同意北斗系统逐步进入ICAO标准框架,目前北斗三号全球信号相关指标基本完成技术验证,进入标准最后验证阶段。

在国际海事标准方面,2014年北斗系统成为继GPS、格洛纳斯后第三个国际海事组织(IMO)认可的全球无线电导航系统(WWRNS),北斗系统在海事应用方面获得合法地位。

在国际移动通信标准方面,从2014年至今,信通院联合国内优势单位开展了北斗移动通信国际标准制定工作,2016年累计在第三代合作伙伴计划(3GPP)制定26项北斗二号信号国际标准,2019年北斗三号B1C信号提案获得通过。据统计,2020年第一季度入网的国产智能手机终端中,近75%的手机都支持北斗功能。

在接收机通用数据格式方面,2016年发布了首个全面支持北斗的RINEX标准(3.03版本)。

在国际搜救卫星标准方面,2018年北斗系统搭载的搜救载荷获得国际搜救卫星组织的初步认可,正在开展6颗中圆地球轨道(MEO)卫星搜救载荷的入网测试和技术协调,积极推进与有关国家签订北斗加入国际搜救卫星系统的意向声明。

在国际电工委员会(IEC)标准方面,2020年3月首个北斗船载接收设备检测国际标准IEC 61108-5正式发布,为北斗船载设备检测和型式认可提供了重要依据。

与智者同行：北斗应用辐射百余国家和地区

要让国际用户用北斗，首先要让他们知道北斗、了解北斗。为此，我们做了很多努力。

1. 在合作国建立"北斗/GNSS 中心"，推广北斗应用

2012 年年底，北斗二号系统建成，面向亚太地区提供服务。为了让国际用户了解北斗、应用北斗，我们先后组织了"北斗亚太行""北斗东盟行"等系列宣传活动，通过举办研讨会、展览展示、互动体验、企业交流等形式，介绍北斗系统建设进展以及在高精度应用、防灾减灾、交通运输、大众应用等领域的应用成果，受到了国际用户的充分肯定和广泛好评。

活动结束后，国际合作伙伴向我们反馈，他们国家的用户有用北斗的需求，但不知如何联系，找到合适的产品和厂家。为此我们酝酿产生了在合作国建立"北斗/GNSS 中心"的想法，作为双边合作的依托平台，以及北斗/GNSS 综合展示窗口和开放合作平台，促进国际用户体验北斗、认知北斗、应用北斗，传递北斗服务全球、造福人类的理念和文化，培养北斗国际化人才，对接供需，牵引酝酿合作项目落地。

消息一出，得到多个国家和国际组织的积极响应，先后与泰国、阿拉伯信息通信技术组织、阿拉伯科技海运学院等多个国家和国际组织，签署了联合建设"北斗/GNSS 中心"的合作意向。2018 年 4 月，中国北斗卫星导航系统首个海外中心——"中阿北斗/GNSS 中心（AICTO）"在突尼斯的埃尔贾扎拉科技园正式落成，受到了阿拉伯国家的热切关注和积极评价。

2. 中阿合作成亮点，北斗国际朋友圈不断扩大

除了推广北斗中心，我们还在中国—东盟、中国—阿拉伯、中国—中亚等合作机制下，创办北斗合作论坛，让北斗成为这些合作机制的常设议题。

2015年以来,依托中国—东盟博览会、中国—东盟信息港论坛,召开了多次中国—东盟北斗合作论坛,每年开展一次北斗专题展览展示,加强与东盟国家的联系,助力北斗走进东盟,造福东盟。

中阿卫星导航合作受到双方高层的高度重视。近年来,在中国和阿拉伯国家联盟的共同推动下,中阿卫星导航合作已成为中阿全面合作的亮点、中阿高新技术合作的代表。北斗服务阿拉伯国家的进程也将迈入快车道。

2019年10月,在北斗系统开通全球服务、加速全球组网的背景下,在中国—中亚合作论坛这一高端平台框架下,首届中国—中亚北斗合作论坛在南宁举行,开启了中国与中亚国家卫星导航合作的新篇章。

上述论坛的成功举办,有效提升了北斗的国际影响力,扩大了北斗的国际朋友圈。

3. 北斗基础产品成功出口百余个国家和地区

服务全球、造福人类,是北斗系统的宗旨。随着北斗三号基本系统的建成,北斗在多国多领域得以应用,一个"国际范"的北斗正向我们走来。

(1)精准农业。北斗系统开始服务于缅甸农业,通过北斗/GNSS接收机采集统计各地农业数据,减少土地管理成本。

(2)智慧施工。基于北斗系统的高精度接收机应用于科威特国家银行总部大厦300米高摩天大楼建设,保障了垂直方向毫米级测量误差要求。

(3)精密控制。基于北斗/GNSS的无人机在柬埔寨得以应用,同时北斗还在测绘测量、机械控制、地理信息科学(GIS)数据采集等方面得到广泛应用,助力柬埔寨基础设施建设。

(4)地基增强。我国先后与巴基斯坦、阿尔及利亚等国合作,建设了地基增强系统,标志着北斗地基增强系统与产品已成体系地走向海外。

(5)机场信息集成。北斗系统服务于巴基斯坦新伊斯兰堡国际机场信息集成系统建设,机场已于2018年10月开通运行。

截至 2019 年年底,国产北斗基础产品已出口至百余个国家和地区,基于北斗系统的土地确权、精准农业、数字施工、智慧港口等,已在东盟、东欧、西亚、非洲等地得到成功应用。

对世界卫星导航事业的贡献:北斗具有六大特点

北斗系统的建设实践,实现了先在区域快速形成服务能力,再逐步扩展至全球服务的发展路径,丰富了世界卫星导航事业的发展模式,对世界卫星导航事业发展做出了重要贡献。

一是增加了导航卫星数量,改善了观测几何,提高了用户的精度和可靠性,也为国际用户多了一份选择和保障。

二是采取 GEO+IGSO 卫星构建区域星座,以最少的卫星数量提供最高效的区域服务,为区域导航系统建设提供了借鉴。

三是采取 MEO+GEO+IGSO 异构全球卫星导航星座,其中 GEO/IGSO 高轨卫星不仅具有抗遮挡能力强、可提升低纬度地区服务性能的优势,还具有对近地轨道甚至中高轨道卫星更好的覆盖性能,对于空域服务贡献显著。

四是导航与短报文通信相结合的工作体制,为其他卫星导航系统提供了借鉴。

五是提供多个频点的导航信号,能够通过多频信号组合使用提高服务精度。

六是利用双向报文通信功能,为国际搜救信号提供返向链路,可以向用户确认收到求救信号,增强遇险者获救信心,这一特色功能正在推动成为国际标准。

在全球卫星导航发展史中,中国从来不是旁观者,而是践行者,更是创新者!未来,北斗人将一如既往地推动卫星导航事业发展,积极开展国际交流与合作,为全球用户提供更高性能、更加可靠和更加丰富的卫星导航服务。

互动 1 | 服务全球的北斗，如何成为中国科技创新的典范？

依据三句话发展理念，20多年北斗从无到有、从有到优、从优到强

文汇讲堂：北斗系统的发展理念有三句话——"中国的北斗、世界的北斗、一流的北斗"，背后有何丰富内涵吗？

王莉："中国的北斗"是指根据中国国情，由中国自主建设、独立运行。"世界的北斗"是指北斗系统具备全球服务能力，与世界其他卫星导航系统开放合作，服务宗旨是"服务全球，造福人类"。"一流的北斗"是指需要有一流的技术、性能、服务。北斗系统在建设之初，就对标国际先进的卫星导航系统，在系统建设上采用了星间链路、高精度星载原子钟等国际一流的先进技术；服务性能上，北斗在全球范围内的定位精度，从实测结果来看水平方向和高程方向都优于5米，达到了国际一流水平；系统服务方面，北斗除了能够提供基本的定位导航授时服务以外，还能够提供星基增强、短报文通信、精密单点定位等多种类型的一流的特色服务。北斗系统秉持这一发展理念，历经了20多年的发展，从无到有、从有到优、从优到强，一步一个脚印走到今天，今后还将不断提升服务性能，为世界提供更加优质的服务。

北斗从区域到全球的"三步走"战略，是中国科技创新典范

文汇讲堂：北斗系统经过几代人的集智攻关，工程全线不断创新，可谓是又快又好地建设发展。相比世界其他的卫星导航系统，作为后来者

的北斗系统在建设发展路径上有何创新？

王莉：北斗系统是我国航天工程迄今为止规模最大、覆盖范围最广、服务性能要求最高的巨型复杂航天系统，也是我国科技创新的典范，创新不仅仅体现在诸多的技术创新，还体现在发展路径的创新。根据我国国情，北斗系统按照"先有源后无源，先区域后全球"的建设思路，采取"三步走"的发展战略，走出了一条中国特色的卫星导航系统建设道路。

有源定位是指用户在需要定位时，要先发出申请信号，由地面中心计算得出用户的位置再发给用户；无源定位是指用户可以像使用收音机一样直接接收导航信号，由用户终端自行测量至卫星的距离，并计算得出位置信息。

20世纪90年代初，根据我国的技术基础和经济情况，我们采用了"双星有源定位"体制，先建设北斗一号系统，用最小的投入实现了为我国和周边地区提供导航定位和短报文通信服务，解决了有无问题。在21世纪之初，建设北斗二号系统，解决从有源到无源定位的问题，服务覆盖区也扩展至整个亚太地区，同时也为未来建设全球系统进行了技术探索与试验。在技术基础和经济实力具备的条件下，我国建设发展全球系统实现全球覆盖与服务。

上述北斗系统的发展路径有着鲜明的中国特色，符合中国国情，也丰富了世界卫星导航系统的发展路径，事实证明这个路径是成功的。

给"走出去"的北斗企业四条建议，尤其注重海外调研

文汇讲堂：北斗系统的产业链非常长，如果在走出去当中发挥得更好，就能为国家的经济建设增长做出更大的贡献。您是一位资深的国际合作专家，知道哪些弯路不该走，您对北斗企业走出去有什么建议？

王莉：北斗应用产业有着很长的产业链，小到芯片、天线、模块、板卡、终端，大到行业应用解决方案和整个服务体系。经过多年的发展，北斗在国内已建立起了完整的产业链，在产业链的各个环节也都聚集了不少的从业企业，我们都统称为北斗企业。

根据《2019中国卫星导航与位置服务产业发展白皮书》的统计，国

内现在从事卫星导航与位置服务的企业有1.4万家左右,上市公司有46家。北斗要服务全球,关键是北斗企业要走出去,把优秀的北斗产品和服务带出去。从2012年年底北斗二号面向亚太地区提供服务以来,特别是2018年年底北斗三号面向全球提供服务以来,中国的北斗企业就一直在积极探索"走出去"之路,有几条经验和建议与大家分享。

一是要充分调研。首先必须搞清楚海外用户需求,即他们真正想要解决什么问题;还需要去了解目标国的相关法律和政策,以及产品所需遵循的标准,同时还需要了解当地的文化、语言、操作使用习惯等,要让这些产品服水土,才能让用户接受、爱用。

二是产品要过硬,技术先进,功能性能指标一流,符合相关标准,且品质优良,特别是性价比要高。

三是要大胆参与国际竞争。"产品好不好,市场说了算",竞争是市场选择的过程,也是对标国外先进产品不断改善自我的必要过程。

四是要做好服务。当大家产品的水平相当时,拼的就是服务,包括技术培训、咨询、售后,甚至投融资和保险等,让用户获得相关保障,这样才能够最终赢得市场。

文汇讲堂:目前北斗企业走出去中,什么类型的行业特别成功?

王莉:目前在走出去的产品中,占比比较大的主要还是高精度的导航产品,包括一些高精度基础产品和接收机终端产品。

互动 2 | 北斗是否会全面取代 GPS？

首次应用于珠峰高程测量项目

阿克苏管理领域工作者张静：2020年5月27日，中国珠峰测量登山队为珠峰"量身高"的过程中用到了5G技术，但其实更多地运用到了北斗技术。请您解释下，北斗技术发挥了怎样的特殊功能？

王莉：此次珠峰测高综合运用了多种传统的和现代的测量技术。其中，采用全球卫星导航系统（GNSS）进行测量是重要一环。在峰顶，GNSS接收机能通过北斗卫星获取珠峰的位置信息，再结合雪深雷达探测仪，获得峰顶的大地高等信息。2005年采用卫星导航设备进行珠峰高程测量时，主要依赖GPS系统。此次采用的是中国北斗与美国GPS、俄罗斯格洛纳斯和欧洲伽利略系统多模兼容型设备，并且会以北斗的数据为主。这是北斗系统在珠峰高程测量项目中的首次应用，值得国人为之骄傲。

5G与北斗融合可实现物联网的可感、可测、可算、可控

陕西学生伏军胜：5G技术与北斗高精度定位融合会带来哪些优势？

王莉：5G主要具备高宽带、低时延、多方连接等功能，而北斗卫星导航系统最主要的是提供高精度的定位和时间同步功能。5G与北斗相结合可以迸发出非常多的火花，为信息社会的发展带来变革，如可实现物联网的可感知、可测量、可计算、可控制，可以支持大数据、云计算、人工智能等互相融合，提供基于"高精度定位、高精准时间"能力的新型服务。同时，北斗与5G的融合，也一定会为北斗应用的技术创新和产业进

步提供更多的发展机会。

北斗产品已覆盖全球一半以上国家和地区，进一步推广始终在路上

上海退休教师薛忠庆、北京销售人员郭子豪：北斗系统有没有可能全面取代 GPS 系统？北斗产品的国际竞争力如何？

王莉：北斗系统的建成，使我们拥有了独立提供导航定位的服务能力。但在卫星导航领域，北斗系统与 GPS 等其他卫星导航系统并非"零和博弈"的状态。各大卫星导航系统供应商之间围绕着兼容与互操作开展合作，以便于用户获得更有保障、更好的服务性能。

目前，世界上已有一半以上国家和地区开始使用北斗产品，北斗产品已经出口到了一百多个国家和地区。实践证明，北斗产品是好用的，它的竞争力与国外同类产品相当。同时，北斗产品在东盟、阿盟和非洲等国家和地区也具有很好的声誉和口碑。

但是，毕竟北斗产品进入国际市场不久，还需要让更多的用户了解北斗、感知北斗，从而接受北斗、应用北斗。中国卫星导航系统管理办公室也一直非常关注国际用户对北斗的应用体验。为了让国际用户更好地体验北斗，我们也采取了很多措施，如通过在北斗中心内搭建常设的用户体验环境，让用户感受到北斗系统的服务性能、产品和各种解决方案的效能。

此外，结合一些重要的国际活动，我们也会在场地允许的条件下搭建一些小型的体验环境。2019 年 4 月，在突尼斯举办的第二届中阿北斗合作论坛期间，我们就进行了北斗高精度无人驾驶的农机作业演示和体验活动，当时惊艳了全场的观众。当天在"中阿北斗/GNSS 中心（AICTO）"所在地的突尼斯埃尔贾扎拉科技园区内，来自一家中国公司的工程师给一辆农用拖拉机现场安装了北斗的自动驾驶设备。在演示过程中，为了直观展示北斗定位的精准度，中方的工程师因地制宜，在拖拉机行进的路线上摆放了两张椅子，椅子靠背间的距离刚好可以通过这

台拖拉机。当拖拉机在无人驾驶的情况下,按照预定的路线行驶、拐弯,最后精准地穿过两把椅子的中间时,椅子靠背距离拖拉机轮胎的外延不足两厘米,使得现场的阿拉伯朋友们发出了阵阵惊叹声,纷纷竖起了大拇指表示赞叹。有位观摩者表示,过去他只使用过手机里的导航软件,不承想中国的导航技术竟能实现农业机械的无人驾驶。还有一位阿方专家也感叹道,我亲眼看到了卫星导航在现代科技农业上的应用,实在令人惊讶。未来,这种高精度水准的无人操控设备,在农作物的耕种、收割等方面将大有作为。他非常看好这种技术在阿拉伯地区,特别是非洲地区的应用前景。这说明,我们所开展的这类提升用户的体验活动,能够帮助用户了解北斗、选择北斗、应用北斗。

北斗三号全网新功能:国际搜救具有返向链路、精密单点定位到厘米级

陕西户外活动组织者王喆:北斗三号系统全球组网完成后,会有哪些新的特色服务?

王莉:北斗三号系统全面建成后,在提供基本的定位、测速、授时服务的基础上,还将会提供很多新的特色服务。

比如,短报文通信服务能力将大幅提升。大家都知道,北斗二号系统就有短报文通信功能,主要面向中国和周边地区,它的单次通信容量为120个汉字。北斗三号系统建成后,该区域的短报文通信容量将会极大扩展,单次短报文可发送1000个汉字。

同时,还有国际搜救、星基增强、精密单点定位这些新增功能。国际搜救服务可以提供返向链路,救援中心收到遇险求救信息时,可以通过反向链路告知遇险用户确认收到求救信号,可大大增强用户成功获救的信心;星基增强服务符合国际民航组织标准要求,提供更高精度、更高完好性的服务,精准护航飞机按航路飞行与起降;精密单点定位服务,可实现动态分米级、事后厘米级的定位服务,为国土测绘、精准农业、自动驾驶等用户提供服务。这些新的服务功能都非常值得期待。

上海学生冯伟：和 GPS 相比，北斗在航空领域应用中有哪些特点？

王莉：北斗人追求卓越的精神不会变，未来会让北斗服务的触角延伸至室内，拓展到水下，甚至抵达更遥远的太空。针对航空领域，北斗主要通过星基增强系统提供服务。因为航空领域最大的特点是强调安全，要求提供完好性服务。从星基增强系统的特点来看，要进一步提高定位精度，最关键的是提供系统的完好性服务。所以，北斗三号系统将基于 3 颗地球静止轨道卫星来提供广域差分和完好性服务。实际上，北斗系统的一大特点是将多种特色服务集成到了同一系统内。

美国的 GPS 主要还是提供基本的定位、测速和授时服务。它通过另外建立的广域增强系统（WAAS）来提供 GPS 广域差分和完好性服务，以保障民航应用需求，特别是为飞机的起降作精准护航。

"北斗事业"涉及面广，各种专业人才都大有用武之地

大连大四学生陈露露：我很想加入北斗事业，只可惜我不是学理工科的，而是学西班牙语的，感觉和航天、和北斗没什么关系，请问北斗事业需要哪些专业的人才？

王莉："北斗事业"的内涵十分丰富，涉及面广。北斗系统按照系统建设、应用推广、国际合作三位一体地推进工程建设，需要的人才队伍专业众多，包括但不限于：

一是系统建设方面，大到导航卫星、运载火箭制造以及地面运控，小到部器件，涉及的专业非常多，包括飞行器设计、轨道理论、通信工程、电子信息工程、计算机科学与技术、物理学、测绘科学等。近些年，也有一些高校专门开设了导航工程专业。

二是应用推广方面，除了导航应用产业链所涉及的芯片、天线、模块、板卡等基础产品，还有面向各行各业应用的各种解决方案、定制终端和服务平台。尤其是时下围绕着北斗与 5G、大数据、云计算、物联网、人工智能等领域的融合应用，各种创新应用层出不穷。

三是在国际合作方面涉及的领域也非常广泛，国际合作本身就是一

项战略性、技术性和政策实践性相结合的跨学科工作,既要掌握一定的卫星导航技术知识,又要具有国际战略思维、了解相关国际规则,还需熟练运用外语,具备较好的沟通协调能力。

因此,各种专业和行业背景的人才,都会大有用武之地。比如,我们的国际工作队伍中就有非常优秀的阿语学生。欢迎更多的年轻人、复合型人才能够加入北斗的队伍中,共同建设发展未来的北斗系统。

"墨子号"的成功与中国式的科技创新

>>>>>>>>>>>>>>>>>>>>>>>>>>>

主讲：

王建宇

中国科学院上海分院副院长、量子卫星总指挥

对谈：

李 淼

中山大学天文与空间科学研究院院长、著名科普作家

（本部分内容根据2017年3月18日第108期"文汇讲堂"现场演讲整理）

科学原创+中国合作,"墨子号"领跑量子卫星

王建宇

物理学在20世纪前期主导着科学的发展,其中有两大发现——1900年普朗克提出量子理论,1905年爱因斯坦提出狭义相对论。从对人类物质文明的发展而言,量子力学的贡献要大于狭义相对论。量子力学被誉为最难懂的学科,而"墨子号"卫星的科学原理源于量子力学的分支——量子信息学,其中以量子通信和量子计算最为前沿。

1927年10月,在布鲁塞尔召开了第五次索尔维会议,量子力学基本形成规模。爱因斯坦、居里夫人、普朗克、海森堡、玻尔、薛定谔等都参加了此次会议。这些科学家发现了量子世界中几个重要的原理,比如,阐释了不同条件下分别显示波动或粒子性质的"波粒二象性";发现了粒子介于0和1之间的"量子叠加态";发现了量子的"测不准原理"和"不可克隆原理",后者使量子通信成为至今被证明最为安全的方式,"墨子号"原理就据此而来。

"墨子号"成功带来的国内外反响

"墨子号"首先是"十二五"期间国家为中国科学院自行部署的先导项目中首批启动的四颗卫星之一,其中第一颗"悟空号"用来探索暗物质,第二颗"实践十号"是做空间科学实验,第四颗"慧眼号"用于探索黑洞。

1. "墨子号"的三大科学任务

"墨子号"严格说来是一颗量子科学实验卫星,而不是一颗通信卫星。我们首先要证明三大科学目标:一是实行星地高速量子密钥分发实验,将卫星上产生的量子密钥,分发到光学地面上进行星地量子密钥分发的验证,它的可行性意味着可以彻底解决经典密钥分发体系的安全漏洞;二是要做量子纠缠分发实验,证明量子理论的完备性;三是要做量子隐形传态实验,这对物理学有着重要的科学意义。后两个目标属于验证量子力学原理的实验。

对于工程目标而言,要造一颗卫星;地面要做四个接收站、一个发射站,形成天地链路;然后发射上天;帮助科学家完成所有实验,这样任务才算完成。

量子通信为何非要到天上去做?尽管在地面上可以利用光纤网进行量子通信,但量子在光纤里会衰竭,实验验证可靠传输距离不超过100公里,中国科大建了一条千公里级量子保密通信"京沪干线",是靠一段段送过去,多一个中继点就会少一份安全。另外,如果要做全世界的量子密钥分发,其他国家不可能给你建中继站,通过太空是一个最好的办法。太空或者空间量子网和地面量子网合起来,才可以形成全球完整的量子通信网。由于量子密钥在分发过程中具有绝对安全性,所以这个实验的意义不同一般。

2. 量子纠缠和隐形传态实验具有重大科学意义

量子纠缠是 20 世纪量子力学最玄乎的问题,爱因斯坦称其为"遥远地点之间的诡异互动",认为一定是量子力学的理论不完备。他提出相对论的定域性,认为对一个粒子测量不可能对另外一个粒子产生作用,而量子力学的非定域性认为,对一个粒子测量有可能瞬间改变另外一个粒子。谁对呢?做实验!

20 世纪 60 年代,玻尔提出一个可验证纠缠是否存在的不等式。1972 年起,不断有人做实验,但是在地面做的,这被人质疑距离太近,不属于类空间隔。2011 年中国完成了 100 公里的实验,那么 1000 公里呢？需要通过卫星来验证。同样，如果量子纠缠是存在的，我们也希望在几百、上千公里范围内验证量子纠缠现象和隐形传态。如果成立，意味着多少年后有望改变人类生活。

"墨子号"的主要任务就是完成一系列的量子科学实验。为节约国家经费，我们设计了一个小卫星，500公里轨道，640公斤重量，卫星上装备4个用于量子通信设备（载荷），即量子纠缠发射机、量子密钥通信机、专门产生纠缠光子对的量子纠缠源、量子实验控制与处理机。

我们建了五个地面站，包括北京兴隆、乌鲁木齐南山、青海德令哈、云南丽江和西藏阿里，其中南山、德令哈和丽江选址是考虑到可以两两配对，都相距1200公里，以便增加纠缠分发实验的时间。纠缠分发就是一对纠缠的光子要发到两个相距1200公里的地面站，由两个接收系统测量它们是不是纠缠的；设两组既多了实验机会，也方便工程上备份。西藏阿里是发射站，做隐形传态。

3. 为空间量子科学实验提供宏大平台，工程创国际一流

2017年1月18日，"墨子号"在圆满完成4个月的在轨测试任务后，正式交付用户单位使用。在交付时，我们不但完成了测试，确认了卫星可以满足空间量子科学实验的需求，而且完成了部分量子科学实验。

量子科学实验卫星是中国人第一次发射，但在星地目标捕获和准确跟踪等方面与激光通信卫星类似。在卫星目标捕获和链路建立方面，我们的捕获成功概率、跟踪精度、指向精度与国际上欧洲、日本等同类卫星都在同一个水平上，可以说，给科学家提供了一个国际一流的量子实验超大平台。

"墨子号"这个名字是潘建伟院士起的，他说，墨子是一个思想家，也是一个科学家，在2400多年前做了石阶上第一个小孔成像的实验，描述了光是按照直线走的原理。因此，"墨字号"这个名字彰显了中国文化。

4. 国内外反响："重回巅峰"论、购买论

"墨子号"成功发射后，国内外反响很大。在国内，2016年年底，两院院士评选中国十大科技进展新闻，第一条就是"墨子号"的发射。在

国际上,《科学美国人》评选的 2016 年度"改变世界的十大创新技术"中,"墨子号"作为唯一诞生于美国本土之外的创新技术入选;《自然》杂志盘点 2016 年世界八大科学事件时,对中国的航天给予高度评价,其中"墨子号"名列榜首;此外,《华尔街日报》详细报道了"墨子号"量子卫星发射成功的过程,文章标题为"沉寂了一千年,中国誓回发明创新之巅",将其视为中国创新能力提升的重要标志。美国波士顿大学的量子物理学家亚历山大·谢尔吉延科说:"这个事确实很让人激动,因为它是首次开展此类试验,因此对全球都有重要意义。"

当然,也有酸溜溜的言论,如有人说:"中国人的科学水平已经实现了量子技术的飞跃,如果我们不把欧盟变成合理有效的整体,我们眼看就会被中国超越。"还有反面的声音,如有人说:"我认为,以中国的科学水平(相较于西方世界)不可能实现量子技术的飞跃,基本从未有过。真实情况是,中国是由西方的伙伴(或者通过收购)来实现的。"此外,还有一些疑问,比如,美国科学这么发达,为什么造不出量子卫星?日本、英国、法国都不做而你中国做了,是不是人家不想做?

有少量非正面声音也不足为奇,也不排除一些"恶意"评论,最终的实验结果会说明一切,去验证有争论的事情才有意义。

量子卫星,如何从跟跑到引领?

从量子实验卫星的成功,可以找寻中国高科技如何从跟踪到引领之路。1986 年我国出台了"国家高技术研究发展计划"(即"863 计划"),主要是高技术跟踪计划,但现在中国的水平不可同日而语,我们并非一夜爆发的成功。我分四个方面来说。

1. 中国航天技术和空间激光技术有长足进步,航天器的发射数量居国际第二

1957 年 10 月 4 日,苏联成功发射了人类第一颗人造地球卫星。近四个月后,美国发射了"探险者 1 号"。直到 1970 年,我国才自主研制并成功发射了第一颗人造地球卫星"东方红一号"。

现在，我国在载人航天技术方面有天地往返能力、在轨对接的控制能力和人类在空间的生存能力；"探月工程"的推进证明我国拥有对超远距离卫星的测控和控制能力。美国卫星对地分辨率可达到0.1米，但要把轨道降低到距地120公里，我们目前在500公里的轨道也能达到0.5米分辨率。我国航天每年发射量居世界前列。可以说，目前我国是航天大国，但还不是航天强国，因为所有的探月、载人航天的创意不是你的。

除了航天技术外，"墨子号"还应用了激光技术。1960年在美国休斯飞机公司工程师发明了人类第一台激光器，中国第二年也造出了一台，但是产学研没做好，和国际拉开了差距。激光是非常特殊的光源，信号极易控制，甚至可以把一颗颗光子分离出来。在空间，最大用处是用激光测环境，从激光回波中可以探测出二氧化碳浓度、空气中的微型颗粒，对于治雾霾极有帮助。

从1994年开始，各国将激光用在航天领域，美国人发明了多种激光雷达，欧空局2018年会发射搭载着更先进的气溶胶/云探测激光雷达的卫星。中国也紧紧跟上，2007年"嫦娥1号"上搭载了我们团队制作的激光测高仪，填补了拍摄月球两极地形的国际空白。

激光通信技术也很热门，据说一秒钟可传完5G多的DVD光盘。日本最早实现了卫星激光通信，1995年日本成功实现星地万公里量级的激光通信，2005年实现世界首次星间激光通信；欧洲长期领跑，2001年实现了上万公里激光通信传输，2008年德国实现了世界首次空间相干激光通信，通信速率达到5.625 Gbps，终端仅35千克；2000年美国发射的一颗激光通信卫星因为没有建立星地链路而失败，但在2013年完成了地球与月球之间的激光传输，每秒钟能达到600多兆的下载速度。

我国这次也迎头赶上。2016年，"天宫二号"与新疆南山地面站成功实现了激光通信实验，其激光终端的数据下行速率为1.6 Gbps。"墨子号"上面搭载的激光通信实验设备，完成了5.12 Gbps通信速率的相干激光通信实验。

2. 多年的开放为我国科学家的原创提供了条件，为"墨子号"注入了灵魂

潘建伟院士主要从事量子光学、量子信息和量子力学基础问题检验等方面的研究，尤其在量子通信方面有创新性研究，他有关实现量子隐形传态的研究成果入选《科学》杂志"年度十大科技进展"，并被《自然》杂志选为"百年物理学 21 篇经典论文"，与伦琴发现 X 线，爱因斯坦建立相对论齐名。1970 年出生的他在奥地利维也纳大学获得博士学位，他回国后，得到国家全力支持。

量子密钥分发实验国际上竞争非常激烈。2005 年，清华大学和加拿大的科学家同时提出诱骗态量子密钥分发的原理；2007 年，潘建伟团队和国外团队又同时在实验中实现了光纤诱骗态量子密钥分发超过 100 公里，并发表在顶尖物理学刊物《物理评论快报》上。接着我们和国外渐渐拉开了差距，2007 年，来自德国、奥地利等国的联合团队完成了 144 公里自由空间诱骗态量子密钥分发；2009 年，潘建伟团队做了 200 公里光纤诱骗态量子密钥分发实验。

在量子隐形传态研究方面，潘建伟院士的第一篇论文是在国外写的，回国后先是和国外并行，后来逐渐领先。2008—2011 年，潘院士的团队和我们的团队在青海湖附近做了大量的实验，一方面是为了验证量子通信能不能上天；另一方面也做理论研究，在一流国际刊物上发文章。

在量子密钥分发实验中，我们实现了以热气球为平台的运动下的密钥分发，固定平台最远达到 98 公里。后来我们又做了 100 公里的量子纠缠分发和隐形传态，在国际上也是首次。

所以说，公平竞争、科学开放的环境，给科学家提供了创新和在基础研究方面领先世界的机会。

3. 多学科交叉融合，强强联合，量子卫星在光电技术上取得突破进步

一般的卫星对地观测把照片拍完传输下来就完成任务了，而量

子卫星要天地上下光交互对接、保护好量子信息源接受震动和低温等考验、在天空完成纠缠源等试验，它是量子理论、激光技术和航天工程的完美结合，也是真正意义上的国际首次。

我们集中实现了七项关键技术的突破。一是天地链路高精度跟踪和精确指向。通俗来讲，就是要抓得住、跟得牢、打得准，卫星高速飞行，一千公里以外一出现就得抓牢，并建立光的通信链路，发射的量子光还必须精确指向地面站。美国人第一次做激光通信时，就因为没能和地面完成链路对接而失败。为了做纠缠分发，天上的卫星要同时对准两个地面站，并要同时达到同样的高精度，我们都一次获得成功。

二是近衍射极限光量子发射和多源同轴配准。出来一个光斑，激光束发射出来像手电筒一样，越窄越难做。美国在激光通信中光束做到了衍射极限的1.2倍，我们在量子通信中也做到了1.2倍，越接近1越难做。

三是偏振态保持与基矢跟踪测量。物理学里面偏振的光子经过一些介质如反射镜会发生变化，我们想办法不让它变。比如，密钥分发要求偏振对比保持度在100：1以上，误差不能超过1%。国际上在太空没有做过，在地面估计最好可以做到140：1，我们2010年在青海湖已经做到200：1。这次天地连起来最好能超过100：1以上，星地的控制难度比地面要大得多。

四是卫星平台复合姿态控制技术。卫星平台的微小振动，如果控制不好，会对高精度的光通信链路建立带来很大影响。通过对卫星振动的模型分析和地面物理仿真，我们采用高速校正技术解决了这个问题，同时卫星还能对着地面站作定向飞行。

五是天地链路的单光子接收。量子是一个一个光子，在地面、天上要能探测到，得靠探测器一个光子出一个脉冲，我们购买了国际上实验型的高灵敏度单光子探测器，并解决了探测器在空间环境下不能长期使用的难题。

六是高精度时间同步技术。纳秒级时间的同步，就是天上每10

个纳秒发一个光子,我们要让它排好队,并知道发下来是哪一个。

七是高亮度量子纠缠源。量子源是激光通过非常特殊的晶体干涉出来一对对光子对,在国际上做量子源本来就是很高难度的事情,我们不但做了全世界最亮的量子源,而且发射上天了。

简单说来,这里的技术难度相当于坐着飞机从万米高空扔硬币,同时扔向地面两个旋转的储蓄罐,硬币不但要击中储蓄罐,而且要准确射入细长的投币狭缝。探测一个光子,相当于在地面用 1 米口径的望远镜,要看 38 万公里外的月球上燃着的一根火柴。灵敏度如此高!

4. 中国科研组织和管理模式,为"墨子号"的成功发射提供了强有力的保障

回顾一下,2003 年潘院士回国提出星地量子通信的概念,2008 年立项开展地面攻关,2011 年完成百公里量级的量子密钥分发,2011 年年底量子卫星工程正式立项,2016 年发射。13 年间,凝聚了很多团队的心力:中科大、中国科学院上海技术物理研究所、上海微小卫星工程中心(即中国科学院微小卫星创新研究院)、天文台、中国科学院光电技术研究所、中国科学院上海光学精密机械研究所、航天科技八院(即上海航天技术研究院)等,我们的主力队员全是 80 后。

就"墨子号"的成功要素来说,第一是量子卫星发射如同阿波罗登月,载人航天都是国家项目,不是个人、几个小团体可以做成的;第二是高技术的比拼,你要有实打实的技术,高技术领域一定要做到创新求实、合作守信;第三是对科学的追求,需要有一些爱国精神和追求精神才会去做,往往每项任务的完成都经历了非常艰苦的过程;第四是有探索未知的理想信念,我们做量子卫星,就是从创新开始的。

由此引发我对中国式科技创新的思考:第一,没有科学家原始的思想创新,工程师再有本事也做不出来尖端的东西;第二,管理层快速决策是资源保障,这是中国特色的高执行力;第三,兵团式多团队联合,工程管理非常重要,不仅是技术也是艺术和科学,阿波罗工程

成功的最大功劳就是工程管理；第四，科学团队和工程团队的互补，交叉融合1+1会大于2，工程师要支持科学家的新想法，科学家要体会工程的难度。量子卫星得益于天时地利人和，天时就是国家对科学的重视，地利就是我们是在开放的全球平台上做事情，人和就是我们团队相互支持。

对今后的发展，我也提出四点想法：第一，要长期支持，有所为有所不为，国家要有选择目标地发展；第二，要有宽容失败的文化，如果不成功，也要允许从失败中重来；第三，要有多元评价的体制，人才是互补的，不能让工程师团队也去做SCI文章；第四，在破坏性创新中发展高科技，我们选题上一定要有高度，从跟踪到引领这个阶段，说到底，科学的创新思想还是成功之源。

量子技术，如何改变生活？

量子信息学和实际生活密切相关。目前国际竞争激烈，欧洲、美国、日本都在花费大量精力研究，并非他们不做我们才去做，而且量子技术还有许多有特色的应用。

比如，量子陀螺仪。过去没有GPS，飞机导航便凭借陀螺仪。利用量子技术可以发展原子陀螺仪，测量精度比传统的高精度陀螺仪要高几个数量级。

比如，量子雷达。目前我国已研制出来，利用纠缠的办法可以达到很高的灵敏度。量子成像也在发展，理论上可以突破衍射极限。

在量子计算机这个层面，随着半导体晶体管的尺寸接近纳米级，电子的运动不再遵守经典物理学规律，一定会出现技术革命，量子力学这个现象可能会被运用。另外，大型计算机出现后，能耗与散热不容小觑。据说在谷歌搜索一次所消耗的电能足够一个11瓦的节能灯亮15分钟到1个小时。传统的计算不可逆，而量子力学中却存在一种可逆计算，可将热量下降。

对于量子通信产业来说：第一，量子通信是对目前传统通信技术的一种重要的补充,而不是全面的替代;第二,量子产业的门槛比较高,国家行为和自上而下的痕迹很重,将改变保密行业业态;第三,量子信息产业是以 IT 技术为基础的,同时需要大量的光电子技术;第四,核心技术正在突破中,学术的争论至今没有结束,产业的技术风险和市场风险都比较大;第五,市场上有一大片冠以"量子"的产业,其中不乏"有意夸大"和"鱼龙混杂"的成分,如量子消毒水等,大家要根据自己的知识去判断。

"墨子号"只是开始,中国科技正从跟踪向引领跨越,中华民族将对人类科技发展做出应有的贡献。

对话丨隐形态传输、量子计算机将实现怎样威力

国家支持、开放政策、多元平台确保了我们决策的先进

李淼：刚才您在演讲中多次提到了中国目前的科研决策中的"国家行为"，它的优势非常有利于做像"墨子号"这样先锋式的探索和实验，这一点我感同身受。确实，不光是"墨子号"，第一颗先导卫星"悟空号"也得益于这种机制。美国也在做这种探索，华裔科学家丁肇中先生主导AMS02实验，主要也是探测暗物质，当然还会做其他实验，但在美国要专门发这样一颗卫星确实很难。

在美国，通常由科学家提出计划，然后层层上递，一直到国会和总统，或许还会遭遇国会和总统政见不合的拉锯战，欧洲也同样需要整个欧共体来集体决策，执行力就会大大下降。就我研究领域的引力波实验探测，一年多前美国宣布探测到了引力波，这是在地面的实验，美国也想到太空去做，以便看到更遥远的天体、更微弱的信号。这个计划已经申报了20年，在欧共体也是两年前才刚刚通过，非常困难。这说明中国在决策方面具有优越性，通过正常的专家通道递上去，可以一直通到最高决策层，不会遭遇拉锯战。

王建宇：国家刚刚加大科研力度时，也有不少人抱怨我们的科技比较浮躁，说西方国家如何鼓励原创。通过"墨子号"工程，包括我在内的很多人都改变了这种认识。这几年，中国的科技发展确实特别快。

除了国家支持外，还得益于我们的开放政策，像李淼老师这样的海归都回来了，在国外单独做和在国内大家一起做还是不一样的，很多新的东西层出不穷，这时我们科技的合作优越性又体现出来了。

另外，美国的审批制度中有时未必完全是科学性在起作用，夹杂着政治和利益斗争，但在中国，至少从科学家到领导人，都是以该科研是否真正在国际前沿，能否真出结果为标准。

我很幸运，2007年经中国科学院领导介绍认识了潘院士，半年不到，中国科学院就启动了一个有史以来最大的项目。中国科学院什么人才都有，一下子就组成了一个队伍，这种速度和方法在国外是不太可能的。

但国家资源毕竟少，因此，项目都是好中选优。比如量子通信和量子计算机是国家重大专项，先做科学实验卫星，下一步一定要从实用角度去努力，珍惜好国家对你的支持。

激光领域和半导体领域，中国曾经不落后到丧失商机

李淼： 中国科学和专家体量越来越大，要想引领国际，国家就必须选一些有可能突破的方向持续支持。前车可鉴，改变了生活及商业的激光领域，中国人在美国人之后就作出了激光器，但后来没有持续经费的支持，就丧失了科学和商业先机；半导体，我们本来也不落后多少，但是没有选择性跟上，现在芯片60%是进口。量子计算和量子通信，现在尽管还在实验室阶段，但如果有持续支持，直到突破为民用，会给国家带来巨大的改变。

目前做实验的时间有限，地球同步卫星是下一步目标

李淼： 我现在更多时间在做科普。请教王院长，"墨子号"要在太空做量子通信实验，实验时，每次通信可以持续多长时间？所含比特量多大？

王建宇： 现在我们用的是太阳同步轨道卫星，绕着地球转一圈大概要100分钟。每天一个地方只过两次，白天一次，晚上一次。做通信实验有两个条件，第一卫星要看得到，第二背景不能太亮。因此，每个地面站一天最多做一次实验，最长10分钟左右，一般多的几百秒，少的几十

秒,甚至十几秒。多少比特量?原来设计指标是要超过每秒 1K,后来做得比较好,能达到每秒十几 K,小规模的密钥应用已经够了,但离真正使用还有距离。我们也做了很多调研,如果每年能产生 1G 的密钥,就能满足国家很多方面的需求了。

如何突破?这需要我们设计一个中高轨卫星,如果高度到 36000 公里,我们叫地球同步轨道卫星,如灯高悬在顶随时使用。白天能否做?可以考虑用极窄光学滤波或者隔离技术,把光滤波器的带宽做得极窄,就有可能。这两个技术有待于今后几年突破。

四个基站三层目标的不断挑战,完全领跑于国际

李淼:为什么要建四个基站?

王建宇:这有一个过程。2007 年潘院士设的目标只是做成世界第一个密钥分发。2011 年地面青海湖实验做得很成功,科学家要求就提高了。潘院士说:量子纠缠中"贝尔不等式破缺"的验证是全世界关注的难点,我们能否放上去做?我说风险非常大,他说可以作为拓展项目,言下之意就是失败了也没有关系,我就答应了。过段时间他看做得很好,又说可以把隐形传态也做进去,就叫额外任务。但是,我们做卫星工程有惯例,写下来的东西就要做成。中国科学院签任务书,第一到第二项是完成任务,三项都完成就叫作圆满完成任务。还好最后我们都做成了。

密钥是从天上往下发,要进行量子为密钥的通信演示,至少在地上放两个站。我们就怕实验时间不够。地面点时间比较多,实验机会就加强了。选择西边的三个站,可以两两成对做纠缠实验,这样做纠缠分发就多一倍的机会,这是非常关键的。做纠缠天上要有两个发射机,万一有一个发射机不能正常工作,我们还能把一个测量端放在天上,单边纠缠还能做成,这些都是为了提高可靠性。一开始我们计算了要完成纠缠实验并被国际认可,即做纠缠分发至少需要半年以上,但大家非常努力,天地整个链路的指标比原先估计的要做得高许多,我们做实验的时间就能缩短很多。

用"三只鞋上月球"的比喻来理解隐形态传输原理

李淼：我解释一下量子隐形态传输，原理说起来很高深。打个比方，我把一个粒子比喻成鞋，我想把右脚皮鞋送到月亮上去，但量子不可克隆，我怎么送？没有办法送不可克隆的东西。但是，隐形态传输想了很多年，想出了一个非常绝妙的办法。我先找一对量子皮鞋，把其中一只送到月球上，我不知道左右，但是量子纠缠告诉我们一定是一只左一只右，现在拿出第三只皮鞋，不管是左还是右，我想送到月球上，把第三只皮鞋跟我手里所剩一只比较，全是右脚的话，显然月球上的是左脚，就让月球上的鞋翻过来；如果第三只皮鞋是左脚，我手里面的是右脚，它们就配对了，而月球上的那只本来也和留在手里的鞋配对。说起来很简单，道理很深。

王建宇：我想请教，能否举个例子，隐形传态如何真正应用？

李淼：如果我想传输的系统是量子态的，比如分子 DNA 结构，你要把量子破坏掉，DNA 就被打破了。我们不能用紫外线照，因为会破坏身体的 DNA 和一些量子结构。如果未来想把我传输到一个地方，站到一个有光的地方照一下我这个人就没有了。必须在这个地方把我破坏掉，把破坏掉的信息通过我刚才说的三只鞋的故事分发到另外一个地方去，另外一个地方可以把我的态或者我的人完全恢复。这告诉我们两件事：第一，我不可能被拷贝成两个李淼，因为我是量子态；第二，如果我想把我传输到外地去，必须把本地的李淼毁灭掉，在第三个地方恢复。如果可以实现的话，非常了不起。

另外，经典态用这种量子传输技术效率要高，这跟量子计算原理是一样的。

量子计算机可能在 50 年左右实现

王建宇：一个研讨会上，一位资深专家说，量子计算机可能明天就做出来了，也可能得一千年以后做出来，请问怎么理解？

李淼：首先要明白什么是量子计算和量子计算机。算盘就是经典计算机，而计算机无非是体量、容量非常大的算盘，电路里面每个逻辑门开和关就是算盘的算盘珠。算盘珠只有两个态，即出现和不出现。而量子计算不是算盘珠，它的不确定性原理决定了量子有无穷多个态，可以出现也可以不出现，概率就在 0 和 1 之间，累加后会有很多很多所谓的量子比特。这是量子计算的神奇之一。

量子计算的神奇之二是，如果把经典计算比作走迷宫的一条道，迷宫只有一条道走出去，经典计算是你每次只找一条道，量子计算则是同时走所有的道，像 1 可以出现也可以不出现，也可以同时出现但是概率不一样，你可以同时走所有的可能性。比如我倒一杯水，这杯水尝试了所有道，量子计算就是倒一杯水的过程，肯定有一条效率最高的通道。

到底什么时候可以实现，十年之内还是一千年之内，我以前也有这个疑问，最近我比较乐观，真要做量子计算，要在微观层面上实现量子态，而且要保留足够长的时间，把这个计算过程完成，是对科学家最大的挑战，有可能量子计算还没有完成，量子态就被破坏掉了，现在用离子阱可以实现足够长时间的量子态。我预测可能 10 年实现不了，但 50 年之内应该可以实现。

2020年，5G迎来怎样的风口

>>>>>>>>>>>>>>>>>>>>>>

卫星互联网之景

主讲：

贺仁龙

中国信息通信研究院华东分院首席科学家、总工程师

胡 伟

华为技术有限公司上海代表处 Marketing 部部长

（本部分内容根据 2020 年 5 月 18 日第 146 期"文汇讲堂"现场演讲整理，该期讲座为线上讲座）

新基建下 5G 赋能实体经济,变身智能经济

贺仁龙

2020 年 3 月,中共中央政治局常委会会议提出加快 5G 网络、数据中心等新型基础设施建设进度。随即,"新基建"迅速被社会舆论聚焦。新基建建设的推进可上溯到 2008 年国际金融危机,当时全球都在努力寻求新的经济增长点,这极大促进了新一轮科技和产业革命加速拓展,自此以后新型基础设施一直是全球投资和资本市场追逐的方向。

新基建与 5G 发展概况

1. 新基建扩展了信息技术的内涵,5G 商用开启数据工业革命

2003 年的"非典"(SARS)疫情掀起了消费互联网革命,中国的互联网产业在此后蓬勃发展,但在推进中仍遇到诸多困难。2020 年新冠感染疫情则催生了产业互联网的大发展。

2019 年 6 月 6 日,我国颁发了 5G 商用牌照,5G 商用开启了数据工业革命,驱动整个智能经济和智慧社会的大发展。新型基础设施作为智能经济发展的关键支撑包含七个领域,与信息技术中心相关的内容有四项——5G、大数据中心、人工智能、工业互联网。可以看出,信息技术的内涵在不断扩大,信息基础设施建设至关重要,一方面,它是属于智能科技的一种技术革命;另一方面,智能科技本身可以有更多的创新突破,助推传统产业转型升级。

2020 年 4 月 27 日,上海市政府常务会议审议通过了《上海市推进新型基础设施建设行动方案(2020—2022 年)》,将全方位助推五个中

心——科创中心、经济中心、金融中心、航运中心、贸易中心建设,同时进一步集中提升城市能级。

在上海,新基建主要划分为四个部分,即新网络、新设施、新平台和新终端,5G则属于新网络。新网络的内容比较丰富,主要涉及三大方面:其一,底层是空天地一体化的卫星互联网。例如,地面网络和卫星网络的互动就需要利用5G技术、IPv6地址、5G基站、卫星互联网等。其二,光纤宽带网络。其三,两个产业,即赋能工业的工业互联网以及以"一网通办""一网统管"为标志的城市治理。

2. 5G商用元年后,垂直行业融合将带来全产业链变革

5G的宣传语中提到"世界触手可及",具体如何实现呢？网络是城市和基础设施的神经元体系,可以不断地感知物理世界和生产要素,并收集和汇聚数据,随后通过人工智能、工业互联网进行计算,再下达指令去执行。通过5G网络,世界将触手"可及",触手"可调控",触手"可计算"。未来,传统基建将成为适应数字经济与实体经济融合发展需要的信息基础设施体系。

2018年12月,中央经济工作会议提出要加快5G商用步伐,随后全国工业和信息化工作会议对2019年5G的发展提出了新目标。

2019年被认为是5G商用元年,上海总共建成了1.9万个5G基站。2020年是全面推动5G产业链的成熟之年。5G全面商用,从非独立组网(NSA)到5G独立组网(SA),可以实现更多、更完善的5G应用场景:产业上,可以开展面向毫米波的技术与产品研发；应用上,可以探索更多与垂直行业的融合。未来,我们需要深入实体经济各行业,促进整个产业链逐步成熟,包括突破一些"卡脖子"和短板技术。

"4G改变生活,5G改变社会",5G能带来全产业链的变革,成为经济增长的新动能。据预测,全球5G产业规模将覆盖下游的应用层、中游的终端层和网络层、上游的基础器件和基础材料各环节。

3. 中国5G引领全球的优势在于专利和标准

一般认为,5G是我国通信业全球引领的关键阶段。虽然我国在产业技术上仍存在一些短板,但在5G的标准、必要专利上已经形成核心竞争力,并起到全球引领的作用。据业内人士统计,截至2019年9月,在全球5G标准必要专利(SEP)声明中,我国厂商占比超过30%,位居首位。其中,华为凭借高达3325件申请量占据绝对制高点;三星排名第二,拥有2846件;LG排名第三,拥有2463件。运营商中,中国移动的专利拥有数量较多。到2025年,5G手机每年将产生近200亿美元的全球专利授权费,一般拥有大量5G标准必要专利的公司将获得可观的特许使用费收入,如华为每年将至少获得10亿美元。回想2G、3G、4G时代,我们也向高通支付了高昂的专利费。

我国虽然在5G标准必要专利上有明显优势,但相对而言,5G产业仍大而不强,短板仍然非常明显。例如,我国在通信设备整机上全球领先,华为作为通信设备的整机厂商,是国际大企业和通信业的巨头。但在产业链的元器件和材料上,我国上游的芯片和元器件大多被欧美厂商垄断,在全球化顺利时期是很合理的产业分工,一旦全球化受阻,就存在被"卡脖子"的风险。产业链分析显示,上游材料和装备的生产商,包括集成电路和元器件的生产商绝大部分属于美国,还有部分属于日本和德国。当前,国家正投入大量资源开展突破性研究。

4. 终端产业将迎来5G商用的爆发性市场机遇

伴随着5G商用,终端产业将迎来新一轮市场增长机会。据商业信息提供商IHS Markit预测,在5G商用第二年,5G智能手机出货规模将达到同时期4G手机的6倍;据全球移动通信系统协会(GSMA)预测,到2025年,中国的5G连接数量将达到4.6亿,占全球5G连接数量的1/3。

5G终端分为消费型终端和行业型终端。其中,行业型终端是5G与垂直行业融合发展的重要切入点,分为5G模组、客户终端前置设备(CPE)、通用类和定制类等。模组相当于制造领域里传统的机床和设备,5G模组可实现设备互联和远程交互应用;CPE如同工厂内或行业里的路由器,是上网的必备品,这些都称为基础配置;通用类包括超高清视频、VR/AR和无人机,各行业中与超高清视频和VR/AR结合的5G应用成为探索的热点;定制类主要为公共机器人,也包括某些行业的特殊终端。

消费型终端包括大家熟悉的智能手机,还有多形态智能硬件,比如全互连 PC 机(笔记本电脑或者台式电脑)、用于消费娱乐的移动 VR/AR 等。互联网讲究介入式,VR/AR 能帮助形成一个全浸入式的过程。另外,还有消费类的无人机和 CPE 类产品,CPE 能够将你和所有家电连接起来。

5G 助力实体经济智能化发展

1. 5G 应用在个人消费市场和垂直行业领域共同推进

目前,5G 应用呈现个人消费市场和垂直行业领域共同推进的态势。截止到 2019 年 9 月,全球 135 家运营商总共进行了 391 项应用实验。其中,VR/AR、高清视频传输(4K 或 8K)、固定无线接入是试验最多的三类应用。对比中外,VR/AR、智慧城市、工业互联网是国内外探索的共同点。不同之处是,国外重点围绕固定无线接入,我国更多探索 5G 与智慧医疗、媒体娱乐等领域的融合。

目前,行业内 CPE 为打包的集成服务,将 5G 和智能生活、智能经济结合。模式可归纳为 3+4+X,其中 3 大应用方向分别为智慧化生活、数字化治理、产业数字化。例如,一网通、一网办就是数字化治理。4 大基础应用分别是 4K/8K 的高清视频、VR/AR、机器人、无人机/船/车等无人交通系列。X 代表各个行业,包括工业互联网、车联网、医疗健康、智慧金融、智慧城市等。

2. 5G 促使 ICT 关键技术加速融合实体经济

ICT 是信息与通信技术的统称,人工智能、大数据、云计算等技术都属于 ICT。新基建则包括 5G、大数据中心、人工智能和工业互联网。2009 年,上海做光纤网络,2012 年基本完成全市宽带用户光纤覆盖,目的是打造人和人之间互联的光纤到桌面的信息高速公路。例如,将 14 亿人的消费能力连接到互联网上。

5G 不仅仅是人联网,更是解决万物逻辑互联的过程。5G 首先解决的问题是抽取万物的数据,无论是各种生产要素,还是城市设施或交通设施、工业设施、电力设施等。在基础设施连接之后,将产生相应的数据,逻辑上称为数据工业动力。在5G连接的情况下,世界将慢慢变成数字化的世界,或叫数字人生的世界。

在万物打通数据的过程中,ICT必然会加速。数据出具之后,需要利用大数据进行处理,计算能力来自算法,算法能力不足便需要智能计算(即云计算)。所以,人工智能包括算法业务以及车联网、工业互联网等行业性的应用。在道路内和工厂内直接作决策,离不开多接入边缘计算(MEC)技术的关键支撑,其占比将不断提升,融合也持续加强。

接下来,我们具体看看行业应用的发展及趋势判断。

3. 5G+VR/AR:由"展厅观摩"到"产业落地"的跨越

从市场期望和产业生命周期图来看,5G在虚拟现实方面的应用正加速向生产与生活全方位渗透,实现全面赋能。

首先,要跨越由"展厅观摩"向"产业落地"演进过程的发展裂谷。2019年,中国移动和诺基亚合作,在世界移动大会上展示了沉浸式的VR巨幕剧院和VR直播。除娱乐之外,5G云化VR可以和各行业结合,包括教育、医疗以及工业等。

其次,打造"端、管、云"协同集约的产业生态。VR终端的发展进入确定阶段,5G已经进入独立组网阶段,分为接入网和传输网,网和端、云之间的协同也需要一致。因此,VR一定要与行业结合。与本地VR和4G云化VR相比,5G云化VR的低延时性能更优越,渲染能力更好,在计算能力上也更具优势。

4. 5G+工业互联网:全自动化工厂将通过CPE等实现

制造强国要与工业互联网相结合,工业互联网的融合将推进实体经济主战场的智能化。目前,两者融合尚处在探索阶段,主要业务集中在人机交互方面,属于工业+VR的模式。我们更期待的是,5G如何帮助制造企业、制造的生态以及制造的产业链,提升端到端的价值链。在供应链、产品质量等各环节,已经出现一些点状的应用。

从市场期望和产业生命周期图来看,目前超高清检测已非常成功,机器视觉、远程运维正在逐步应用的过程中。就移动控制而言,在一个全自动化的工厂内,通过一套语音控制系统来自动调控多个工厂,此时就要求和软件定义网络(SDN)等相结合。目前,在青岛港和上海的洋山深水港已出现一些应用。如果需要连接终端、工业机器人/AGV 工业设备和监控设备,就要在上面加一个 5G 模块,然后实现设备和设备之间直接的通信和云平台通信。同时,通过工业的 CPE 将各种设备结合,如同在工厂里建设一个庞大的 5G 路由器。如此,我们可以发现工业设计和数据分析的场景所需要的 5G 端和场景是不同的,其中还包括一些海量机器的通信。

5. 5G+车联网:终端安装市场规模大

相对而言,车联网在娱乐设施、信息娱乐、智能导航等领域的应用比较成熟,但导航类智能的市场不大。提到专用车和无人驾驶,典型的例子便是东海大桥运货专用车。东海大桥设有特别车道,可供开展无人驾驶,但目前我们距离全路况乘用车的无人驾驶还有一段距离,不仅存在技术上的难关,还需要有更多的数据收集和训练的过程。无人驾驶如同孩童学步,需要不断地训练才能从走路,发展到学会奔跑、竞赛,这是一个漫长的过程。

车联网产业发展的前景如何?车联网的终端安装会快速增长,前装车的终端拥有极大的市场。5G 时代,智能网联汽车将会怎样发展?我通常会以此为例,2007 年苹果手机作为智能手机率先出现,当时智能手机和功能手机并行。2017 年特斯拉智能车出现,智能网联车就像当年苹果横空出世一样,有一个并行的过程。

上海是率先响应新基建的省市,一方面着重打造基于 5G+AI 的智能经济新生态,开展政企治理和营商环境优化。作为科技研发的主力军,上海将带头推动核心元器件的创新突破。另一方面,上海将不断做大做强 5G 通信产业,同时还将持续拓展 5G 建设应用场景,覆盖智慧工厂、智慧码头、智慧商圈、工业互联网、融媒体等各个领域。

华为5G持续投入,中国引领全球5G商用

胡 伟

2019年6月6日,国家给四大运营商发放了5G商用牌照,经过半年多的5G网络建设和业务发展,无论是5G的网络覆盖还是5G的用户发展,中国已经在全球处于绝对领先位置。

5G发展看中国,中国引领5G商用

1. 40年全球移动通信史,中国经历了从空白到引领全球的过程

移动通信是个高度标准化的行业,标准化会带来很多好处,比如国人用的手机都支持全网通、全球通,这意味着基本可以无缝漫游对接任何一个国家的任何一个运营商,一部手机就能走遍全球,这就得益于全球移动通信技术的标准化。同时,标准化也会带来相当的商业利益,因此,标准化过程也是各国、各组织之间激烈竞争的过程。

移动通信技术基本是10年一代,从1G到如今的5G经历了40年发展历程。最开始的1G诞生于20世纪80年代,一厂一标;到2G和3G时期,几个国家或者一个区域做一个通信标准,如2G时代,欧洲用GSM,美国用CDMA,日本有PHS即小灵通技术;3G时代,中国开始尝试做标准,推出了本国主导的TD-SCDMA通信标准;4G时代,业界终于达成共识——多标准不利于产业发展,仅保留两个标准;5G时代,迎来了全球统一的移动通信标准,包括手机、芯片、基站。

在移动通信产业领域,我国经历了1G空白、2G跟随、3G突破、4G同步、5G引领的过程。

国内第一次部署 1G 模拟通信网络约在 1987 年;90 年代初,2G 产业成熟,第一个 GSM 网络开通约在 1995 年;3G 第一版标准在 2000 年前后冻结,开始全球商用,因为我们自己主导 TD-SCDMA 标准,到 2009 年初,国家才发放 3G 牌照;4G 时代,我国在 2013 年发牌照,同样未进入全球第一波应用市场;而 5G 时代,我们终于在 2019 年走在了全球首批规模商用的市场之列。

2G 时代,华为第一次尝试做无线通信设备,开始时大部分用在国内广大的偏远地区、城乡接合部或郊县农村,那时叫边际网;3G 时代有了突破,华为无线通信设备第一次走出国门,进入了欧洲等发达市场并得到了广泛应用;4G 已经基本上领先了国外的竞争对手,在 4G 网络的市场份额上,中国是全球第一;至于 5G,从标准到设备,华为实现了全面的引领。所以,华为的发展历程同样也是中国通信设备制造领域从空白到引领的过程。

2. 5G 市场庞大,无论是用户数量还是网络建设上,中国均有领先优势

2018 年下半年,5G 第一版标准冻结,随后 5G 行业发展速度和用户数量远超预期。在 3G 或者 4G 时代,从标准冻结到第一部手机上市,约需 3 至 4 年时间,在 5G 时代只用了短短一年。当然,5G 标准并非一成不变,而是不断迭代、不断演进的,5G 的能力也在不断提升。

5G 产业链中最重要的是 5G 芯片,从各个芯片大厂来讲,已经全部发力制造 5G 芯片,包括华为海思、高通、三星、联发科已经能规模供货。其中有 5G 基带芯片,即负责 5G 基本通信功能的芯片;5G 手机 SoC 处理器,即集成了 5G 基带的手机处理器芯片。目前华为海思和高通等已发布了第二代、第三代 5G 芯片,均非常成熟。

芯片的成熟可极大促进终端产业的发展。截至 2020 年一季度,全球发布的 5G 终端已超过 250 多款,其中 60 多款已面市销售;250 多款中 87 款是手机,77 款是 CPE(如网口或 WiFi 等)、43 款工业模组、20 多款行业终端,还有个人的移动热点(MiFi),所以 5G 的终端发展也是百花齐放。4G 时代上市 2000 款终端的时间从标准冻结后用了约 5 年。据

预测,5G 时代终端数量超过 2000 款大概只需要两年时间。这也是 5G 产业加速发展的一个佐证。

在 5G 行业应用备受关注的 5G 模组也在加快开发步伐。随着 5G 模组的上市,各行各业的终端可直接内置 5G 模组,直接接入 5G 网络,5G 应用发展会更快。无人机、VR 眼镜、直播摄像机等都是 5G 模组应用的潜在市场。

5G 模组主要有两种接口形式,一种是 M.2,一种是 LGA 封装,前者主要用在消费级产品,如笔记本类;后者能被连接到印刷电路板上或直接焊接到电路板上,支持工业数字化。5G 模组整体的市场空间庞大,因为它可广泛用于各类行业应用,像无人机、摄像机、车载。车载是传统 4G 模组里的重要场景运用,5G 模组可支持 4G/5G 一体化,实现无缝切换,所以也将会部分替代这一 4G 模组较大的应用领域。

自 2019 年启动 5G 商用以来,5G 用户数持续增加。我们说中国 5G 引领全球,其中一大优势就在于庞大的用户规模。

从网络建设上来讲,2019 年国内四大运营商完成了 50 个全国主要城市的 5G 网络建设,2020 年要覆盖 300 个地级以上城市,2022 年实现 5G 全覆盖。我们国家的移动通信网络是绝对领先全球的,大家出国后会体会得更强烈一些,在国外的移动网络信号远比不上国内流畅。所以,不仅是 5G 用户数量,我们在网络建设和行业应用上都是全球领先的。

华为 5G 持续投入,10 年研发 40 亿美元

华为的业务是围绕信息的"生产—传送—分发—存储—计算"整个生命周期,产品涵盖了从终端到联接到计算,面向亿万消费者、全球运营商、全球政府和行业客户这三类客户群提供 ICT 全面解决方案。

华为数十年如一日持续投入研发。华为从 2009 年开始 5G 产品预研,之后 10 年累计投入 40 亿美元在 5G 研发上。在全球分布了 9 个 5G 相关的研发中心,参加了 100 多个 5G 相关的标准组织,5G 相关领域的研发人员总计超过 1 万人。

当然，5G 技术和标准并不是华为独家发明或者创造的，是整个产业通力合作的一个结果，是产业共同努力带来的技术进步。在 3GPP 这个 5G 标准组织里，截至 2019 年年底，华为累计提交的 5G 相关提案达 26000 多个，华为的 5G 专利数量居第一，占比超过了 20%。所以，华为在整个 5G 的标准技术发展过程中起到的贡献最大。

持续投入还体现在基础研究上，推动 5G 端到端系统商用化。5G 端到端系统是一个非常长的产业链，也是非常复杂的系统，包括无线基站、承载网、核心网、智能终端等。华为在 5G 核心系统的关键芯片上实现全自研，如首个 5G 基站核心处理芯片天罡系列，智能手机上用的 5G 基带芯片巴龙 5000，5G 核心网里核心处理芯片是基于 ARM 架构的鲲鹏系列芯片。

除了个人用户应用以外，华为在各种类型的 ToB 行业终端上也做了很多投入，包括随行 WiFi、室外型 CPE、工业级 CPE、数据卡、工业模组等。

5G 赋能千行百业，行业应用将百花齐放

1. 5G+AI 带来高效的智慧警务

警务存在于广泛的移动领域，有视频回传的高需求，比如配备人脸识别的巡逻摩托、警用无人机，结合警务云可以形成空地一体的安防体系。无人机、AR 眼镜、摩托车拍摄杆、执法记录仪通过 5G CPE，经过 5G 基站，通过 5G 网络，传到图像识别服务器，经过识别后传回到应急指挥调度平台，显示在指挥大屏。随着人工智能的发展，即时回传就可作人工智能的人脸识别分析，对抓捕逃犯有很大的帮助。所以，在 5G 智慧警务及视频监控领域，会有很大市场空间。

5G+4K/8K 的直播应用已非常成熟，2019 年的国庆阅兵和武汉军运会都利用了 5G 提供的上行大带宽能力和低延时毫秒，因此可以减少直播车的使用，极大降低直播成本并提升了直播的效率。

2. 5G车联网推动无人驾驶走向现实

自动驾驶和5G车联网不是同一个概念。现在特斯拉、谷歌等对自动驾驶主要关注单车智能，它聚焦通过车载的各种设备感知周围的环境。5G车联网技术可以实现所有的交通参与主体之间直接互相通信，包括红绿灯、行人、其他车辆，能够主动汇报动态，比如速度、是否要转弯、红绿灯倒计时还有多少秒等。按照中国智能网联汽车技术路线图规划，第二阶段是在2018—2019年实现部分自动化，在2020—2021年实现第三阶段的有条件的自动化，到2025年则是第四、第五阶段的全自动化，实现车路协同控制、市区无人自动驾驶。

3. 联网无人机带来巨大产业机遇

当下的无人机以近端控制为主。航拍的无人机面临两个窘境：一是可飞距离有限；二是无法进行安全管理。

未来5G和无人机的结合将带来联网无人机，无人机接入5G网络，利用5G低时延和大带宽的特性来控制。比如，在上海可以控制一个北京的无人机起飞，就加大了无人机的飞行覆盖范围。同时，无人机联网后，可接受网络统一管理，依据申请来安排航线，对其状态可实时监控，这样就解决了安全管理问题。未来联网无人机产业被定义成数字天空，将在物流、巡检、安防等领域带来巨大的产业机遇。

4. 智能制造空间广阔，5G远控降本增效

制造领域是个复合场景，它需要用到5G的全部三大特性——大带宽、低时延、多连接。比如数控机床的远程控制，需要用到第一时间高可靠的5G网络切片；实现状态监控就要海量传感器实时上报，需要用到超大连接特性；可穿戴的VR/AR远程协助又需要用到大带宽特性。所以，只有智慧工厂的5G网络，才能为智能制造提供高效率、高质量和低成本的网络连接。

比如，现在港口的港机都是由工人来驾驶，工人在港口三班倒工作，一旦有船舶到达，要从20多米高的塔楼爬下来，工作环境对人具有挑战

性。5G 介入后，可以把远程控制中心放在港口的办公室里，一个工人就可以远控 3 至 4 台港机，实现港机远控，既极大提升了生产效率，又改善了工人的工作环境。类似的应用场景很多，比如在矿区挖矿的矿车和在井下的挖掘机等。凡是现场环境恶劣，不适宜人在现场操作的场景，未来都可以通过 5G 来远程控制解决。

5. 智能电网依托 5G 实施配电差动保护

含有发电、输电、变电、配电和用电几个环节的电力行业，其信息化发展较为领先。在发电、输电和变电环节，电网公司已建设了较好的网络覆盖及信息化应用；在用电环节，家中电表 90% 已经实现了数字化远程抄表。目前，只有在配电环节网络部署还未跟上。因为它对时延要求非常敏感，它的差动保护要求网络的时延在 20 毫秒以下，节点又非常多，电网公司不可能在一个城市里部署几千个节点的光纤网络，所以最好的方式就是用无线通信来解决。目前我们已经和电网公司合作，进行 5G 标准的创新来支持 5G 配电差动保护，未来可以减少停电事故，提升电网的安全性。

互动 | 5G商用未来超乎想象

5G技术降低VR场景成本,推动教育创新发展

高校大学生迟忆:5G对教育的影响大吗?

胡伟:教育领域有很大的提升空间,比如VR在教育领域的应用,可以给学生带来更沉浸的体验。我认为,线下教育与线上教育融合必定是一个趋势,当然,我们既要保障教学质量,同时也要提升教学效率,这是一个两者兼顾、逐步提升的过程。

5G是一种底层的通用技术,它本身并不能直接给教育带来什么变化,但是5G会使很多原本无法应用的一些场景通过5G实现,比如降低VR的使用成本。在一些户外场景,因为有了5G技术能得到更便捷、更低成本的引入。所以,5G在这些方面能起到正面的推动作用。

贺仁龙:举个例子,老师上生物课,比如认识不同的动物,或者解剖青蛙等,如果能通过5G的方式,将这些动物栩栩如生地展现在眼前,会让学生们更容易接受。又如天文观测,如果能够通过5G技术来展现,只要使用VR/AR眼镜就可以清晰地看到,就会非常便捷,从而极大地提升获取知识的丰富性和体验感。这些例子只是其中的一小部分,5G赋能教育应当联合教育行业和5G产业等共同创新,不断更新内容。

通过机器视觉质检飞机,未来或可以人脑控制机器

媒体人李念:从业内人士的角度看,你们接触到5G的研发或运营商们的推广,有没有发现哪些应用超出了自己原本的预期?另外,在5G的应用中,面临哪些巨大的挑战?

胡伟：从应用上来看，在做 5G 之前，我们对各种行业的场景并不了解。通过在 5G 方面广泛的产业合作，我们发现有很多非常有意思的场景，比如机器视觉，它常用于产品质检。传统的质检都是依靠人的眼睛一个一个检查产品，而机器视觉的质检是依靠高清的摄像头拍摄需要被质检物体的状态，然后传回后台进行人工智能的 AI 分析。传统的连接网线的摄像头活动空间有限，而 5G 摄像头可以支持重大物体的质检，比如飞机、钢材等，这超出了我原本想象的 5G 应用场景。

贺仁龙：2019 年的进博会汇聚了一些比较先进的医疗器械厂商，其中有设计一款迷你机器人，可以进入到人的食管和胃中，通过 5G 技术实现远程实时检查。我们可以展望，未来 5G 将与人工智能结合在一起，如马斯克研究的脑机接口，他希望把所有人脑转出来的任务信号，通过人工智能转化为电信号，此时再通过指令与外面的机器进行无线对接。换句话说，就是通过大脑皮层远程控制相应的外接设备，这需要 5G 的支持。相信 5G 未来会加速更多的科学和应用的进步。